Exklusiv und kostenlos für Buchkäufer!

Ihre Arbeitshilfen online:

- Alle Musterzeugnisse
- Alle Referenzschreiben
- Ablaufcheckliste
- Bewertungsbogen und Begleitschreiben

Und so geht's:

- einfach unter www.haufe.de/arbeitshilfen den Buchcode eingeben
- Oder direkt über Ihr Smartphone bzw. Tablet auf die Website gehen

Buchcode: BT4-KKK8

www.haufe.de/arbeitshilfen

Ausbildungszeugnisse und Referenzschreiben

Ausbildungszeugnisse und Referenzschreiben

Arbeitshilfen für Personalverantwortliche

Dr. Thorsten Knobbe
Dr. Mario Leis
Dr. Karsten Umnuß

2. Auflage

Haufe Gruppe
Freiburg · München

Bibliographische Information der Deutschen Nationalbibliothek
Die Deutsche Nationalbibliothek verzeichnet diese Publikation in der Deutschen
Nationalbibliographie; detaillierte bibliographische Daten sind im Internet über
http://www.dnb.de abrufbar.

Print: ISBN: 978-3-648-03711-9   Bestell-Nr. 04339-0002
EPUB: ISBN: 978-3-648-03712-6   Bestell-Nr. 04339-0100
EPDF: ISBN: 978-3-648-03713-3   Bestell-Nr. 04339-0150

Dr. Thorsten Knobbe, Dr. Mario Leis, Dr. Karsten Umnuß
Ausbildungszeugnisse und Referenzschreiben
2. Auflage 2013

© 2013, Haufe-Lexware GmbH & Co. KG, Munzinger Straße 9, 79111 Freiburg
Redaktionsanschrift: Fraunhoferstraße 5, 82152 Planegg/München
Telefon: (089) 895 17-0
Telefax: (089) 895 17-290
Internet: www.haufe.de
E-Mail: online@haufe.de
Produktmanagement: Ulrich Leinz

Redaktion: Lektoratsbüro Peter Böke, 10825 Berlin
Satz: Reemers Publishing Services GmbH, 47799 Krefeld
Umschlag: RED GmbH, 82152 Krailling
Druck: Schätzl Druck & Medien, 86604 Donauwörth

Inhaltsverzeichnis

Inhaltsverzeichnis

Inhaltsverzeichnis

So arbeiten Sie mit diesem Buch

Mit diesem Buch bieten wir Ihnen Unterstützung, wenn Sie rasch ein professionelles Zeugnis erstellen oder ein aussagekräftiges Referenzschreiben verfassen wollen.

Dazu geben wir Ihnen zunächst in Kapitel 1 eine Übersicht zu den Beschäftigungsverhältnissen und sagen Ihnen, wer auf ein Zeugnis Anspruch hat — und wer nicht. Und wir geben Ihnen Antworten auf die vielen, häufig gestellten Fragen rund um die Themen Ausbildungszeugnisse und Referenzschreiben.

Dann bieten wir Ihnen Unterstützung beim „Doing": Mit der Ablaufcheckliste, dem Bewertungsbogen und der Checkliste können Sie die Erstellung eines Zeugnisses sicher und effizient organisieren und auch den Ablaufprozess mit diesen einfachen Mitteln standardisieren. Diese Arbeitshilfen finden Sie in den Kapiteln 2 und 3.

Den Kern des Buches bilden über 90 Musterzeugnisse und Referenzschreiben, die Sie sich in den Kapiteln 5, 6 und 7 ansehen können. Wir haben für die zweite Auflage neue Zeugnisse zu neuen Berufsbildern aufgenommen. Zudem haben wir einige Zeugnisse ins Englische übertragen. Denn auch an Azubis, Trainees und Praktikanten geht die Internationalisierung der Arbeitswelt nicht spurlos vorbei und einige zieht es, um neue Erfahrungen zu sammeln, ins Ausland.

Wenn Sie sich vertiefen wollen in die Tücken und Regeln der Zeugniserstellung und der Zeugnissprache, geben wir Ihnen einen Einblick in die Zeugnisschreibwerkstatt mit dem „Crashkurs Zeugniserstellung" (Kapitel 4). Wir gehen auf die Besonderheiten und Unterschiede von Zeugnissen und Referenzschreiben ein, berichten davon, was üblich ist, und bieten Ihnen zahlreiche individuelle Textbausteine.

Und last but not least: Alle Arbeitshilfen und Muster finden Sie im Internet unter www.haufe.de/arbeitshilfen — für Sie als Leser kostenlos zum Download.

Wir wünschen Ihnen viel Erfolg!

Dr. Thorsten Knobbe, Dr. Mario Leis und Dr. Karsten Umnuß

1 Die wichtigsten Fragen zu Zeugnis und Referenzschreiben

Die Arbeitswelt zeichnet sich durch eine Vielzahl von unterschiedlichen Beschäftigungsverhältnissen aus. In der betrieblichen Praxis trifft man gerade im Zusammenhang mit Aus- und Weiterbildungssachverhalten auf eine Reihe von unterschiedlichen Beschäftigungsverhältnissen, denen man auch bei der Zeugniserstellung oder der Ausstellung von Referenzen differenziert Rechnung tragen muss. Um Ihnen bei der zu treffenden Einordnung und Behandlung eine Hilfestellung zu geben, haben wir Ihnen nachfolgend zunächst eine Übersicht zu den wichtigsten Beschäftigungsverhältnissen insbesondere im Zusammenhang mit einer Aus- oder Weiterbildung zusammengestellt.

Welche Beschäftigungsverhältnisse sind möglich?

Zu unterscheiden sind folgende Beschäftigungsverhältnisse:

1. das Berufsausbildungsverhältnis: Hier gilt das Berufsbildungsgesetz (BBiG) uneingeschränkt und gem. § 10 Abs. 2 BBiG grundsätzlich (auch) die arbeitsrechtlichen Rechtsvorschriften und Rechtsgrundsätze (z.B. Auszubildende);
2. das Beschäftigungsverhältnis außerhalb eines Berufsausbildungsverhältnisses, das aber gleichwohl eine Art „besonderes Ausbildungsverhältnis" darstellt. Gem. § 26 BBiG gelten die Vorschriften der §§ 10—23 BBiG (d. h. auch die Regelung zum Zeugnisanspruch in § 16 BBiG und gem. § 10 Abs. 2 BBiG grundsätzlich (auch) die arbeitsrechtlichen Rechtsvorschriften und Rechtsgrundsätze) und § 25 BBiG mit den Maßgaben des § 26 BBiG (z.B. Praktikanten, Volontäre, Betriebspraktikanten zur beruflichen Fortbildung, Anlernlinge) ;
3. das Beschäftigungsverhältnis außerhalb eines Berufsausbildungsverhältnisses, das kein „besonderes Ausbildungsverhältnis" im Sinne des § 26 BBiG darstellt (z.B. Umschüler);
4. das „klassische" Arbeitsverhältnis: Hier gelten nur die Regelungen des Arbeitsrechts, nicht aber die des BBiG, auch nicht entsprechend (z.B. Anlernlinge, Werkstudenten, Trainees, Ferienarbeit von Schülern, Beschäftigte im Eingliederungsverhältnis);
5. ein besonderes Rechtsverhältnis eigener Art, das der Anbahnung eines Arbeitsverhältnisses dient, bzw. ein vertraglich vereinbartes verlängertes Bewerbungsverhältnis (z.B. Schnupperkurs-Teilnehmer im „Einfühlungsverhältnis");

6. öffentlich-rechtliche Sonderverhältnisse, bei denen u. a. der Betrieb nur als besonderer Unterrichtungs- bzw. Ausbildungsort im Rahmen der öffentlich-rechtlich geregelten Aus- und Weiterbildung dient (z.B. 1-Euro-Jobber, Betriebspraktika von Schülern, Fachhochschul- und Hochschulpraktikanten);

Vom Arbeitsverhältnis ist das Freie-Mitarbeiter-Verhältnis abzugrenzen, für das die Regelungen des Arbeitsrechts nicht gelten (z.B. selbständige Berater).

1.1   Wer hat Anspruch auf ein Zeugnis?

Auszubildende

Die betriebliche Berufsausbildung ist im Berufsbildungsgesetz (BBiG) geregelt. Neben der (betrieblichen) Berufsausbildung regelt das BBiG auch die berufliche Fortbildung und die berufliche Umschulung. Das BBiG regelt heute grundsätzlich die Berufsausbildung in allen Berufs- und Wirtschaftszweigen.

Auszubildender ist, wer eine im Einzelnen genau geregelte, möglichst vollständige Ausbildung zu einem anerkannten Lehrberuf durchläuft (insbesondere in Handel, Gewerbe und Handwerk) und eine abschließende Prüfung anstrebt.[1]

Auszubildende haben Anspruch auf ein Zeugnis gem. § 16 BBiG.

Praktikanten

Praktikant ist, wer sich für eine vorübergehende Dauer zum Erwerb praktischer Kenntnisse und Erfahrungen einer bestimmten betrieblichen Tätigkeit und Ausbildung, die keine systematische Berufsausbildung darstellt, im Rahmen einer Gesamtausbildung unterzieht, weil er diese für die Zulassung zum Studium oder Beruf, zu einer Prüfung oder zu anderen Zwecken benötigt. Der Ausbildungszweck steht damit im Vordergrund. Die Vergütung ist der Höhe nach deshalb auch eher eine Aufwandsentschädigung oder Beihilfe zum Lebensunterhalt.[2] Der Arbeitgeber

---

[1]   BAG, Urteil v. 5. 8.1965, 2 AZR 439/64, DB 1965, 1220.

[2]   BAG, Urteil v. 13.3.2003, 6 AZR 564/01; Tarifvertrag für Musiker in Kulturorchestern (TVK) § 20, zur Abgrenzung des Praktikanten vom Arbeitnehmer vgl. LAG Köln, Urteil v. 31.5.2006, 3 Sa 225/06, NZA-RR 2006, 525.

muss dem Praktikanten — im Gegensatz zum Auszubildenden — nur die Gelegenheit geben, selbst den gewünschten Nutzen für das berufliche Fortkommen zu ziehen, indem er ihm die betrieblichen Informationen, die personelle Einweisung, die Unterlagen und das erforderliche Material gibt.

Das Vertragsverhältnis von Praktikanten ist in der Regel als besonderes Ausbildungsverhältnis im Sinne des § 26 BBiG einzustufen. Das hat zur Folge, dass die §§ 10—23 und § 25 BBiG mit den in § 26 BBiG vorgesehenen Modifikationen ebenso Anwendung finden wie über § 10 Abs. 2 BBiG das (übrige) Arbeitsrecht, einschließlich des arbeitsrechtlichen Anspruchs auf ein Zeugnis.

Volontäre

Volontär ist, wer zum Zwecke der Ausbildung für einen Arbeitgeber tätig wird, ohne dass mit der Ausbildung eine vollständig abgeschlossene Fachausbildung in einem anerkannten Ausbildungsberuf beabsichtigt ist. Volontieren bedeutet „Lernen durch praktisches Erarbeiten und Mitwirken im Betrieb". Ausdrücklich gesetzlich geregelt ist das Volontariatsverhältnis nur in § 82a HGB als kaufmännischer Volontär; die Definition des § 82a HGB wird allerdings auch auf Volontäre anderer Berufszweige angewandt.

Der Volontär ist in Anlehnung an § 82a HGB gegenüber dem Ausbildenden zu Dienstleistungen verpflichtet, während der Ausbildende Wissens- und Kenntnisvermittlung schuldet. Der Volontär legt im Gegensatz zum Auszubildenden keine Abschlussprüfung ab und seine Ausbildungszeit ist i. d. R. erheblich kürzer. Er ist an einer Ausbildung auf einem oder mehreren bestimmten Gebieten interessiert, ohne dass diese Ausbildung für seinen späteren Hauptberuf zwingend vorgeschrieben ist. Vom Volontär wird keine vollständige abgeschlossene Fachausbildung in einem anerkannten Ausbildungsberuf angestrebt, eher ist hier eine Verbreiterung und Vertiefung der Fachkenntnisse das Ziel. Beim Volontariat ist erforderlich, dass eine inhaltlich geordnete Ausbildung für eine zeitlich angemessene Dauer durchlaufen wird. Das Vertragsverhältnis muss einem Berufsausbildungsverhältnis ähnlich sein.[3] Für Volontariate ist zwingend eine angemessene Vergütung zu gewähren.

Das Vertragsverhältnis von Volontären ist in der Regel als besonderes Ausbildungsverhältnis im Sinne des § 26 BBiG einzustufen mit der Folge, dass die §§ 10—23 und § 25 BBiG mit den in § 26 BBiG vorgesehenen Modifikationen ebenso Anwendung

---

[3] LAG Köln, Urteil v. 23.2.2000, 2 Sa 1248/99, AiB 2001, 53.

finden wie über § 10 Abs. 2 BBiG das (übrige) Arbeitsrecht, einschließlich des arbeitsrechtlichen Anspruchs auf ein Zeugnis.

Betriebspraktikanten zur beruflichen Fortbildung

Bei einem Betriebspraktikanten zur beruflichen Fortbildung ist das Praktikum nicht auf eine Gesamt- oder Grundausbildung ausgerichtet, sondern soll es ermöglichen, bereits vorhandene berufliche Kenntnisse und Fertigkeiten zu erhalten, zu erweitern, der technischen Entwicklung anzupassen oder beruflich aufzusteigen (§ 1 Abs. 4 BBiG). Die berufliche Fortbildung ist in den §§ 53 ff. BBiG nur ansatzweise geregelt.

Auf ein derartiges Praktikum sind deshalb nicht ohne weiteres die für ein Arbeitsverhältnis geltenden Rechtsvorschriften und Rechtsgrundsätze anzuwenden. Es ist deshalb im Einzelfall zu prüfen, ob das Praktikum im Rahmen eines Arbeitsverhältnisses abgeleistet worden ist[4] oder ob bei erstmaliger Vermittlung von Kenntnissen und Fertigkeiten ein besonderes Ausbildungsverhältnis im Sinne des § 26 BBiG vorliegt[5], wobei sich dann der Zeugnisanspruch nach § 16 BBiG richtet und auch hier über § 10 Abs. 2 BBiG das (übrige) Arbeitsrecht, einschließlich des arbeitsrechtlichen Anspruchs auf ein Zeugnis, Anwendung findet.

Umschüler

Ein Umschüler ist ein Lernender, der bereits eine Ausbildung abgeschlossen hat. Das Umschulungsverhältnis wird in den §§ 58 ff. BBiG zwar behandelt, aber nicht vertieft geregelt. Gem. § 1 Abs. 5 BBiG soll die berufliche Umschulung zu einer anderen beruflichen Tätigkeit befähigen. Sie ist auf eine schnelle Wiedereingliederung des Umschülers in den Arbeitsprozess angelegt. Es handelt sich bei Umschulungen i. d. R. um von der öffentlichen Hand (meist der Bundesagentur für Arbeit) geförderte Maßnahmen. Das Gesetz geht davon aus, dass Umschüler keine Arbeitnehmer sind. Die Vorschriften über das Berufsausbildungsverhältnis sind auch nicht anwendbar, da es bei einer Umschulung nicht um die erstmalige Vermittlung von Kenntnissen und Fertigkeiten geht, § 26 BBiG dies aber voraussetzt.

---

[4] BAG, Urteil v. 18.11.1999, 2 AZR 89/99, DB 2000, 772.
[5] LAG Kiel, Urteil v. 27.2.2001, 1 Sa 409 a/00, FA 2001, 185.

Mangels Arbeitnehmereigenschaft und aufgrund Nichtanwendbarkeit der §§ 26 und 10 Abs. 2 BBiG kann sich ein Zeugnisanspruch nur auf § 630 BGB stützen.

Anlernlinge

Der Anlernling ist eine Person, die in einem engeren Fachgebiet eine (planmäßige) Spezialausbildung erhält. In dem Anlernverhältnis sollen erst die notwendigen Kenntnisse gesammelt werden. In Abgrenzung zum Auszubildenden ist die Dauer der Ausbildung kürzer und die persönliche Bindung an den Ausbildenden geringer. Das Anlernverhältnis unterscheidet sich vom Praktikum dadurch, dass hier nicht der Erwerb von Kenntnissen oder Fähigkeiten im Vordergrund steht, sondern bereits der Austausch von Arbeitskraft und Vergütung, auch wenn noch die erforderlichen Kenntnisse fehlen und vermittelt werden müssen.

Beim Anlernverhältnis besteht eine Grenzsituation: Betrachtet man die (relativ kurze) Kenntnisvermittlung, so steht das Anlernverhältnis dem Ausbildungsverhältnis näher. Betrachtet man aber auch den Leistungsaustausch, der schon in größerem Umfang stattfindet, so ist es dem normalen Arbeitsverhältnis näher. Anlernverhältnisse können deshalb einerseits als normale Arbeitsverhältnisse ausgestaltet werden; andererseits aber auch als besonderes Ausbildungsverhältnis gem. § 26 BBiG.

Die Zuordnung richtet sich danach, in welchem Bereich tatsächlich der Schwerpunkt liegt, denn entweder ist der Anlernling primär zum Zweck des Leistungsaustauschs eingestellt (dann normales Arbeitsverhältnis) oder, wie es § 26 BBiG beschreibt, um berufliche Fertigkeiten, Kenntnisse, Fähigkeiten oder berufliche Erfahrungen zu erwerben. Ein Anlernverhältnis als besonderes Ausbildungsverhältnis nach § 26 BBiG liegt daher vor, wenn nach dem Vertrag und der tatsächlichen Handhabung der Ausbildungszweck im Vordergrund steht. Dazu ist es erforderlich, dass sich der Anlernende hinsichtlich Umfang und Inhalt seiner Anlernverpflichtung konkret bindet.

Liegt der Schwerpunkt auf einem Leistungsaustausch, richtet sich der Zeugnisanspruch direkt nach den arbeitsrechtlichen Regelungen. Liegt ein besonderes Ausbildungsverhältnis nach § 26 BBiG vor, beruht der Zeugnisanspruch auf § 16 BBiG und über § 10 Abs. 2 BBiG findet das (übrige) Arbeitsrecht Anwendung.

Schnupperkurs-Teilnehmer im „Einfühlungsverhältnis"

Bei einem so genannten Einfühlungsverhältnis, das oft auch als „Schnupperkurs" oder „unverbindliche Kennenlernphase" bezeichnet wird, bestehen keine gegenseitigen Verpflichtungen zur Leistung und Gegenleistung. Es bestehen weder Arbeitspflicht noch Direktionsrecht. Der Bewerber muss auch keine bestimmte Arbeitszeit einhalten.[6] Der Bewerber ist lediglich dem Hausrecht des Arbeitgebers unterworfen. Selbst wenn der Bewerber produktiv arbeitet, besteht mangels vertraglicher Abrede kein Anspruch auf ein Arbeitsentgelt.

Der Zweck des Einfühlungsverhältnisses ist dem des Probearbeitsverhältnisses sehr ähnlich. Das Probearbeitsverhältnis soll dem Arbeitgeber die Möglichkeit geben, die Eignung des Arbeitnehmers für den Arbeitsplatz zu erproben. Dagegen soll das Einfühlungsverhältnis dem potenziellen Arbeitnehmer die Möglichkeit geben, die betrieblichen Gegebenheiten kennenzulernen, während der Arbeitgeber feststellen kann, ob der Arbeitnehmer in den Betrieb passt.

Um der Gefahr der Umgehung zwingender arbeitsrechtlicher Vorschriften zu begegnen, soll nur eine begrenzte maximale Zeitspanne für das Einfühlungsverhältnis zulässig sein: Die dazu vertretenen Meinungen reichen von einer Woche über bis zu zehn Tagen bei komplizierten Tätigkeiten bis zu einer zulässigen Maximaldauer von auch mehreren Wochen, wenn keine gegenseitigen Verpflichtungen begründet werden.

Die rechtliche Einordnung des Einfühlungsverhältnisses ist unklar: Da mangels Arbeitsverpflichtung kein echtes Arbeitsverhältnis besteht (auch wenn irgendein Entgelt für den Zeitaufwand gezahlt werden sollte), soll es sich um ein loses Rechtsverhältnis eigener Art handeln, das der Anbahnung eines Arbeitsverhältnisses dient, bzw. um ein vertraglich vereinbartes verlängertes Bewerbungsverfahren.

Ein gesetzlicher Zeugnisanspruch besteht hier nicht.

Betriebspraktika von Schülern

Bei Betriebspraktika von Schülern liegt weder ein Ausbildungsverhältnis noch ein Arbeitsverhältnis mit dem Betriebsinhaber vor. Die von den Schülerpraktikanten zu

---

[6]   LAG Bremen, Urteil v. 25.7.2002, 3 Sa 83/02, LAGE BGB § 611 Probearbeitsverhältnis Nr. 5; LAG Schleswig-Holstein, Urteil v. 17.3.2005, 4 Sa 11/05, AP BBiG § 9 Nr. 2.

verrichtende Tätigkeit ist ihrer Art nach keine weisungsgebundene Tätigkeit, die der Verwirklichung des arbeitstechnischen Zwecks des Betriebs dienen soll.

Der Einsatz der Schülerpraktikanten erfolgt in erster Linie zur persönlichen Information über einen Teil der sozialen Wirklichkeit, um den Schülern ihre Ausbildungs- und Berufswahl zu erleichtern. Der Einsatz im Betrieb soll zu einer kritischen Auseinandersetzung mit der Arbeits- und Berufswelt führen.[7]

Bei den Betriebspraktika handelt es sich deshalb um Schulveranstaltungen, die in einem Betrieb als Unterrichtsort durchgeführt werden. Die Einzelheiten der mit der Durchführung verbundenen Pflichten und Rechtsbeziehungen ergeben sich aus dem Schulrecht und den für Betriebspraktika erlassenen Richtlinien.

Gehen Schüler allerdings einer Ferienarbeit nach, um Geld zu verdienen, kommt regelmäßig ein Arbeitsvertrag zustande. Die Hauptsache ihrer Tätigkeit liegt dann in der entgeltlichen Arbeitsleistung und nicht in der Ausbildung.

Ein gesetzlicher Zeugnisanspruch besteht nicht, wenn es sich um Betriebspraktika im Rahmen von Schulveranstaltungen handelt. Bei (normaler) Ferienarbeit richtet sich der Zeugnisanspruch nach den arbeitsrechtlichen Regelungen.

Fachhochschul- und Hochschulpraktikum

Fachhochschul- und Hochschulpraktikanten sind Studenten, die im Rahmen ihres Studiums in Betrieben eine dem Studienziel dienende praktische Ausbildung erhalten. Ihr Rechtsverhältnis zum Ausbildungsbetrieb ist aber nicht als besonderes Ausbildungsverhältnis im Sinne des § 26 BBiG einzustufen — sie unterfallen deshalb nicht dem BBiG, sind keine „echten" Praktikanten[8] und bleiben auch während der Zeit des Praktikums schwerpunktmäßig der Hoch- bzw. Fachhochschule zugeordnet.

Das Arbeitsrecht findet keine Anwendung. Ein Zeugnisanspruch besteht nicht.

---

[7]   BAG, Beschluss v. 8.5.1990, 1 ABR 7/89, DB 1990, 2124.

[8]   BAG, Urteil v. 16.10.2002, 4 AZR 429/01, BB 2003, 906; LAG Hamm, Urteil v. 13.10.2006, 2 Ta 6/06, BBiG §§ 1 I, 3 II Nr. 1; BAG, Urteil v. 18.11.2008, 3 AZR 192/07, NZA 2009, 435.

Werkstudenten

Werkstudenten werden während ihres Studiums regelmäßig nicht zu ihrer Berufsausbildung, sondern im Rahmen eines Arbeitsverhältnisses beschäftigt. Anders als
beim Praktikanten steht die Ausbildung nicht im Vordergrund, sondern die entgelt-
liche Arbeitsleistung.

Ein Zeugnisanspruch richtet sich nach den arbeitsrechtlichen Regelungen.

Trainee

Ein Trainee ist i. d. R. ein Hochschulabsolvent, der von einem Arbeitgeber als Nach-
wuchskraft aufgebaut wird. Der Trainee ist deshalb ein Arbeitnehmer, der durch das
Traineeprogramm häufig verschiedene Bereiche des Unternehmens kennenlernen
soll, um später eine Fach- oder Führungsposition zu übernehmen. Auf diese Weise
wird im Interesse des Unternehmens und des Trainees die Position ermittelt, für die
er bestmöglich geeignet erscheint. Zwar besteht der Zweck des Traineeprogramms
auch im Lernen, jedoch stellt dies nicht den überwiegenden Teil des Programms dar, da
die theoretischen Kenntnisse bereits durch die abgeschlossene Ausbildung vermittelt
wurden. Der Austauschcharakter von Arbeitsleistung und Entgelt steht hier im Vordergrund. Bei dem Fachtrainee, der nur wenige Bereiche des Unternehmens durchläuft
und unmittelbar einem Fachbereich zugewiesen wird, ist dies noch deutlicher der Fall.

Ein Zeugnisanspruch richtet sich nach den arbeitsrechtlichen Regelungen.

„1-Euro-Jobber"

So genannte. „1-Euro-Jobber" sind erwerbsfähige Hilfebedürftige, die keine Arbeit
finden können und im öffentlichen Interesse liegende Aufgaben übernehmen, für
die ihnen eine Vergütung zu zahlen ist.

Vom tatsächlichen Erscheinungsbild her sind die 1-Euro-Jobber mit Arbeitnehmern
identisch, sie sind persönlich abhängig. Jedoch wird nach dem ausdrücklichen
Wortlaut des § 16d Abs. 7 SGB II kein Arbeitsverhältnis begründet. Der Gesetzge-
ber hat sich dafür entschieden, die in dieser Form Beschäftigten aus dem Anwen-
dungsbereich des Arbeitsrechts herauszunehmen. Es handelt sich um ein durch
einen Verwaltungsakt begründetes öffentlich-rechtliches Verhältnis eigener Art.

Ein arbeitsrechtlicher Zeugnisanspruch besteht nicht.

Eingliederungsverhältnis

Das so genannte Eingliederungsverhältnis basiert auf den Regelungen der §§ 88 ff. SGB III. Der § 88 SGB III sieht vor, dass Arbeitgeber Zuschüsse zu dem von ihnen gezahlten Lohn bekommen, wenn sie Arbeitnehmer beschäftigen, die ohne die Leistung nicht oder nicht dauerhaft in den Arbeitsmarkt eingegliedert werden können. Die Tätigkeit innerhalb des Eingliederungsverhältnisses entspricht zivilrechtlich derjenigen eines regulären Arbeitsverhältnisses.

Der Zeugnisanspruch richtet sich deshalb nach den arbeitsrechtlichen Grundsätzen.

Freier Mitarbeiter

Freier Mitarbeiter ist, wer auf dienstvertraglicher (teils auch werkvertraglicher) Basis eigenverantwortlich, weisungsfrei und ohne persönliche Abhängigkeit vom Auftraggeber Dienst- und/oder Werkleistungen für einen Auftraggeber erbringt.

Maßgebliches Unterscheidungsmerkmal vom Arbeitsverhältnis ist, dass der freie Mitarbeiter nicht in die Betriebsorganisation des Auftraggebers eingebunden ist. In der betrieblichen Praxis ergeben sich oft Abgrenzungsprobleme zum Arbeitsverhältnis, die unter dem Begriff der „Scheinselbstständigkeit" diskutiert werden.

Auf einen freien Mitarbeiter finden die arbeitsrechtlichen Vorschriften keine Anwendung, sondern nur die Regelungen des BGB zum Dienstvertrag. Nach einer älteren Entscheidung des BGH[9] hat ein freier Mitarbeiter grundsätzlich keinen Anspruch auf ein Zeugnis gem. § 630 BGB. Dagegen vertreten Stimmen in der juristischen Literatur heute die Auffassung, dass zumindest bei einem auf eine gewissen Dauerhaftigkeit angelegten Dienstverhältnis auch ein freier Mitarbeiter gem. § 630 BGB einen Anspruch auf ein Zeugnis hat.

Vor diesem unklaren rechtlichen Hintergrund (und auch um eine Nähe zum Arbeitsverhältnis zu vermeiden) werden in der betrieblichen Praxis für freie Mitarbeiter heute überwiegend Referenzschreiben ausgestellt.

---

[9] BGH, Urteil v. 9.11.1967, GmbHG §§ 35 ff., BGHZ 49, 30.

1.2 Anforderungen an das Ausbildungszeugnis

Im Folgenden wird im Interesse einer besseren Lesbarkeit der einheitliche Begriff „Auszubildender" für das Berufsausbildungsverhältnis wie auch für die vorstehend dargestellten besonderen Ausbildungsverhältnisse im Sinne des § 26 BBiG (Praktikanten, Volontäre usw.) verwendet. Für diese Personengruppen sind im Ergebnis die Rechtsgrundlagen für das Zeugnis gleich: § 16 BBiG und dazu kommen über § 10 Abs. 2 BBiG ergänzend auch die arbeitsrechtlichen Grundsätze zum Arbeitszeugnis bei einem Arbeitsverhältnis zur Anwendung. Soweit Besonderheiten bei einzelnen Personengruppen bestehen, wird darauf ausdrücklich hingewiesen.

Ein Auszubildender hat gem. § 16 BBiG bei Beendigung seines Ausbildungsverhältnisses Anspruch auf ein schriftliches Zeugnis. Davon zu unterscheiden ist bei Berufsausbildungsverhältnissen das separat zu erstellende Zeugnis über die Abschlussprüfung gem. § 37 Abs. 2 BBiG.

Anders als in § 109 GewO oder § 630 BGB ist der Ausbildende bei Beendigung des Ausbildungsverhältnisses zur Erstellung eines Zeugnisses auch ohne ausdrückliches Verlangen des Auszubildenden verpflichtet. Der Anspruch darauf kann nicht vertraglich ausgeschlossen werden[10] und besteht auch, wenn der Auszubildende nach Beendigung der Ausbildung weiter im Unternehmen beschäftigt oder wenn das Ausbildungsverhältnis vorzeitig beendet wird.

Die folgende Checkliste enthält die gesetzlichen Regelungen zum Zeugnisanspruch nach dem Berufsbildungsgesetz.

Checkliste: Anforderungen an das Ausbildungszeugnis	
Das (einfache) schriftliche Zeugnis muss zumindest Angaben enthalten zu Art, Dauer und Ziel der Ausbildung sowie über die erworbenen beruflichen Fertigkeiten, Kenntnisse und Fähigkeiten des Auszubildenden.	☐
Auf Verlangen des Auszubildenden muss das einfache Zeugnis um Angaben zu Leistung und Verhalten ergänzt werden (qualifiziertes Zeugnis).	☐
Hat der Ausbildende die Ausbildung nicht selbst durchgeführt, soll auch der Ausbilder oder die Ausbilderin das Zeugnis mit unterschreiben.	☐
Das Zeugnis muss klar und verständlich formuliert sein.	☐

---

[10] BAG, Urteil v. 16.9.1974, BBiG § 8, EzA BGB § 630 Nr. 5.

Checkliste: Anforderungen an das Ausbildungszeugnis	
Das Zeugnis darf keine Merkmale oder Formulierungen enthalten, die den Zweck haben, eine andere als die aus der äußeren Form oder dem Wortlaut ersichtliche Aussage über den Auszubildenden zu treffen.	☐
Die Zeugnissprache ist Deutsch. Deshalb kann jeder Auszubildende im Geltungsbereich des deutschen Rechts ein Zeugnis in deutscher Sprache verlangen.	☐
Bei internationalen Unternehmen kann es sinnvoll sein, ein Zeugnis in englischer Sprache auszustellen. Eine Rechtspflicht des Ausbildenden hierzu besteht aber nicht.	☐
Bei dem gem. § 37 Abs. 2 BBiG zu erstellenden Zeugnis über die Abschlussprüfung gilt: Auf Antrag des Auszubildenden ist dem deutschen Zeugnis über die Abschlussprüfung gem. § 37 Abs. 3 Satz 1 BBiG eine englischsprachige und französischsprachige Übersetzung beizufügen.	☐

Wie muss ein Zeugnis aussehen?

Ein Zeugnis am Ende der Ausbildung hat eine besondere Bedeutung für den Auszubildenden. Es soll aufzeigen, wie seine Leistungen gesehen wurden, und es ermöglicht zukünftigen Arbeitgebern, sich über das Können zu informieren, sodass es damit einen nicht zu unterschätzenden Einfluss auf den Übergang in das bzw. für das weitere Berufsleben hat. Form und Inhalt werden von diesem Zweck bestimmt. Ein Zeugnis m uss daher den im Geschäftsverkehr üblichen und von Dritten erwarteten Gepflogenheiten sowohl hinsichtlich der äußeren Form als auch der Wortwahl entsprechen und schriftlich ausgestellt werden.

Checkliste: Anforderungen an die äußere Form des Zeugnisses	
Das Zeugnis muss maschinenschriftlich bzw. mit dem PC erstellt sein.	☐
Das Zeugnis muss auf dem für die Geschäftskorrespondenz üblichen Geschäftspapier geschrieben bzw. gedruckt sein.[11]	☐
Ist ein weißes Blatt für das Zeugnis verwendet worden, so sind die volle Firmenbezeichnung, Rechtsform und die derzeitige Anschrift anzuführen.	☐
Wird Geschäftspapier verwendet, darf das Anschriftenfeld nicht ausgefüllt werden.	☐

---

[11]   Vgl. BAG, Urteil v. 3.3.1993, 5 AZR 182/92, DB 1993, 1624.

Checkliste: Anforderungen an die äußere Form des Zeugnisses	
Hat das Zeugnis äußere Mängel wie Flecken, Durchstreichungen, Textverbesserungen u. Ä. kann der Auszubildende es zurückweisen.	☐
Schreibfehler müssen berichtigt werden, wenn sie negative Folgen für den Auszubildenden haben könnten.[12]	☐
Unzulässig sind Ausrufungs- oder Fragezeichen, Gänsefüßchen, Unterstreichungen oder teilweise Hervorhebungen durch Fettschrift.	☐
In elektronischer Form darf ein Zeugnis nicht ausgestellt werden. Dies wird nach der gesetzlichen Regelung in § 16 Abs. 1 Satz 2 BBiG ausdrücklich ausgeschlossen.	☐

Wie gestalten Sie Zeugnisse und Referenzschreiben?

Achten Sie bei der Gestaltung des Zeugnisses darauf, dass nicht nur die Inhalte, sondern auch die äußere Form einen guten Eindruck hinterlassen. Schließlich wird das Zeugnis bei der nächsten Bewerbung Ihres Auszubildenden an eine Vielzahl von Unternehmen gesendet und kann so zu einem positiven Image Ihres Unternehmens beitragen.

Rechtlich gesehen ist es erforderlich, dass Sie das Zeugnis auf Ihrem Geschäftspapier ausdrucken. Falls Sie keines haben, besteht die Mindestanforderung darin, dass das Zeugnis mit einem ordnungsgemäßen Briefkopf versehen sein muss, auf dem der Name und die Anschrift des Ausstellers erkennbar sind.

Den Briefkopf können Sie selbst auf dem Computer oder auch auf der Schreibmaschine gestalten. Wenn Sie ein Logo haben, können Sie dies selbstverständlich in den Briefkopf einfügen.

Wenn Sie auf Ihrem Geschäftspapier in der Fußzeile die Geschäftsführer, den Handelsregistereintrag, die Bankverbindung und weitere wichtige Informationen stehen haben, so können Sie dieses Papier dennoch verwenden. Es muss kein „schönes" Papier sein, das frei ist von den konkreten geschäftlichen Informationen. Falls das Zeugnis nicht auf ein Blatt passt, nehmen Sie einfach ein zweites.

Für Referenzschreiben gelten die vorstehenden Grundsätze entsprechend.

---

[12] Vgl. ArbG Düsseldorf, Urteil v. 19.12.1984, 6 Ca 5682/84, NZA 1985, 812.

1.3 Einfaches oder qualifiziertes Zeugnis – wann wird welches Zeugnis ausgestellt?

Grundsätzlich unterscheidet man hinsichtlich Umfang und Inhalt zwischen einem einfachen und einem qualifizierten Zeugnis.

Einfaches Zeugnis

Das einfache Zeugnis muss mindestens Angaben zu Art, Dauer und Ziel der Ausbildung sowie über die erworbenen beruflichen Fertigkeiten, Kenntnisse und Fähigkeiten des Auszubildenden enthalten. Aussagen zu Leistung und Verhalten werden darin nicht getroffen.

Qualifiziertes Zeugnis

Das qualifizierte Zeugnis enthält neben den vorstehenden Angaben auch Ausführungen zu Leistung und Verhalten bzw. Führung des Auszubildenden über die gesamte Dauer des Ausbildungsverhältnisses. Leistung meint, wie der Auszubildende die ihm übertragenen Aufgaben bewältigt hat. Hierzu gehören (je nach Ausbildungsberuf) z. B. Auffassungsgabe, Lernwilligkeit, Fleiß, Arbeitsverhalten, Arbeitsausführung, Leistungsbereitschaft, selbstständiges Arbeiten, Qualität der Arbeit, Arbeitstempo, Belastbarkeit, Ordnung, Eigeninitiative, Entscheidungsfähigkeit, Pünktlichkeit, Einsatzbereitschaft, besondere Eignung, Urteils- und Ausdrucksvermögen oder Umgang mit Kunden. Der Verhaltensaspekt umfasst die Charaktereigenschaften und Persönlichkeitszüge des Auszubildenden. Auch hier gibt es typische Formulierungen. Wichtig ist aber, dass das Verhalten zu verschiedenen Personengruppen unterschieden wird, also z. B. zu Vorgesetzten, Kollegen und Kunden (Bürgern). Verlangt der Auszubildende ein qualifiziertes Zeugnis, so trägt er das Risiko eines für ihn ungünstigen Zeugnisses.

Der Auszubildende hat das Recht zu entscheiden, ob er ein qualifiziertes Zeugnis wünscht. Wurde ihm ohne seinen ausdrücklichen Wunsch ein qualifiziertes Zeugnis ausgestellt, kann er es zurückweisen und ein einfaches Zeugnis verlangen.

Im Hinblick auf den Erstellungszeitpunkt wird noch einmal zwischen dem Zwischenzeugnis, dem vorläufigen und dem Endzeugnis unterschieden.

Zwischenzeugnis

Das Zwischenzeugnis erteilt man *während* des Ausbildungsverhältnisses. Inhaltlich entspricht es dem Endzeugnis. Es ist auf Wunsch des Auszubildenden dann zu erteilen, wenn ein berechtigtes Interesse vorliegt. Das besteht nach gegenwärtiger Rechtsprechung in folgenden Situationen:

- wenn der Ausbildende die Kündigung in Aussicht stellt,
- wenn der Auszubildende die Ausbildungsstelle wechselt,
- wenn im Ausbildungsbereich Änderungen wie Versetzung oder Wechsel des Vorgesetzten/Ausbilders vorgenommen werden,
- bei Insolvenz,
- bei Bewerbungen,
- bei einer längeren Ausbildungsunterbrechung (z. B. Erziehungsurlaub, Wehr- oder Zivildienst),
- zur Vorlage bei Gerichten und Behörden,
- für Kreditanträge und
- bei einem Betriebsübergang gemäß § 613a BGB.

Vorläufiges Zeugnis

Das vorläufige Zeugnis ist eigentlich ein Endzeugnis, das wegen der noch bevorstehenden Beendigung des Ausbildungsverhältnisses ausdrücklich als „vorläufiges Zeugnis" erteilt wird und es dem Auszubildenden bereits vor Beendigung des Ausbildungsverhältnisses ermöglicht, sich zu bewerben. Bei Beendigung des Ausbildungsverhältnisses wird es gegen das Endzeugnis ausgetauscht.

Endzeugnis

Das Endzeugnis erteilt man bei Beendigung des Ausbildungsverhältnisses. Dies gilt auch dann, wenn Kündigungsschutzklage erhoben wurde und die Beendigung des Ausbildungsverhältnisses damit rechtlich noch nicht geklärt ist.[13]

Im Falle einer Kündigung entsteht der Anspruch des Auszubildenden auf ein Endzeugnis bereits in dem Moment, in dem die Kündigung formuliert bzw. der Aufhebungsvertrag unterzeichnet wird. Bei befristeten Ausbildungsverhältnissen, für

---

[13] Vgl. BAG, Urteil v. 27.2.1987, 5 AZR 710/85, DB 1987, 1845.

deren Beendigung es keiner Kündigung bedarf, entsteht der Anspruch auf Erteilung eines Zeugnisses ab dem Zeitpunkt, welcher der gesetzlichen Kündigungsfrist gemäß § 622 BGB entsprechen würde.

Sind Zwischenzeugnisse bindend?

Von der Erteilung eines Zwischenzeugnisses bis zur Ausstellung des Endzeugnisses vergeht manchmal viel Zeit. Kann der Ausbildende deshalb im Endzeugnis andere Bewertungen vornehmen als im Zwischenzeugnis? Mit dem Zwischenzeugnis entsteht für den Ausbildenden hinsichtlich des beurteilten Zeitraumes des Ausbildungsverhältnisses eine gewisse Bindungswirkung. Er kann bei gleicher Beurteilungslage seine im Zwischenzeugnis zum Ausdruck gekommenen Bewertungen im Schlusszeugnis also nicht ändern.

Können Sie einen Zeugnisentwurf vom Auszubildenden verlangen?

Es mag vorkommen, dass ausscheidende Auszubildende Wünsche für die Zeugniserstellung formulieren oder sogar einen vollständigen Zeugnisentwurf vorlegen. Dem Ausbildenden ist es jedoch nicht erlaubt, von einem ausscheidenden Auszubildenden einen Zeugnisentwurf *einzufordern*. Umgekehrt ist er nicht verpflichtet, dem Entwurf des Auszubildenden zu folgen oder sich mit ihm detailliert darüber auseinanderzusetzen.

Eines sollten sich Ausbildende klar machen: Wenn sie die Zeugniserstellung dem Auszubildenden überlassen, spiegelt sich darin dessen Sichtweise wider und die Themen werden oft zu umfangreich dargestellt bzw. falsch gewichtet. Möglicherweise treten zu einem späteren Zeitpunkt Probleme auf, beispielsweise weil nachfolgende Arbeitgeber bestimmte Punkte vermissen. Dann müssen Sie sich doch noch einmal mit dem Zeugnis befassen.

Auf jeden Fall ist es sinnvoll, wenn Sie den Zeugnisentwurf mit Ihrem Auszubildenden besprechen und vielleicht sogar die Formulierungen erläutern. So können Sie Missverständnissen vorbeugen und ersparen sich die Arbeit einer nochmaligen Ausstellung wegen kleinerer Korrekturen.

1.4   Welchen Umfang sollten Tätigkeits- und Leistungsbeschreibung haben?

Der zukünftige Arbeitgeber soll sich ein klares Bild vom Ausbildungsstand des Auszubildenden, orientiert an der jeweils geltenden Ausbildungsordnung und dem jeweiligen Ausbildungsberufsbild, machen können. Das Zeugnis hat daher die Ausbildungsinhalte, die ein Auszubildender während seines Ausbildungsverhältnisses vermittelt bekommt, mit ihren typischen Merkmalen vollständig und genau zu beschreiben.

Unwesentliche oder berufsfremde Tätigkeiten, denen bei einer Bewerbung keine Bedeutung zukommt, brauchen nicht erwähnt zu werden.

Wie sollte das Verhältnis zwischen Tätigkeitsbeschreibung und Leistungsbeurteilung aussehen?

Ein Zeugnis muss immer ausgewogen sein. Tätigkeitsbeschreibung und Leistungsbeurteilung sollten idealerweise im Verhältnis 50:50 stehen. Natürlich ist das bei sehr umfangreichen Ausbildungsinhalten kaum einzuhalten und auch nicht sinnvoll. Zu vermeiden ist aber in jedem Fall ein krasses Missverhältnis dieser beiden Zeugnisteile.

In einer ausführlichen Leistungs- und Verhaltensbeurteilung liegt für den potenziellen Arbeitgeber die große Chance, einen Bewerber schon vorab genauer kennenzulernen und sich ein präziseres Bild von ihm zu machen. Die Leistungs- und Verhaltensbeurteilung sollte deshalb gerade bei Auszubildenden auf besondere Eignungen, Fertigkeiten und Fähigkeiten eingehen und eben nicht nur aus zwei oder drei Sätzen bestehen, die gerade einmal die Gesamtnote und vielleicht ein einwandfreies Verhalten zum Ausdruck bringen.

Die Dauer der Ausbildung und der Qualifikationsgrad bestimmen letztlich den Umfang der Tätigkeitsbeschreibung. So ist die Ausbildungsbezeichnung zwar zu erwähnen, doch sie genügt nicht als Ersatz für eine detaillierte Tätigkeitsbeschreibung.

Das sollte die Tätigkeits- bzw. Aufgabenbeschreibung enthalten:

- die Bezeichnung des Ausbildungsberufes/der Qualifikation
- die Ausbildungsdauer
- die beruflichen Fertigkeiten, Kenntnisse und Fähigkeiten, die mindestens Gegenstand der Ausbildung sind (Ausbildungsberufsbild)

1.5   Wie bewerten Sie richtig?

Grundsätzlich hat der Ausbildende das Zeugnis im Interesse des Auszubildenden *mit Wohlwollen* zu erstellen.[14] Das heißt aber nicht, dass nur positive, für den Auszubildenden günstige Bewertungen aufgenommen werden dürfen. Ein solches Zeugnis würde dem *obersten* Grundsatz der Wahrheitspflicht widersprechen. Es können auch berechtigte nachteilige Aussagen in angemessener Sprache im Zeugnis ihren Niederschlag finden. Diese dürfen dann aber nicht der lediglich subjektiven Anschauung des (überstrengen) Ausbildenden entsprechen, sondern es müssen verkehrsübliche Bewertungsmaßstäbe angelegt werden. „Wohlwollend" bedeutet in diesem Zusammenhang, dass das Zeugnis aus der Sicht eines verständigen Ausbildenden abzufassen ist und nicht durch Vorurteile oder Voreingenommenheit bestimmt sein darf, die den weiteren Berufsweg des Auszubildenden unnötig erschweren.

Wahrheit der Beurteilung

Die Rechtsprechung orientiert sich, um überprüfbar — also systematisch und immer auf derselben Basis — zu urteilen, an den folgenden drei Kriterien: Inhaltlich muss das qualifizierte Zeugnis eine

- wahrheitsgemäße, objektiv richtige und vollständige,
- nach sachlichen Maßstäben ausgerichtete wohlwollende und
- konsistente sowie nachprüfbare Gesamtbewertung der Leistung und des Verhaltens des Auszubildenden enthalten.

Werden die einzelnen Leistungen eines Auszubildenden im Zeugnis ausnahmslos mit „sehr gut" und die Tätigkeit[15] darüber hinaus mit „sehr erfolgreich" bewertet, so ist eine Gesamtbeurteilung mit der Formulierung, der Auszubildenden habe seine Aufgaben „immer zu unserer vollen Zufriedenheit gelöst" (das entspräche der Note 2), nicht vereinbar. Der bescheinigten sehr guten Leistung in den Einzelbeurteilungen entspricht nur die zusammenfassende Beurteilung „zur vollsten Zufriedenheit".[16]

---

[14]   Vgl. BGH, Urteil v. 26.11.1963, VI ZR 221/62, AP Nr. 10 zu § 826 BGB.

[15]   Vgl. LAG Düsseldorf, Urteil v. 2.7.1976, 9 Sa 727/76, DB 1976, 2310.

[16]   BAG, Urteil v. 23.9.1992, 5 AZR 573/91, EZA Nr. 16 zu § 630 BGB.

Welche Noten können Sie geben?

In der Praxis und verschiedenen Zeugnishandbüchern wird für die zusammenfassende Schlussnote oft eine sechsstufige Notenskala von 1 = „sehr gut" bis 6 = „ungenügend" verwendet.

Notenstufen: Zusammenfassende Leistungsbewertung

Damit Sie die Vorgehensweise bei der Formulierung haben wir in der folgenden Tabelle die Begriffe, die die Bewertung enthalten, fett gesetzt — und spielen die Bewertung in den verschiedenen Notenstufen anhand der Formel für die Leistungsbeurteilung durch.

„Der Mitarbeiter hat die ihm übertragenen Aufgaben ...

stets zu unserer **vollsten Zufriedenheit** erledigt	= sehr gute Leistungen	Note 1
stets zu unserer **vollen Zufriedenheit** erledigt	= gute Leistungen	Note 2
stets zu unserer **Zufriedenheit** erledigt	= befriedigende Leistungen	Note 3
zu unserer **Zufriedenheit** erledigt	= ausreichende Leistungen	Note 4
im **Großen und Ganzen** zu unserer Zufriedenheit erledigt	= mangelhafte Leistungen	Note 5
... zu unserer **Zufriedenheit** zu erledigen **versucht**	= unzureichende Leistungen	Note 6

Die Rechtsprechung hat diese Notenskala um eine Zwischenstufe für „voll befriedigende Leistungen" erweitert und für die Note drei die Formel genannt: „Der Mitarbeiter hat die ihm übertragenen Aufgaben zu unserer vollen Zufriedenheit erledigt", was als voll befriedigende Leistung oder Normalleistung gilt. Alle weiteren in der Liste genannten Noten verschieben sich dann um eine Notenstufe nach „unten".[17]

---

[17] Vgl. LAG Hamm, Urteil v. 13.2.1992, 4 Sa 1077 / 91, LAGE Nr. 16 zu § 630 BGB.

Formulierungen für die Note „sehr gut"

Eine Leistungsbewertung mit „sehr gut" erfolgt dann, wenn der Auszubildende die Ausbildungsanforderungen ohne jede Beanstandung erbracht hat und darüber hinaus besonders auszeichnende Umstände vorliegen wie z. B. die Entwicklung neuer Ideen oder die schnellere Erledigung der Aufgaben.

Allerdings ist die dafür übliche Phrase „stets zur vollsten Zufriedenheit" grammatikalisch nicht korrekt, denn „voll" kann nicht gesteigert werden. (Es lässt sich leicht an dem folgenden Beispiel nachvollziehen, warum diese Formulierung grammatikalisch nicht korrekt ist: Wenn ein Glas voll ist und man weiter einschenkt, wird das Glas nicht „am vollsten", sondern es läuft über.) Dennoch ist diese Formulierung üblich. Sie können aber auch eine andere Formulierungen wählen, um die Note „sehr gut" auszudrücken.

- Wir waren mit den Leistungen stets außerordentlich zufrieden.
- Seine/Ihre Leistungen haben jederzeit und in jeder Hinsicht unsere volle Anerkennung gefunden.
- Wir waren mit den Leistungen stets in jeder Hinsicht außerordentlich zufrieden.
- Die Leistungen haben unseren Erwartungen stets in jeder Hinsicht voll entsprochen.

Anspruch auf eine durchschnittliche Bewertung

Der Auszubildende hat im Zweifel Anspruch auf eine durchschnittliche Bewertung. Die Formulierung „voll befriedigende Leistungen" entspricht der Note 3 in der siebenstufigen Notenskala des LAG Hamm. Er würde dann die Darlegungs- und Beweislast tragen, wenn er eine bessere Bewertung wünschte. Erteilt der Ausbildende eine schlechtere Bewertung, obliegt ihm diese Last.[18] Welche Formulierung die so genannte Mitte darstellt und damit den Durchschnitt angibt, hängt auch von der verwendeten Notenskala ab. Um aus einer unterdurchschnittlichen Bewertung, die in der Formulierung „zu unserer Zufriedenheit" zum Ausdruck kommt, eine durchschnittliche zu machen, ist in der Regel der Zusatz eines Zeitfaktors wie „stets", „immer" oder „jederzeit" erforderlich.

---

[18] Vgl. LAG Köln, Urteil v. 2.7.1999, 11 Sa 255/99, NZA-RR 2000, 235.

Beurteilung der persönlichen Führung

Der Begriff „persönliche Führung" umfasst das allgemeine Sozialverhalten, die Fähigkeit, mit anderen zusammenzuarbeiten (Kooperations- und Kompromissbereitschaft), Vertrauenswürdigkeit, Verantwortungsbereitschaft und die Beachtung der betrieblichen Ordnung.

In diesem Teil des Zeugnisses gibt man ein zusammenfassendes Urteil über die Eigenschaften und das gesamte dienstliche Verhalten des Auszubildenden ab. Hier sind das betriebliche Zusammenwirken, das Verhalten gegenüber Vorgesetzten bzw. Ausbildern, gleichgeordneten Arbeitskollegen und auch gegenüber Dritten, z. B. Kunden, zu erfassen. Dabei ist es wichtig, dass alle Verhaltensrichtungen beurteilt werden, da Auslassungen bzw. die Nichterwähnung einer Gruppe Rückschlüsse auf Verhaltens-, Anpassungs-, Kontakt- oder Führungsschwierigkeiten zulassen.

Zur Beurteilung der persönlichen Führung gehört auch das eventuelle Fehlverhalten des Auszubildenden. Es sind alle wesentlichen Umstände aufzuführen, auch wenn sie für den Auszubildenden nachteilig sind, so z. B. im Fall von wiederholtem Versagen bei der Gesellenprüfung.[19]

Will der Ausbildende unterdurchschnittliches Führungsverhalten bescheinigen, muss er darlegen und gegebenenfalls beweisen, dass das Verhalten des Auszubildenden fehlerhaft war. Wenn andererseits der Auszubildende eine gute Führungsbewertung im Zeugnis durchsetzen will, muss *er* darlegen und gegebenenfalls beweisen, inwieweit sein Verhalten diese Anerkennung verdient.

Vertragswidriges Verhalten wird im Zeugnis berücksichtigt

Bei der Führungsbeurteilung ist also auch eventuelles vertragswidriges Verhalten zu berücksichtigen. Es ist in der Praxis daher durchaus üblich, vertragswidriges Verhalten auch im Zeugnis zu erwähnen, wenn das Verschweigen bestimmter, für die Führung bedeutsamer Vorkommnisse die für die Beurteilung des Auszubildenden wesentliche Gesamtbewertung in erheblichem Maße als unrichtig erscheinen lässt (z. B. wenn der Auszubildende im Ausbildungsberuf straffällig geworden ist). Allerdings gilt der Grundsatz, dass die Aufnahme des Verdachts einer strafbaren Handlung in das Zeugnis im Allgemeinen mit Treu und Glauben nicht vereinbar und daher unzulässig ist.

---

[19]   Vgl. ArbG Darmstadt, Urteil v. 6.4.1967, 2 1/67, DB 1967, 734; BAG, Urteil v. 8.2.1972, 1 AZR 189/71, DB 1972, 931.

Beredtes Schweigen

In einem solchen Fall kann der Ausbildende das gestörte Vertrauensverhältnis (bei Verdacht einer strafbaren Handlung) dadurch zum Ausdruck bringen, dass er keine Aussage über das Führungsverhalten des Auszubildenden zu seinen Vorgesetzten/Ausbildern macht. Aus einem solchen „beredten Schweigen" zu diesem für die Bewertung des Führungsverhaltens maßgeblichen Punkt können entsprechende Berufskreise nach Auffassung der Rechtsprechung die notwendigen Rückschlüsse ziehen.

Für die Einordnung von Formulierungen zur Bewertung des Führungsverhaltens hat sich — ähnlich wie bei der Leistungsbeurteilung — eine differenzierende Formulierungspraxis entwickelt. Im Interesse der wohlwollenden Zeugniserteilung werden abgestufte positive Formulierungen mit bewussten Auslassungen (beredtes Schweigen) kombiniert, um (eindeutige) negative Aussagen zu vermeiden. Die Rechtsprechung hat folgende Abstufung der Beurteilung zum Verhalten gegenüber Vorgesetzten und Kollegen vorgeschlagen.[20]

Notenstufen: Persönliche Führung

Sein/Ihr Verhalten zu Vorgesetzten, Arbeitskollegen …

war stets vorbildlich	= sehr gute Führung
war vorbildlich	= gute Führung
war stets einwandfrei/korrekt	= voll befriedigende Führung
war einwandfrei/korrekt	= befriedigende Führung
war ohne Tadel	= ausreichende Führung
gab zu keiner Klage Anlass	= mangelhafte Führung
Über ihn/sie ist uns Nachteiliges nicht bekannt geworden.	= unzureichende Führung

---

[20]   Vgl. LAG Hamm, Urteil v. 8.7.1993, 4 Sa 171/93, juris.

Verwendung der Beurteilungswörter in der Praxis

Nach unserer Erfahrung sieht das Verständnis der Beurteilungswörter in der Praxis etwas anders aus: Denn beispielsweise wird das Wort „korrekt" von vielen Personalern mit der Note „ausreichend" in Verbindung gebracht und die Note „voll befriedigend" hat außerhalb der Juristenausbildung zumeist schlichtweg keine Bedeutung. Man benotet etwas mit „gut" oder „befriedigend", dazwischen gibt es nichts.

Im Kernsatz der Verhaltensbeurteilung weist der Passus „stets vorbildlich" auf die Note „sehr gut" hin, „stets einwandfrei" eher auf „gut". Für den Geschmack mancher Zeugnisaussteller klingt die Vorbildlichkeit jedoch übertrieben oder wird gar als unrealistisch abgelehnt. So kann der Passus „stets einwandfrei" zumindest auch als „sehr gut" bis „gut +" interpretiert werden. Zudem möchten viele Zeugnisempfänger hinsichtlich ihres Verhaltens auch nicht als Vorbild verstanden werden, sondern eher im positiven Sinne als unauffällig gelten. Auch dies veranlasst uns, Formulierungen mit dem Wort „einwandfrei" häufig zu verwenden bzw. sie als Gutachter durchaus nicht automatisch dem Notenbereich „befriedigend" zuzuordnen.

1.6 Was darf im Zeugnis nicht, was muss erwähnt werden?

Die Punkte, die nicht in einem Zeugnis erwähnt werden dürfen, sind nicht immer eindeutig zu bestimmen. Vieles, das nicht explizit genannt wird, findet dennoch den Weg in das Zeugnis, etwa durch verklausulierte Formulierungen. Bei manchen Punkten sind sich auch Experten nicht einig, ob man sie nennen darf oder nicht.

In der folgenden Tabelle sind diejenigen Themen zusammengestellt und kommentiert, die nicht im Zeugnis erwähnt werden dürfen.

Übersicht: Themen, die nicht ins Zeugnis gehören

Abmahnungen	Abmahnungen dürfen grundsätzlich nicht explizit erwähnt werden.
Alkoholkonsum	Alkoholkonsum gehört dann nicht ins Zeugnis, wenn er lediglich den privaten Bereich betrifft. Über die Erwähnung von Alkoholmissbrauch im Dienst herrscht keine Einigkeit. So müsste z. B. die Trunksucht eines Kraftfahrers durchaus erwähnt werden, um Schadensansprüche des neuen Arbeitgebers wegen Täuschung zu vermeiden.
Arbeitslosigkeit, Arbeitsamt	Eine dem Ausbildungsverhältnis vorausgegangene Arbeitslosigkeit oder die Vermittlung durch die Agentur für Arbeit dürfen in einem Zeugnis nicht erwähnt werden.
Beendigungsgründe für vorzeitige Beendigung	Die Umstände, unter denen das Ausbildungsverhältnis vorzeitig beendet wurde, sind nur auf Wunsch des Auszubildenden in das Zeugnis aufzunehmen. Ist das Ausbildungsverhältnis auf den Auflösungsantrag des Auszubildenden gem. §§ 9, 10 KSchG durch Urteil des Arbeitsgerichts aufgelöst worden, kann der Auszubildenden verlangen, dass der Beendigungsgrund mit der Formulierung erwähnt wird, das Ausbildungsverhältnis sei „auf seinen Wunsch hin" beendet worden.[21]
Behinderung	Um Missverständnissen vorzubeugen, kann eine Erwähnung schwerer Behinderungen in Einzelfällen sinnvoll sein. Generell unterbleibt die Erwähnung (siehe auch „Krankheit").
Jugend- und Auszubildendenvertretung, Betriebsrat	Hier lehnt die Rechtsprechung eine Erwähnung im Zeugnis grundsätzlich ab. Eine Ausnahme wird nur für den Fall zugelassen, dass der Auszubildende vor seinem Ausscheiden lange Zeit ausschließlich für den Betriebsrat tätig war und der Ausbildende/Arbeitgeber deshalb nicht mehr in der Lage ist, seine Leistungen und Führung verantwortlich zu beurteilen.[22]
Einkommen	Sind nicht zu erwähnen.
Freistellung bei Betriebsratsmitgliedern	Darf nur erwähnt werden, wenn auch die inner- und außerbetrieblichen Maßnahmen der Berufsbildung/Ausbildung angeführt werden. Freistellungen aus anderen Gründen dürfen nicht erwähnt werden.

---

[21] Vgl. LAG Köln, Urteil v. 29.11.1990, 10 Sa 801/90, LAGE Nr. 11 zu § 630 BGB.

[22] Vgl. LAG Frankfurt a. Main, Urteil v. 10.3.1977, 6 Sa 779/76, DB 1978, 167.

fristlose Kündigung	Auch wenn der Ausbildende dem Auszubildenden zu Recht fristlos gekündigt hat, darf er dies nur durch die Angabe des Beendigungszeitpunktes zum Ausdruck bringen, nicht jedoch, indem er die außerordentliche Kündigung erwähnt.[23]
Geheimzeichen	Geheimzeichen (wie ein Strich neben der Unterschrift), die auf Gewerkschaftszugehörigkeit oder ein politisches Engagement hinweisen, sind verboten. Die Existenz solcher Zeichen wird nicht geleugnet, aber man geht davon aus, dass sie höchst selten vorkommen.
Gesundheitszustand	Angaben zum Gesundheitszustand des Auszubildenden gehören ebenfalls nicht in das Zeugnis. Umstritten ist, ob dann etwas anderes gilt, wenn das Ausbildungsverhältnis durch den Gesundheitszustand grundsätzlich beeinflusst wird.
Krankheiten	Krankheiten haben im Zeugnis normalerweise nichts zu suchen, auch wenn sie den Kündigungsgrund darstellten. Allerdings herrscht Uneinigkeit darüber, ob Krankheiten erwähnt werden sollten, falls eine Gefährdung Dritter nicht auszuschließen ist.
Krankheitsbedingte Fehlzeiten	Eine Krankheit darf im Zeugnis grundsätzlich nicht vermerkt werden. Krankheitsbedingte Fehlzeiten dürfen nur dann Erwähnung finden, wenn sie außer Verhältnis zur tatsächlichen Arbeitsleistung stehen, d. h. wenn sie etwa die Hälfte der gesamten Beschäftigungszeit ausmachen.[24]
Beendigungsgründe	Beendigungsgründe können nur auf Wunsch des Auszubildenden erwähnt werden.
Modalitäten der Beschäftigungsbeendigung	Nicht genannt werden dürfen die Modalitäten, die zwischen den Parteien bei der Beendigung des Ausbildungsverhältnisses vereinbart wurden. Das betrifft zum Beispiel den Widerruf von Vertretungsberechtigungen.[25]
Privatleben	Alles, was das Privatleben betrifft, also auch eine eventuelle Nebentätigkeit, das Sexualverhalten, eine Schwangerschaft, wird nicht erwähnt. Allerdings kann es von besonderer Wertschätzung zeugen, wenn der Ausbildende dem Auszubildenden beispielsweise in der Schlussformel „für die Zukunft beruflich wie privat (oder persönlich) alles Gute und weiterhin viel Erfolg" wünscht.

---

[23] Vgl. LAG Düsseldorf, Urteil v. 22.1.1988, 2 Sa 1654/87, NZA 1988, 399.

[24] Vgl. LAG Chemnitz, Urteil v. 30.1.1996, 5 Sa 996/95, NZA-RR 1997, 47.

[25] Für den Widerruf der Prokura vgl. BAG, Urteil v. 26.6.2002, 9 AZR 392/00, NZA 2002, 34.

Straftaten	Weder Vorstrafen noch Straftaten gehören in ein Zeugnis. Ausnahme: eine im Ausbildungsverhältnis begangene, rechtskräftig verurteilte Straftat, die zur Kündigung geführt hat.
vertragswidriges Verhalten	Im Hinblick auf eine wohlwollende Zeugnisformulierung und die Bedeutung für den weiteren Lebensweg sind für den Auszubildenden ungünstige Formulierungen zu vermeiden. Hinsichtlich vertragswidrigen Verhaltens lässt sich nicht allgemein festhalten, welche Formulierungen zulässig und welche unzulässig sind. Maßstab für die Arbeitsgerichte ist, dass bei einer Abwägung zwischen Wahrheitpflicht und Wohlwollen der betroffene Auszubildende in seinem beruflichen Fortkommen nicht behindert werden soll: Die Formulierung müsse dann so gewählt werden, dass ein „sorgfältiger Leser" entnehmen könne, dass der Auszubildende z. B. aufgrund von Vertragsbruch ausgeschieden sei.[26]

Welche negativen Vorkommnisse müssen Sie ansprechen?

Neben den oben genannten Punkten, die Sie im Zeugnis nicht erwähnen *dürfen*, gibt es aber auch Vorkommnisse, die sie ansprechen *müssen*, wenn sie für die Führungs- und Leistungsbewertung wesentlich sind. Der Ausbildende muss zwar Rücksicht auf die weitere berufliche Karriere des Auszubildenden nehmen, doch diese Rücksichtnahme hat Grenzen. Schließlich kann der künftige Arbeitgeber erwarten, dass das Zeugnis eine zuverlässige Grundlage für seine Einstellungsentscheidung ist.

Im Interesse der Zeugniswahrheit darf ein Zeugnis auch dort keine Auslassungen enthalten, wo der Leser eine positive Hervorhebung erwartet. In entscheidenden Fragen (wie z. B. Ehrlichkeit eines Auszubildenden in finanziellen Ausbildungsberufen oder Unfallfreiheit eines Berufskraftfahrers), bei denen die Antwort nur „Ja" oder „Nein" lauten kann, ist es bei negativen Vorkommnissen nicht zulässig, eine unzutreffende oder gar keine Aussage zu treffen.

Bei bestimmten Berufsgruppen (z. B. Kassierern, Verkäufern, Hotelpersonal) kann die explizite Erwähnung der Ehrlichkeit gefordert werden, wenn davon auszugehen ist, dass sonst in der entsprechenden Branche Zweifel an der Ehrlichkeit des Auszubildenden aufkommen. Die (negative) Tatsache muss in jedem Fall angesprochen werden:

---

[26] Vgl. LAG Hamm, Urteil v. 24.9.1985, 13 Sa 833/85, NZA 1986, 99.

Manche Ausbildende versuchen, die heiklen Punkte eines Zeugnisses zu umgehen, indem sie sich missverständlich oder mehrdeutig ausdrücken. Dies ist jedoch nicht gestattet.

Verklausulierte Formulierungen müssen gestrichen werden

Enthält ein Zeugnis widersprüchliche, verschlüsselte bzw. doppelbödige Formulierungen, so sind diese ersatzlos zu streichen.[27]

Die ersatzlose Streichung dieser (isolierten) Formulierungen führt im Ergebnis aber dazu, dass die Zeugniswahrheit auf der Strecke bleibt, denn der Ausbildende hätte das Zeugnis insgesamt sonst ja völlig anders formuliert.

Zeugnisse werden immer im Zusammenhang interpretiert, wodurch sich, je nach Situation, unterschiedliche Bewertungen ergeben können. Einen Konsens wird man wahrscheinlich recht schnell bei den jeweiligen Kernsätzen der Beurteilung, also der zusammenfassenden Leistungs- und Führungsbeurteilung sowie der Schlussformel erzielen. Dieser Konsens dürfte schon deshalb leicht zu erzielen sein, weil die Kernsätze justiziabel und einer Notenstufe zuzuordnen sind.

Aber ein Zeugnis besteht meist nicht nur aus den Kernsätzen, sondern auch aus zahlreichen ergänzenden Formulierungen. Hier bleibt sehr viel Raum zur Interpretation, weil diese Formulierungen in der Regel individuell und nicht eindeutig einer Notenstufe zuzuordnen sind.

Wie gestalten Sie das Zeugnis diskriminierungsfrei?

Bevor wir Ihnen Tipps für die diskriminierungsfreie Gestaltung Ihres Zeugnisses geben, erhalten Sie einen kurzen Überblick zu den wichtigsten Punkten des Allgemeinen Gleichbehandlungsgesetzes (AGG).

---

[27] Vgl. LAG Hamm, Urteil v. 17.12.1998, 4 Sa 630/98, BB 2000, 1090.

Ziel des AGG ist es, Benachteiligungen zu verhindern oder zu beseitigen. Es beinhaltet sechs Merkmale, aufgrund derer keine Benachteiligung erfolgen darf. Diese Merkmale sind:

- Rasse oder ethnische Herkunft
- Geschlecht
- Religion oder Weltanschauung
- Behinderung
- Alter
- sexuelle Identität

Geht es um die Zeugniserstellung und das Zeugnisrecht, dann wird das AGG auf die Praxis voraussichtlich nur geringe Auswirkungen haben. Mit professionellen Mitteln erstellte Zeugnisse stehen im Einklang mit dem Ziel des AGG, nicht wegen der oben aufgeführten Merkmale zu benachteiligen. Zeugnisse enthalten in der Regel keine Ausführungen dazu, ob der Zeugnisempfänger z. B. dem Islam angehört, serbischer Herkunft oder Kommunist ist oder homosexuell. Das heißt, in Zeugnissen wurden schon bisher keine Angaben zu den oben genannten Merkmalen gemacht. Doch es gibt Ausnahmen.

Erkennbarkeit des Geschlechts und des Alters

Wenn auch das AGG eine Ungleichbehandlung aufgrund des Geschlechts verbietet, kann die Lösung nicht darin bestehen, das Geschlecht zu verbergen, indem der Vorname nicht genannt wird. Den vollständigen Namen des Zeugnisempfängers wird man weiterhin zu Identifikationszwecken angeben. Geschlechtsbezogene Bewertungen waren bisher unüblich und sie sind im Hinblick auf den Grundsatz der wohlwollenden Zeugnisformulierung wohl auch nach bisheriger Rechtslage unzulässig. Eine Bewertung, die z. B. lautet: „Aufgrund ihres weiblichen Charmes hatte sie große Akquisitionserfolge bei unseren Kunden.", war bisher unüblich und sie sollte mit Blick auf das AGG erst recht nicht verwendet werden.

Auch das Geburtsdatum im Zeugnis, das einen Rückschluss auf das Alter zulässt, wird nicht generell unzulässig werden.

Angaben zu Behinderung oder Erkrankung

Angaben zu einer Behinderung wie auch zu einer Erkrankung waren auch bisher nur in seltenen Ausnahmefällen zulässig.

● **TIPP: Nutzen Sie die Musterzeugnisse**

Ausgehend von der gefestigten Praxis der „Zeugnissprache", wie Sie sie auch hier in den Musterzeugnissen vorliegen haben, werden sich aber voraussichtlich keine größeren Änderungen ergeben.

1.7 Wer unterschreibt und versendet das Zeugnis?

Der Ausbildende ist nicht verpflichtet, das Zeugnis selbst anzufertigen oder durch sein gesetzliches Vertretungsorgan erstellen zu lassen. Auch muss keiner der beiden unterschreiben. Es genügt, wenn ein dem Unternehmen angehörender Vertreter des Ausbildenden unterzeichnet. Im Zeugnis ist deutlich zu machen, dass dieser Vertreter dem Auszubildenden gegenüber weisungsbefugt war.[28]

Dabei sind auch das Vertretungsverhältnis und die Funktion des Unterzeichners anzugeben. Der Grund: Erstens lässt sich an der Person und dem Rang des Unterzeichnenden die Wertschätzung des Auszubildenden ablesen. Zweitens zeugt ein kompetenter Aussteller für die Richtigkeit der im Zeugnis getroffenen Aussagen. Seinen Zweck als Bewerbungsunterlage kann das Zeugnis nur erfüllen, wenn es von einem „erkennbar Ranghöheren" ausgestellt ist. Das Vertretungsverhältnis kann mit dem Zusatz ppa. oder i. V. kenntlich gemacht werden.

Das BAG hat in einem Urteil vom 4.10.2005 bereits entwickelte Grundsätze zum Zeugnisrecht bestätigt und präzisiert.[29] Zur Frage der Unterschriftsbefugnis hat das BAG noch einmal bekräftigt, dass der Arbeitgeber *nicht* verpflichtet ist, das schriftlich zu erteilende Zeugnis selbst oder durch sein gesetzliches Vertretungsorgan zu unterschreiben. Er kann damit eine andere betriebsangehörige Person beauftragen. Diese Grundsätze gelten analog für das Ausbildungsverhältnis und den Ausbildenden. Der Ausbildende kann jedoch die Unterschriftsbefugnis zur Unterzeichnung von Zeugnissen nicht beliebig delegieren. Aus dem Zeugnis muss sich ergeben, dass der Aussteller in der Lage ist, die Leistungen des Auszubildenden zu beurteilen. Der Beurteilende muss deshalb — aus dem Zeugnis ablesbar — ranghöher als der Zeugnisempfänger und ihm gegenüber weisungsberechtigt sein.

---

[28] Vgl. BAG, Urteil v. 26.6.2001, 9 AZR 392/00, NZA 2002, 34.

[29] Vgl. BAG-Urteil v. 4.10.2005, 9 AZR 507/04, NZA 2006, S. 436 ff.

Welche Mitarbeiter des Ausbildenden zur Unterzeichnung eines Zeugnisses in Betracht kommen, ergibt sich regelmäßig aus einem Organigramm, aus welchem die Hierarchie und die Unterstellungsverhältnisse ablesbar sind.

Haben Ausbildende die Ausbildung nicht selbst durchgeführt, so soll gem. § 16 Abs. 1 Satz 3 BBiG auch der Ausbilder oder die Ausbilderin mit unterschreiben. Dies ist nur eine Ordnungsvorschrift, die eine Mitwirkung des mit der Befähigung des Auszubildenden besonders vertrauten Ausbilders an seiner Beurteilung sicherstellen soll. Der Ausbilder übernimmt in diesen Fällen eine Mitverantwortung für die Richtigkeit des Zeugnisses. Ausbildender und Auszubildender können vom Ausbilder in der Regel die Mitunterzeichnung verlangen, es sei denn, dass dieser den Inhalt des Zeugnisses nicht mitverantworten kann. Fehlt seine Unterschrift, ist das Zeugnis nicht unwirksam. Bei mehreren Ausbildern hat der Ausbildungsleiter das Zeugnis mit zu unterschreiben, wenn sich nicht aus der Betriebsordnung etwas anderes ergibt.

In der Praxis werden häufig so genannte Ausbildungsverbunde gebildet (§ 10 Abs. 5 BBiG). Dabei können mehrere natürliche oder juristische Personen in einem Ausbildungsverbund zur Erfüllung ihrer vertraglichen Pflichten zusammenwirken, soweit die Verantwortlichkeit für die einzelnen Ausbildungsabschnitte sowie für die Ausbildungszeit sichergestellt ist (Verbundausbildung). Damit soll das vollständige Ausbildungspotenzial genutzt und zugleich eine breit angelegte Berufsausbildung gesichert werden. Da im Rahmen der Verbundausbildung mehrere Ausbildende bei der Berufsausbildung mitwirken, ist bisher umstritten, ob lediglich ein Berufsausbildungsvertrag gem. § 10 Abs. 1 BBiG mit einem Ausbildenden geschlossen wird oder ob im Rahmen der Verbundausbildung mehrere Ausbildungsverträge des Auszubildenden mit mehreren Ausbildenden nebeneinander bestehen und die Ausbildenden (nur) im Rahmen der Prüfung zusammenarbeiten. Die Frage der rechtlichen Konstruktion des Ausbildungsverhältnisses in der Verbundausbildung hat natürlich auch Konsequenzen hinsichtlich der Ausstellung des Zeugnisses: Hat nur eine natürliche oder juristische Person mit dem Auszubildenden den Ausbildungsvertrag geschlossen, ist diese zur Ausstellung des Zeugnisses verpflichtet. In diesem Fall sollten aber die anderen Ausbildenden bzw. Ausbilder des Ausbildungsverbundes analog § 16 Abs. 1 Satz BBiG das Zeugnis mit unterzeichnen, da sie für die einzelnen Ausbildungsabschnitte inhaltlich verantwortlich sind. Bestehen dagegen mehrere Ausbildungsverträge des Auszubildenden mit mehreren Ausbildenden nebeneinander, ist durch jeden einzelnen Ausbildenden ein Zeugnis für seinen Ausbildungsabschnitt zu erstellen.

Muss der Ausbildende das Zeugnis zusenden?

Der Auszubildende muss sein Zeugnis selbst abholen. Wie bei allen anderen Papieren ist das Zeugnis eine Holschuld im Sinne des § 269 Abs. 2 BGB. Hält der Ausbildende das Zeugnis jedoch nicht bis spätestens zum letzten Tag der Ausbildung mit den anderen Arbeitspapieren zur Abholung bereit, muss er es auf seine Gefahr und Kosten dem Auszubildenden übersenden.

Wenn der Auszubildende es versäumt, sein Zeugnis, das der Ausbildende für ihn bereithält, abzuholen, kann er vom Ausbildenden nicht die Übersendung verlangen. Er muss es selbst abholen.

Wann muss der Ausbildende ein Zeugnis neu erstellen?

Es kommt gelegentlich vor, dass ein ehemaliger Auszubildender die Neuausstellung eines inhaltlich richtigen und nicht beanstandeten Zeugnisses verlangt, weil es beschädigt oder verloren wurde. In diesen Fällen ist der Ausbildende aufgrund seiner nachvertraglichen Fürsorgepflicht grundsätzlich verpflichtet, auf Kosten des ehemaligen Auszubildenden ein neues Zeugnis zu erteilen.[30]

Entscheidend ist dabei die Frage, ob dem Ausbildenden die Neuausstellung zugemutet werden kann, weil er das Zeugnis z. B. anhand noch vorhandener Personalunterlagen ohne großen Arbeitsaufwand erneut schreiben lassen kann.

1.8 Was kann der Auszubildende gegen ein Zeugnis unternehmen?

Es gibt keinen förmlichen Rechtsbehelf eines „Widerspruchs" gegen ein Zeugnis. Der Auszubildende kann sich zwar jederzeit nach Erhalt eines Zeugnisses an seinen Ausbildenden wenden und Änderungswünsche geltend machen. Der Ausbildende ist jedoch nicht verpflichtet, diesen Wünschen zu folgen oder sie mit dem Auszubildenden zu erörtern.

---

[30] vgl. LAG Hamm, Urteil v. 17.12.1998, 4 Sa 1337/98, DB 1999, 1610.

Erfüllt der Ausbildende den Anspruch auf Zeugniserteilung nicht oder nicht ordnungsgemäß, kann der Auszubildende vor dem Arbeitsgericht auf Ausstellung oder Berichtigung des Zeugnisses klagen. Hier sind Verjährung, Verwirkung, Verzicht und Ausschlussfristen zu beachten.

Verhandlung vor dem Schlichtungsausschuss

Bei Streitigkeiten zwischen Ausbildendem und Auszubildendem aus einem bestehenden Berufsausbildungsverhältnis ist der gerichtlichen Geltendmachung vor dem Arbeitsgericht gem. § 111 ArbGG ein Verfahren vor einem aus Arbeitgebern und Arbeitnehmern paritätisch zusammengesetzten Schlichtungsausschuss vorgeschaltet, soweit ein solcher Ausschuss — was der Regelfall ist — von der zuständigen Kammer oder Innung gebildet ist. Eine Klage zum Arbeitsgericht, die vor Durchführung des Verfahrens vor dem Ausschuss erhoben wird, ist unzulässig. Die in § 111 Abs. 2 Satz 5 ArbGG vorgeschriebene Verhandlung vor dem Schlichtungsausschuss ist nach Auffassung des BAG eine unverzichtbare Prozessvoraussetzung.[31]

Die Anrufung des Ausschusses ist nicht erforderlich, wenn das Ausbildungsverhältnis bereits beendet ist, was bei Zeugnissen bei Beendigung der Ausbildung wohl regelmäßig der Fall sein dürfte. Praktisch wird das Verfahren vor dem Schlichtungsausschuss wohl deshalb nur bei Zwischenzeugnissen von Bedeutung sein, die vor Abschluss der Ausbildung für Bewerbungen ausgestellt werden. Der Ausschuss bestimmt die Ausgestaltung des Verfahrens selbst, die Parteien sind mündlich zu hören. Er entscheidet durch Spruch. Dieser wird verbindlich, wenn er von den Parteien innerhalb einer Woche anerkannt wird oder nicht innerhalb von zwei Wochen nach ergangenem Spruch Klage beim zuständigen Arbeitsgericht erhoben wird. Für die Einleitung eines Verfahrens vor dem Ausschuss bei bestehendem Berufsausbildungsverhältnis gilt keine Frist, sondern nur die Grenze der Verwirkung.[32] Einstweiliger Rechtsschutz in Form einer einstweiligen Verfügung kann von dem Ausschuss nicht gewährt werden. Hierfür sind allein die Arbeitsgerichte zuständig. Die Zuständigkeit der Arbeitsgerichte besteht auch für Auszubildende, die statt einer Ausbildungsvergütung von der Agentur für Arbeit Leistungen nach dem SGB III erhalten.[33]

---

[31] BAG, Urteil v. 13.4.1989, 2 AZR 441/88, DB 1990, 586.

[32] BAG, Urteil v. 13.4.1989, 2 AZR 441/88, DB 1990, 586.

[33] BAG, Urteil v. 21.5.1997, 5 AZB 30/96, DB 1997, 2030.

Wann verjährt der Anspruch?

Für den Anspruch auf Ausstellung oder Berichtigung eines Zeugnisses besteht keine besondere Verjährungsregelung. Deshalb findet die regelmäßige Verjährungsfrist von drei Jahren gemäß § 195 BGB Anwendung. Sie beginnt mit dem Ende des Jahres, in dem der Anspruch entstanden ist. Vor Eintritt der Verjährung kann sich der Ausbildende allerdings gegebenenfalls auf eine Unmöglichkeit der Zeugniserteilung berufen, bzw. es kann eine so genannte Verwirkung des Anspruchs vorliegen.

Wann erlischt der Anspruch?

Unabhängig von der Verjährung kann der Zeugnisanspruch bereits dann erlöschen, wenn es dem Ausbildenden nicht mehr möglich ist, ein Zeugnis auszustellen (z. B. wenn er aufgrund des Zeitablaufs nicht in der Lage ist, ein wahrheitsgemäßes Zeugnis auszustellen).

Die Ausstellung eines einfachen Zeugnisses zu Art, Dauer und Ziel der Ausbildung sowie über die erworbenen beruflichen Fertigkeiten, Kenntnisse und Fähigkeiten des Auszubildenden ist wegen der geringen Anforderungen in der Regel nach Beendigung des Ausbildungsverhältnisses noch so lange möglich, wie Personalunterlagen vorhanden sind.

Beim qualifizierten Zeugnis, das auch Angaben zu Leistung und Verhalten enthält, ist die Lage etwas anders: Wenn der Ausbildende und/oder der Ausbilder und seine mit der Zeugniserteilung befassten Vertreter sich an die Tatsachen zum Verhalten und zur Leistung des Auszubildenden nicht mehr erinnern können und auch keine entsprechenden schriftlichen Personalunterlagen vorhanden sind, in denen Verhalten und Leistung festgehalten wurden, ist die Ausstellung eines qualifizierten Zeugnisses schlichtweg nicht mehr möglich.

Wann ist der Anspruch verwirkt?

Selbst wenn die Erfüllung des Anspruchs auf Zeugniserteilung noch möglich ist, kann der gerichtlichen Durchsetzung vor Verjährungseintritt die so genannte Verwirkung entgegengehalten werden. Für die Verwirkung eines Anspruchs müssen zwei Aspekte erfüllt sein: das Zeitmoment und das Umstandsmoment.

1. Verwirkung kann eintreten, wenn der Auszubildende sein Zeugnis über längere Zeit nicht eingefordert hat (Zeitmoment) und
2. dadurch bei dem Ausbildenden die Überzeugung hervorgerufen hat, er werde sein Recht nicht mehr geltend machen (Umstandsmoment).

Darauf muss sich der Ausbildende eingerichtet haben. Konkrete feste Fristen nennt das BAG aber nicht. Soweit Ausschlussfristen zur Anwendung kommen, genügt zur Wahrung der Ausschlussfrist die Beanstandung des erhaltenen Zeugnisses und die Forderung zur Neuausstellung des Zeugnisses durch den Auszubildenden. Der Zeugnisempfänger braucht keine einzelnen Mängel (vergleichbar einer Sachmängelgewährleistung) zur Wahrung der Ausschlussfrist geltend machen.

Weiterhin muss dem Ausbildenden die Zeugnisausstellung nach Treu und Glauben unter Berücksichtigung der Umstände des Einzelfalles nicht mehr zumutbar sein. Zeit- und Umstandsmoment dürfen dabei nicht isoliert, sondern können nur in engem Zusammenhang gesehen werden; der Schwerpunkt liegt beim Umstandsmoment. Die Rechtsprechung hat bisher Verwirkung bei einem Untätigkeitszeitraum von zehn bis zu 15 Monaten angenommen.[34] Generell ist der Verwirkungszeitpunkt bei einem qualifizierten Zeugnis früher erreicht als bei einem einfachen Zeugnis, weil bei letzterem die notwendigen Angaben leichter und länger zur Verfügung stehen.

Die Berufung auf die Einrede der Verwirkung kann dem Ausbildenden aber dann versagt sein, wenn Personalakten geführt werden und er auf zeugnisspezifische Angaben zurückgreifen kann. Dies gilt so lange, wie er verpflichtet ist, Lohnunterlagen aus steuerlichen Gründen aufzubewahren (bis zum Ablauf des sechsten Kalenderjahres, das auf die zuletzt eingetragene Lohnzahlung folgt), und/oder so lange, wie er Personalakten tatsächlich aufhebt.

Wann kann auf den Anspruch verzichtet werden?

Vor Beendigung des Ausbildungsverhältnisses kann der Auszubildende auf den Anspruch auf Zeugniserteilung nicht verzichten. Gerichtlich ist noch nicht abschließend geklärt, ob nach Beendigung der Ausbildung ein Verzicht rechtlich möglich ist. In den so genannten Ausgleichsquittungen ist jedenfalls kein Verzicht auf die Erteilung eines Zeugnisses zu sehen.

---

[34] Vgl. LAG Hamm, Urteil v. 17.12.1998, 4 Sa 1337/98, NZA-RR 1999, 459; LAG Köln, Urteil v. 8.2.2000, 13 Sa 1050/99, NZA-RR 2001, 130; LAG Hamm, Urteil v. 3.7.2002, NZA-RR 2003, 73 f.

Neben Verjährung, Verwirkung oder Unmöglichkeit kann der Zeugnisanspruch auch aufgrund von vertraglichen bzw. tariflichen Ausschlussfristen erlöschen. Allgemein gehaltene vertragliche Ausschlussklauseln erfassen jedoch nicht ohne Weiteres auch Zeugnisansprüche. Im Einzelfall ist die Formulierung dieser Klauseln sorgfältig zu prüfen.

Was müssen Sie wissen, wenn es zum Rechtsstreit kommt?

Hat der Ausbildende den Anspruch auf Zeugniserteilung noch nicht oder nicht ordnungsgemäß erfüllt, kann der Auszubildende vor dem Arbeitsgericht Klage auf Ausstellung oder Berichtigung erheben. Handelt es sich um ein Berufsausbildungsverhältnis und ist das Ausbildungsverhältnis noch nicht beendet (z. B. bei einem Zwischenzeugnis), ist vor einer Klage zwingend das Schlichtungsverfahren gem. § 111 ArbGG durchzuführen.

Der Klageantrag muss die Änderungswünsche enthalten.

Geht es lediglich um die Korrektur eines bereits erteilten Zeugnisses, ist im Klageantrag im Einzelnen anzugeben, was in welcher Form geändert werden soll.[35] Das Zeugnis ist dann insgesamt neu zu formulieren, wenn anderenfalls die Gefahr von Sinnentstellungen und Widersprüchlichkeiten droht.

In prozessualer Hinsicht hat ein Auszubildender aus § 16 BBiG einen Anspruch auf die Erteilung eines insgesamt richtigen Zeugnisses. Solange das vom Ausbildenden erteilte Zeugnis diesen Anforderungen nicht entspricht, ist der Anspruch des Auszubildenden auf Zeugniserteilung insgesamt nicht erfüllt. Der Auszubildende macht dann mit seiner Zeugnisklage keine Berichtigung einzelner Mängel — vergleichbar etwa einer Sachmängelgewährleistung — geltend, sondern weiterhin den Erfüllungsanspruch auf ein insgesamt richtiges Zeugnis. Der Auszubildende ist im Gerichtsprozess deshalb auch nicht gehindert, den ursprünglich verlangten Zeugnisinhalt im laufenden Zeugnisrechtsstreit zu ändern oder zu ergänzen.

Für das Verfahren vor dem Arbeitsgericht muss kein Anwalt als Prozessbevollmächtigter beauftragt werden. Der Auszubildende kann den Prozess selbst führen. Kommt es im Gerichtsverfahren nicht zu einer gütlichen Einigung, entscheidet das Arbeitsgericht durch Urteil über die teilweise oder vollständige Stattgabe der Klage oder ihre Abweisung. Wird der Ausbildende zur vollständigen oder teilweisen Kor-

---

[35] Vgl. LAG Düsseldorf, Urteil v. 26.2.1985, 8 Sa 1873/84, DB 1985, 2692.

rektur des Zeugnisses entsprechend des Klageantrages verurteilt und kommt er dem Urteil nicht nach, kann dies im Wege der Zwangsvollstreckung durchgesetzt werden.

Welche Formulierungen kann der Auszubildende gerichtlich durchsetzen — welche nicht?

Ein Zeugnis muss alle wesentlichen Tatsachen und Bewertungen enthalten, die für die Beurteilung des Auszubildenden von Bedeutung und für einen künftigen Arbeitgeber von Interesse sind. Der Ausbildende entscheidet allein, welche Leistungen und Eigenschaften seines Auszubildenden er hervorheben will — er hat hier einen Ermessens- und Beurteilungsspielraum. Das Zeugnis muss lediglich objektiv richtig und vollständig sowie wohlwollend formuliert sein und darf dort keine Auslassungen aufweisen, wo der Leser eine positive Bemerkung erwartet.

Der Ausbildende muss der Verkehrssitte Rechnung tragen und auch bei qualifizierten Zeugnissen die gebräuchliche Gliederung beachten, die inzwischen weitgehend standardisiert ist. Weder Wortwahl noch Satzstellung oder Auslassungen dürfen dazu führen, dass bei Dritten der Wahrheit nicht entsprechende Vorstellungen geweckt werden. Der Ausbildende ist bei den Bewertungen im Zeugnis in diesem Rahmen frei, welche Formulierungen er wählt.

Das Zeugnis darf nicht mit geheimen bzw. verschlüsselten Kennzeichen (Geheimzeichen) oder Formulierungen versehen werden, die den Zweck haben, den Auszubildenden in einer aus dem Wortlaut des Zeugnisses nicht ersichtlichen Weise zu charakterisieren (§§ 16, 10 Abs. 2 BBiG i. V. m. § 109 Abs. 2 GewO).

Vor diesem Hintergrund kann der Auszubildende — soweit die Tatsachen im Zeugnis objektiv richtig und vollständig sind — im Grunde nur die im Rahmen der Verkehrssitte üblichen Formulierungen gerichtlich durchsetzen und Formulierungen, die nicht wohlwollend sind, korrigieren. Standardformulierungen, die weitgehend bekannt sind, muss er hinnehmen.

Was kann der Auszubildende vor Gericht nicht durchsetzen?

Der Auszubildende kann keine von ihm gewünschten individuellen Formulierungen durchsetzen. In der Praxis wird vor den Arbeitsgerichten in der Regel aber auch nicht darum gestritten, welche vom Auszubildenden gewünschten Wertungs-Formulierungen in das Zeugnis aufzunehmen sind, sondern meistens darum, welche

Formulierungen falsch, widersprüchlich oder verschlüsselt bzw. doppelbödig sind und deshalb ersatzlos gestrichen werden sollen.[36]

Ein Zeugnis darf nicht in sich widersprüchlich sein. Mithilfe von Widersprüchen darf auch keine Herabsetzung der Beurteilung erfolgen. Im Fall einer widersprüchlichen Formulierung muss die gesamte Formulierung, die geeignet ist, den Auszubildenden in seiner beruflichen Karriere zu behindern, entfernt werden. Dies gilt nach der Rechtsprechung unabhängig davon, wie das Führungsverhalten des Auszubildenden tatsächlich zu bewerten ist. Eine Ausnahme bildet die zusammenfassende Leistungs- und Führungsbeurteilung, bei der sich die Gerichte inzwischen an einem standardisierten, abgestuften Noten- und Formulierungskatalog orientieren. Hinsichtlich der Leistungs- und Führungsbeurteilung kann der Auszubildende gegebenenfalls eine andere Bewertung und die damit korrespondierende Formulierung gerichtlich durchsetzen.

Dem Auszubildenden steht deshalb hinsichtlich der bewertenden Formulierungen im Zeugnis grundsätzlich nur ein „Negativanspruch" zu — er kann nur Streichungen durchsetzen. Anders ist es, wenn das Zeugnis hinsichtlich der Darstellung von Tatsachen (z. B. Qualifikationen), welche für die Beurteilung der Führung und Leistung charakteristisch sind, unvollständig ist. In diesen Fällen kann der Auszubildende die Aufnahme in das Zeugnis auch gerichtlich durchsetzen.

Kann der Auszubildende eine Schlussformel gerichtlich durchsetzen?

In der Praxis hat es sich als üblich herausgebildet, zum Abschluss eines Zeugnisses eine Dankes-/Bedauernsformel mit Zukunftswünschen zu verwenden. Oft wird dabei der Dank für geleistete Arbeit bzw. das Bedauern über das Ausscheiden durch die Würdigung bleibender Verdienste ergänzt. Derartige Formulierungen sind geeignet, ein Zeugnis abzurunden — ihr Fehlen wird daher oft auch negativ beurteilt.

Das BAG hat klargestellt, dass dennoch kein Rechtsanspruch auf die Aufnahme von Schlusssätzen besteht.[37] Nach Auffassung des BAG gehören Schlusssätze nicht zum gesetzlich geschuldeten Inhalt eines Zeugnisses; sie sind nicht Bestandteil der geschuldeten Führungs- und Leistungsbeurteilung.

---

[36] Vgl. die Rechtsprechung zur „verschlüsselten Zeugnissprache", LAG Hamm, Urteil v. 17.12.1998, 4 Sa 630/98, BB 2000, 1090.

[37] Vgl. BAG Urteil v. 20.2.2001, 9 AZR 44/ 00, NZA 2001, 843; BAG Urteil v. 11.12.2012, 9 AZR 227/11, APNews 2013, 23.

Nach Auffassung des BAG macht das Fehlen von Schlusssätzen ein Zeugnis nicht unvollständig; dies sei kein unzulässiges Geheimzeichen. Die Rechtsprechung zur unzulässigen Auslassung, dem „beredten Schweigen", betrifft nur den gesetzlich geschuldeten Zeugnisinhalt, d. h. die Art und Dauer der Tätigkeit sowie die Leistungs- und Führungsbeurteilung. Die Grundsätze dieser Rechtsprechung werden auf das Fehlen von Schlusssätzen nicht übertragen.

Zwar erkennt auch das BAG an, dass Schlusssätze nicht beurteilungsneutral sind, sondern geeignet, die objektiven Zeugnisaussagen zu Führung und Leistung des Auszubildenden zu bestätigen oder zu relativieren. Aus der Tatsache, dass ein Zeugnis mit passenden Schlusssätzen aufgewertet werde, lässt sich nach Auffassung des BAG aber nicht folgern, dass ein Zeugnis *ohne* jede Schlussformulierung in unzulässiger Weise „entwertet" wird. Formulierung und Gestaltung des Zeugnisses obliegen dem Ausbildenden; zu seiner Gestaltungsfreiheit gehört auch die Entscheidung, ob er das Endzeugnis um Schlusssätze anreichert.

Soweit Ausbildende Schlussformulierungen verwenden, müssen diese mit dem übrigen Zeugnisinhalt, insbesondere der Leistungs- und Führungsbewertung, schlüssig übereinstimmen. Unterlassene negative Werturteile dürfen nicht mit einer knappen und „lieblosen" Schlussformel versteckt nachgeholt werden — hier kann der Auszubildende eine entsprechende Korrektur auch gerichtlich durchsetzen.

Kann der Ausbildende ein Zeugnis zurückhalten?

Der Ausbildende hat kein Recht, das Zeugnis wegen etwaiger Gegenansprüche aus dem Ausbildungsverhältnis zurückzuhalten. Hier steht der dadurch möglicherweise beim Auszubildenden verursachte Schaden nicht im Verhältnis zu den Ansprüchen des Ausbildenden.

Kann ein Zeugnis widerrufen werden?

Hat sich der Ausbildende bei der Erstellung des Zeugnisses im Hinblick auf schwerwiegende Umstände geirrt und ist es deshalb unrichtig, kann er gegen Erteilung eines neuen Zeugnisses die Herausgabe des alten verlangen. Der Widerruf des Zeugnisses wird wirksam, wenn er dem Auszubildenden zugeht. Deshalb sollte er aus Beweisgründen schriftlich erklärt werden.

Ein Zwischenzeugnis kann der Ausbildende bereits dann zurückverlangen, wenn die Beurteilung aufgrund des Verhaltens des Auszubildenden *nach* Ausstellung nicht mehr den Tatsachen entspricht oder sich die Leistungsbeurteilung wegen nachhaltiger Mängel geändert hat.

Wenn das Zeugnis allerdings bewusst falsch ausgestellt wurde, kann der Ausbildende im Nachhinein davon nicht mehr abrücken.[38] Das Gleiche gilt, wenn er durch Vergleich oder Urteil zu einer bestimmten Formulierung verpflichtet war. Will der Ausbildende trotzdem eine Änderung des Zeugnisses erreichen, muss er zunächst den vorhandenen Rechtstitel im Wege einer Vollstreckungsgegenklage vom Arbeitsgericht aufheben lassen. Die Beweislast für die Unrichtigkeit des Zeugnisses trägt hier der Ausbildende.

Die Beweislast für die Voraussetzungen des Widerrufs sowie für die Richtigkeit des neuen Zeugnisses trägt der Ausbildende.[39]

1.9 Wie hoch sind die Kosten eines Gerichtsverfahrens?

Für die Höhe der Gerichtskosten und der Anwaltskosten kommt es auf den Gegenstandswert bzw. Streitwert an. Die Gerichtskosten sind je nach Ausgang des Verfahrens anteilig von beiden Parteien oder von einer Partei alleine zu tragen. Es entstehen keine Gerichtskosten, wenn das Verfahren ohne streitige Verhandlung durch einen im Gütetermin abgeschlossenen oder durch einen außergerichtlichen Vergleich beendet wird.

Wird ein Rechtsanwalt mit der Vertretung im Prozess beauftragt, entstehen für jede Instanz zumindest zwei Rechtsanwaltsgebühren (eine Verfahrensgebühr, eine Terminsgebühr nach unterschiedlichen Gebührensätzen auf Basis eines gesetzlichen Vergütungsverzeichnisses). Wird ein Vergleich geschlossen, kommt eine Einigungsgebühr hinzu. Zusätzlich kann der Rechtsanwalt eine Auslagenpauschale von 20 Euro beanspruchen. Zu diesen Gebühren ist die gesetzliche Umsatzsteuer hinzuzurechnen.

---

[38] Vgl. BAG, Urteil v. 3.3.1993, 5 AZR 182/92, DB 1993, 1624.

[39] Vgl. LAG Hamm, Urteil v. 1.12.1994, 4 Sa 1540/94, LAGE Nr. 25 zu § 630 BGB.

In der ersten Instanz vor dem Arbeitsgericht müssen die eigenen Anwaltsgebühren von jeder Partei selbst getragen werden. Dies gilt auch für den Fall des Obsiegens; die erstinstanzlichen Anwaltsgebühren im Arbeitsgerichtsverfahren werden nicht von der unterlegenen Partei ersetzt.

Gerichtsgebühren für das arbeitsgerichtliche Verfahren

Bruttomonatsverdienst (= Streitwert) in Euro bis	1 Gerichtsgebühr (ist mit dem entsprechenden Faktor aus dem Kostenverzeichnis zu multiplizieren) in Euro
3.000,--	89,--
3.500,--	97,--
4.000,--	105,--
4.500,--	113,--
5.000,--	121,--
6.000,--	136,--
7.000,--	151,--
8.000,--	166,--
9.000,--	181,--
10.000,--	196,--
13.000,--	219,--
16.000,--	242,--

Anwaltsgebühren nach dem Rechtsanwaltsvergütungsgesetz (RVG)

Bruttomonatsgehalt in Euro		1,3 Verfahrensgebühr (§§ 2, 13 RVG i. V. m. Nr. 3100 RVG) (ohne MWSt.)	1,2 Terminsgebühr (§§ 2, 13 RVG i. V. m. Nr. 3104 RVG) (ohne MWSt.)	1 Einigungsgebühr (§§ 2, 13 RVG i. V. m. Nr. 1003 RVG) (ohne MWSt.)
bis	3.000,--	245,--	226,--	189,--
bis	3.500,--	282,--	260,--	217,--
bis	4.000,--	318,--	294,--	245,--
bis	4.500,--	354,--	327,--	273,--
bis	5.000,--	391,--	361,--	301,--
bis	6.000,--	439,--	405,--	338,--
bis	7.000,--	487,--	450,--	375,--
bis	8.000,--	535,--	494,--	412,--
bis	9.000,--	583,--	538,--	449,--
bis	10.000,--	631,--	583,--	486,--
bis	13.000,--	683,--	631,--	526,--

1.10   Wie ist bei freien Mitarbeitern zu verfahren?

Die arbeitsrechtlichen Vorschriften gelten nicht für den freien Mitarbeiter, für ihn gelten nur die Regelungen des BGB zum Dienstvertrag. Die Arbeitsgerichte sind für freie Mitarbeiter nicht zuständig. Nach der älteren Rechtsprechung des BGH[40] hat ein freier Mitarbeiter grundsätzlich keinen Anspruch auf ein Zeugnis gem. § 630 BGB. Dagegen gibt es in der juristischen Literatur die Auffassung, dass zumindest bei einem auf eine gewisse Dauerhaftigkeit angelegten Dienstverhältnis auch ein freier Mitarbeiter gem. § 630 BGB einen Anspruch auf ein Zeugnis hat. In der betrieblichen Praxis werden für freie Mitarbeiter heute überwiegend Referenzschreiben ausgestellt, für die es keine gesetzlichen Vorgaben oder Beschränkungen gibt.

---

[40]   BGH, Urteil v. 9.11.1967, II ZR 64/67, BGHZ 49, 30.

Wird für einen freien Mitarbeiter ein Zeugnis ausgestellt, sind folgende Punkte zu beachten:

Das Zeugnis darf nicht als „Arbeitszeugnis" wie bei einem Arbeitnehmer ausgestellt werden. Bereits im Einleitungssatz ist auf die freie Mitarbeit hinzuweisen.

Freie Mitarbeiter haben keine Personal-, Budget- oder Teamverantwortung — dies würde im Gegensatz zu ihrer freien Mitarbeit stehen und eher für ein Arbeitsverhältnis sprechen (Stichwort „Scheinselbstständigkeit"). Ebenso erhalten sie grundsätzlich keine Vertretungsberechtigung oder gar Prokura für das beauftragende Unternehmen. Möglich ist bei Projektaufträgen eine Projektverantwortlichkeit, verbunden mit einer rein fachlichen Weisungsbefugnis auch gegenüber den eingebundenen Mitarbeitern des beauftragenden Unternehmens.

Es gibt für freie Mitarbeiter keine Leistungs- oder Führungsbeurteilung wie bei einem Arbeitnehmer. Bei einem freien Mitarbeiter kann die Qualität seiner Dienstleistung oder das Arbeitsergebnis bewertet werden.

Bejaht man den Anspruch eines freien Mitarbeiters auf ein Zeugnis gem. § 630 BGB, wären für Streitigkeiten daraus und gerichtliche Auseinandersetzungen nicht die Arbeitsgerichte, sondern die Zivilgerichte zuständig.

Bei Referenzschreiben kann der Aussteller nach seinem Gusto entscheiden, wie er es gestaltet und wie er eine Beurteilung bzw. Empfehlung ausdrückt. Es gibt hier keine gesetzlichen Regelungen und deshalb auch keine gerichtliche Überprüfung. Referenzschreiben sind eine reine Gefälligkeitsleistung.

2 Arbeitsmittel 1: Die Ablaufcheckliste – Wer muss was wann tun?

Was ist bei der Erstellung des Zeugnisses konkret zu tun? Wer ist für welche Arbeitsschritte zuständig? Und bis wann müssen die einzelnen Schritte ausgeführt worden sein?

Sie finden in der Ablaufcheckliste alle notwendigen Schritte am zeitlichen Ablauf orientiert aufgelistet. So können Sie die Zeugniserstellung im Voraus planen und koordinieren. Die Ablaufcheckliste finden Sie auch bei den Arbeitshilfen online. Sie können öffnen, speichern, ausdrucken oder direkt an Ihrem PC weiter bearbeiten.

2.1 Wer ist an der Erstellung des Ausbildungszeugnisses beteiligt?

Die Personalabteilung

Die Personalabteilung bzw. die Personalreferentin oder der Personalreferent haben den wichtigsten Part bei der Zeugniserstellung. Von hier aus wird der gesamte Ablauf gesteuert und darauf geachtet, dass fehlende Daten eingehen sowie Termine eingehalten werden. Die Personalabteilung teilt den Bewertungsbogen zum Ankreuzen aus, fordert ihn zurück, vergleicht die Daten und erstellt dann daraus das Zeugnis.

Anders sieht es aus, wenn Sie in einer kleinen Firma arbeiten, die keine/n Personalreferenten/in hat. Dann liegt die Verantwortung für das Zeugnis beim Ausbilder bzw. Fachvorgesetzten. In diesem Fall empfiehlt es sich, Aufgaben an diese Mitarbeiter zu delegieren.

Der Ausbilder

Der Ausbilder ist vor allem gefragt, wenn es um die Zusammenstellung der Tätigkeitsbeschreibung, die Bewertung der Leistung des Auszubildenden und um das Mitarbeitergespräch geht. Wenn es keinen Personalreferenten gibt, muss der Ausbilder dessen Aufgaben bei der Zeugniserstellung übernehmen.

Der Auszubildende

Der Auszubildende ist mindestens gefragt, das Zeugnis durchzusehen und Änderungen anzumelden. Durch seine vorherige Einbindung wird möglichen späteren Auseinandersetzungen wirksam vorgebeugt.

Der Geschäftsführer oder der Unterschriftsberechtigte

Der Geschäftsführer oder der Unterschriftsberechtigte liest das Zeugnis durch und fordert eventuell noch einige kleinere Korrekturen. Wichtig aber ist, dass er das Zeugnis unterschreibt.

2.2 Zeitplanung mit der Ablaufcheckliste

Der Auszubildende sollte sein Zeugnis möglichst am letzten Arbeitstag erhalten. Und da so ein Zeugnis etliche Stationen zu durchlaufen hat, bis es fertig ist, verstreicht die Zeit bis zum letzten Arbeitstag schnell. Damit es aber trotzdem klappt, bieten wir Ihnen eine Ablaufcheckliste an, die Sie am Ende dieses Kapitels finden.

Die Ablaufcheckliste unterstützt Sie bei der Erstellung des Zeugnisses, indem sie daran erinnert, wann welche Aufgaben und von wem zu erledigen sind. So haben Sie nicht nur die knappe Zeit im Blick, sondern können auch auf die Qualität des Zeugnisses Rücksicht nehmen und auf die positive Erfahrung des Auszubildenden zurückgreifen.

Die Ablaufcheckliste sagt Ihnen nicht nur, was wann von wem getan werden muss, sondern verweist Sie auch auf alle weiteren Arbeitsmittel im Buch und bei den Arbeitshilfen online, die Sie direkt einsetzen können.

So arbeiten Sie mit der Ablaufcheckliste

Öffnen Sie die Ablaufcheckliste auf der Internetseite mit den Arbeitshilfen online (siehe Seite 1). Drucken Sie sie aus oder bearbeiten Sie sie direkt an Ihrem Computer. Füllen Sie zunächst aus, für wen das Zeugnis erstellt wird und welche Personalreferenten und Ausbilder/Fachvorgesetzte für die Erstellung verantwortlich sind. Bestimmen sie dann den zeitlichen Ablauf in 14 vorgegebenen Arbeitsschritten bis zur Aushändigung und Archivierung des Zeugnisses. Tragen Sie dazu die einzelnen Termine rückwärts, beginnend mit dem letzten Arbeitstag des Auszubildenden, in die Spalte oberhalb des Zeitstrahls ein. Wenn der letzte Arbeitstag der 21. Mai ist, so tragen Sie bei „eine Woche vor dem letzten Arbeitstag" den 14. Mai ein usw. Anhand des so erstellten Terminplans können Sie jederzeit überblicken, was gerade ansteht.

2.3 Arbeitsmittel: Ablaufcheckliste

Erstellung des Ausbildungszeugnisses für:

Verantwortlich in der Personalabteilung ist:

Ausbilder/Fachvorgesetzter ist:

Unterschriftsberechtigter ist:

	Was ist zu tun?	Wer macht es?	Konkret ist zu tun:	Bis wann?	o. k.?
1	Kündigung des Auszubildenden	Arbeitgeber	Schriftliche Mitteilung durch Geschäftsführung/ Fachvorgesetzten an den Auszubildenden		
		Auszubildender	Mitteilung des Mitarbeiters an Vorgesetzten oder Personalabteilung		
2	Verlangen eines Zwischen- bzw. Endzeugnisses	Auszubildender	Verlangen gegenüber Vorgesetztem oder Personalabteilung	sofort	
3	Wie ist der Informationsstand für die Zeugniserstellung?	Personalabteilung	Welche Informationen liegen vor? In der Personalakte Stellenbeschreibung	sofort	
			Erstellung einer Übersicht mit den Punkten, zu denen noch Informationen fehlen	sofort	

Arbeitsmittel 1: Die Ablaufcheckliste – Wer muss was wann tun?

	Was ist zu tun?	Wer macht es?	Konkret ist zu tun:	Bis wann?	o. k.?
4	Anforderung fehlender Informationen für Zeugniserstellung	Personalabteilung	Schreiben an Fachvorgesetzten wegen Zuarbeit bei fehlenden Informationen	sofort	
5	Zusammenstellung fehlender Informationen für die Personalabteilung	Fachvorgesetzter	Übermittlung der fehlenden Informationen an Personalabteilung	sofort	
6	ggf. Erinnerung an Fachvorgesetzten wegen Zuarbeit bei fehlenden Informationen	Personalabteilung	Erinnerung und Fristsetzung	(Termin eintragen)	
7	ggf. Bitte an Auszubildenden, einen Zeugnisentwurf zu verfassen	Personalabteilung	Erinnerung und Fristsetzung	(Termin eintragen)	
	oder Erstellung eines ersten Zeugnisentwurfs	Personalabteilung	Abstimmung des ersten Entwurfs des Zeugnisses mit Fachvorgesetzten, ggf. Überarbeitung	drei Wochen vor Beendigungstermin	
8	Besprechung des Zeugnisentwurfs mit dem Auszubildenden	Personalabteilung	ggf. Änderungen des Zeugnisentwurfs nach Rücksprache mit Fachvorgesetzten	zwei Wochen vor Beendigungstermin	
9	Übermittlung des Zeugnisentwurfs an Unterschriftsberechtigten zur Durchsicht	Personalabteilung	Besprechung des Zeugnisentwurfs mit Unterschriftsberechtigten	eine Woche vor Beendigungstermin	
10	Rückgabe der Endfassung des Zeugnisses an Personalabteilung zur Ausfertigung	Unterschriftsberechtigter	Mitteilung von Änderungswünschen für die Endfassung des Zeugnisses	sofort	

	Was ist zu tun?	Wer macht es?	Konkret ist zu tun:	Bis wann?	o. k.?
11	Ausfertigung des Zeugnisses	Personal-abteilung	Ausdrucken des Zeugnisses auf Firmenpapier	sofort	
12	Unterzeichnung des Zeugnisses	Geschäfts-führung bzw. Unterschrifts-berechtigter	Unterzeichnung und Rück-gabe an Personalabteilung	zwei Tage vor dem Beendi-gungstag	
13	Aushändigung des Zeugnisses zusammen mit den anderen Arbeitspapieren an den Auszu-bildenden	Personal-abteilung	Prüfung der Laufzettel des Auszubildenden, Übergabe der Dokumente bzw. Arbeits-papiere gegen Empfangsbe-stätigung	am letzten Tag des Anstel-lungsverhält-nisses	
14	Ablage von Zeugniskopie und Empfangs-bestätigung in der Personal-akte	Personal-abteilung	Ablage in der Personalakte, Schließen der Personalakte und Archivierung	sofort nach Aushändigung des Zeugnisses	

3 Arbeitsmittel 2: Bewertungsbogen und Begleitschreiben

Fachwissen, Weiterbildung, Auffassungsgabe — Wie schneidet der Auszubildende in den einzelnen Bewertungskomponenten ab? Bei der Erstellung des Zeugnisses brauchen Sie Informationen aus unterschiedlichen Quellen. Sie können z. B. auf eine Ausbildungsordnung zurückgreifen oder ein Mitarbeitergespräch führen. In der Regel kennt der Ausbilder/Fachvorgesetzte den Auszubildenden am besten und wird die aussagekräftigste Beurteilung geben können.

Am Ende dieses Kapitels finden Sie den Bewertungsbogen und ein Begleitschreiben für den Ausbilder/Fachvorgesetzten. Mit dem Bewertungsbogen können Sie oder der Ausbilder/Fachvorgesetzte die Fähigkeiten Ihres Auszubildenden einschätzen und anschließend schnell und einfach das Zeugnis erstellen. Das Begleitschreiben erklärt das Vorgehen und gibt Tipps zur Bewertung.

3.1 Noten vergeben mit dem Bewertungsbogen

„Er hat versucht, den Ausbildungsanforderungen gerecht zu werden". Wer hätte gedacht, dass diese Aussage die Leistungseinschätzung mit der Note 6 bewertet? Die Zeugnissprache wirkt auf den Laien oftmals verwirrend, darum ist es sinnvoll, zunächst nur mit Noten zu bewerten. Dieses Vorgehen erleichtert besonders die Arbeit des Ausbilders/Fachvorgesetzten, dessen Aufgabe es ist, die Fähigkeiten des Auszubildenden einzuschätzen. Zu diesem Zweck geben wir Ihnen einen speziellen Bewertungsbogen für den Ausbilder/Fachvorgesetzten an die Hand, auf dem — abgesehen von der stichwortartig auszufüllenden Tätigkeitsbeschreibung — nur noch die einzelnen Notenstufen angekreuzt werden müssen.

Sie finden den Bewertungsbogen sowohl hier im Buch, als auch auf www.haufe. de/arbeitshilfen zum Ausdrucken oder zur direkten Bearbeitung an Ihrem PC. Leiten Sie diesen zum Ausfüllen an den betreffenden Ausbilder/Vorgesetzten weiter. Sie können aber auch Ihren Auszubildenden auffordern, sich selbst zu bewerten. Der ausgefüllte Bewertungsbogen dient Ihnen als Grundlage für die weitere Zeugnisbearbeitung.

Ein Begleitschreiben zum Bewertungsbogen, das Sie ebenfalls auf www.haufe.de/arbeitshilfen finden, hilft dem Ausbilder/Vorgesetzten beim Ausfüllen der Liste, beschreibt das weitere Vorgehen und enthält wichtige Grundregeln und Tipps für die Bewertung. Der Bewertungsbogen hat dieselbe Gliederung wie das Zeugnis. Mit dem Aufbau in 18 Bewertungskriterien folgt der Bewertungsbogen damit der Rechtsprechung des LAG Hamm[1] — so können Sie sicher sein, dass der Ausbilder/Fachvorgesetzte keinen der Bestandteile auslässt, die ein Zeugnis beinhalten muss. Im folgenden Abschnitt sind die wesentlichen inhaltlichen Komponenten eines qualifizierten Zeugnisses aufgeführt. Anhand einer Checkliste können Sie überprüfen, ob Sie alle Zeugnisbestandteile berücksichtigt haben.

3.2 Welche Bestandteile muss ein qualifiziertes Zeugnis enthalten?

Der Ausbildende hat nicht nur die Zeugnissprache, sondern auch die gebräuchliche Gliederung eines qualifizierten Zeugnisses zu beachten, da diese inzwischen weitgehend standardisiert ist. Dabei ist in dem einen oder anderen Punkt noch umstritten, welche Grundelemente ein qualifiziertes Zeugnis zwingend beinhalten muss. Nicht in jedem Zeugnis müssen alle Gesichtspunkte ausführlich enthalten sein. Einzelne Aspekte können auch zusammengefasst werden. Das LAG Hamm hat sich in der Vergangenheit intensiv und ausführlich mit Problemen des Zeugnisrechts auseinander gesetzt. Daher kommt seinen Entscheidungen im Zeugnisrecht eine gewisse Leit- und Orientierungsrolle zu.[2]

---

[1] Vgl. LAG Hamm, Urteil v. 1.12.1994, 4 Sa 1631/94, LAGE Nr. 28 zu § 630 BGB; Urteil v. 27.2.1997, 4 Sa 1691/96, NZA-RR 1998, 151 ff.

[2] Vgl. LAG Hamm, Urteil v. 1.12.1994, 4 Sa 1631/94, LAGE Nr. 28 zu § 630 BGB; Urteil v. 27.2.1997, 4 Sa 1691/96, NZA-RR 1998, 151 ff.

Für ein Zeugnis sind folgende Bestandteile notwendig:

- Auf dem Firmenpapier steht zunächst die *Überschrift*, je nachdem um was für ein Zeugnis es sich handelt: Zeugnis oder Schlusszeugnis, Zwischenzeugnis, vorläufiges Zeugnis, Ausbildungszeugnis.
- Es folgt die Eingangsformel mit den Personalien des Auszubildenden, falls vorhanden dessen akademischer Titel, die Dauer des Ausbildungsverhältnisses und eventuell die Vordienst- und Ausbildungszeiten und etwaige Beschäftigungsunterbrechungen.
- Nun kommt der erste große Teil, die Tätigkeitsbeschreibung. Hier sollen genannt werden: das Unternehmen, Branche, Bezeichnung des Ausbildungsberufes/der Weiterbildung, die Ausbildungsdauer, die beruflichen Kenntnisse, Fertigkeiten und Fähigkeiten, die mindestens Gegenstand der Berufsausbildung/der Weiterbildung sind (Ausbildungsberufsbild), eine eventuelle Stufenausbildung, eine gestreckte Abschlussprüfung, die Anrechnung einer eventuell bereits zurückgelegten anderen Ausbildungszeit abweichend von § 4 Abs. 4 BBiG, die Vermittlung zusätzlicher Kenntnisse, Fertigkeiten und Fähigkeiten, die überbetriebliche Ausbildung und der Ausbildungsnachweis.
- Im zweiten großen Teil geht es um die *Leistungsbeurteilung*: Das LAG Hamm differenziert die Leistungsbeurteilung nach sechs Merkmalen in jeweils zwei Begriffspaaren, wobei die Übergänge oft fließend und Unschärfen deshalb nicht zu vermeiden sind. Bei der *Arbeitsbefähigung* (oder Können) geht es in erster Linie um die Darstellung des Fachwissens und der Fachkenntnisse sowie der Umsetzung des theoretischen Wissens als Einstieg in die Leistungsbeurteilung. Dabei werden in der Praxis Fachwissen und Können in der Regel gleich bewertet und hängen eng zusammen. Im Sprachgebrauch ist oft eine synonyme Verwendung der Kategorien festzustellen. *Arbeitsbereitschaft* (oder Wollen) verlangt die Bewertung des Arbeitseinsatzes, Engagements, der Initiative und der Einsatzbereitschaft des Auszubildenden. Hier geht es z. B. um sein Interesse und seine Bereitschaft zur Weiterbildung. Mit *Arbeitsvermögen* sind Arbeitsausdauer und Belastbarkeit gemeint. Mit *Arbeitsweise* (oder Einsatz) sind Zuverlässigkeit, Selbstständigkeit und Gewissenhaftigkeit des Auszubildenden zu bewerten. *Arbeitsergebnis* (oder Erfolg) meint Effizienz, Ökonomie und Tempo. Unter *Arbeitserwartung* (oder Potential) versteht das LAG Hamm schließlich Auffassungsgabe, Auffassungsvermögen, Verhandlungsgeschick sowie Urteilsvermögen. Hier muss deutlich werden, ob der Auszubildende die berufliche Handlungsfähigkeit entwickelt hat, die zum Erreichen des Ausbildungszieles erforderlich ist und das Ausbildungsziel erreicht worden ist (z. B. Vertrautsein mit den täglichen Betriebsabläufen und allen zum Berufsbild gehörenden üblichen Arbeiten).

- Es sollten nun noch einige kürzere Passagen im Zeugnis zu herausragenden Erfolgen (z. B. Verbesserungsvorschläge) oder besonderen Eignungen folgen, falls es solche gab.
- Nun kommt die zusammenfassende Leistungsbeurteilung (Zufriedenheitsaussage, Erwartungshaltung, Verhaltensbeurteilung), die Beurteilung der Vertrauenswürdigkeit, Verantwortungsbereitschaft und des
- Sozialverhaltens (Verhalten zu Ausbildern/Vorgesetzten, Gleichgestellten, Mitarbeitern, Dritten, z. B. Kunden) mit der zusammenfassenden Führungsbeurteilung, die auch Aussagen zu charakterlichen Eigenschaften und zur Gesamtpersönlichkeit (z. B. zu Loyalität, Ehrlichkeit, Pflichtbewusstsein, Gewissenhaftigkeit) enthalten kann.
- Schließlich kommen die Aussagen zu eventuellen Beendigungsmodalitäten beim Schlusszeugnis bzw. dem Grund der Zeugniserteilung beim Zwischenzeugnis und die Schlussformel (nur beim Schlusszeugnis): Dank, Bedauern, Zukunftswünsche, Einstellungszusage/Einstellungsempfehlung.

Unter dem Text stehen dann noch Ort, Datum und Name des Ausbildenden/Ausstellers sowie gegebenenfalls des Ausbilders in maschinenlesbarer Form eventuell mit Vertretungszusatz und der Original-Unterschrift.

3.3   Checkliste: Inhalt des Zeugnisses

	Bestandteil	Kommentar	o. k.?
	Überschrift		
1	Einleitung		
2	Tätigkeitsbeschreibung	Ausbildungsberufsbild	
3	Fachwissen und Fachkönnen	praktische Fähigkeiten, Nutzung und Anwendung des vermittelten Fachwissens, berufliche Handlungsfähigkeit	
4	Besondere Fähigkeiten	relevante berufliche Fähigkeiten, Kenntnisse und Eignungen, die über den üblichen/erwarteten Rahmen hinausgehen	
5	Weiterbildung	Bereitschaft und Fähigkeit zur Weiterbildung/Fortbildung	
6	Auffassungsgabe	logisch-analytisches Denkvermögen, Systematik, Methodik	

	Bestandteil	Kommentar	o. k.?
7	Denk- und Urteilsvermögen	Urteilsvermögen, Kreativität, Planung, Organisation	
8	Leistungsbereitschaft	Einsatzwille, Einsatzbereitschaft, Engagement, Elan, Initiative, Dynamik	
9	Belastbarkeit	Interesse, Bereitschaft zur Mehrarbeit, Stressfestigkeit	
10	Arbeitsweise	Selbstständigkeit, Schnelligkeit, Genauigkeit	
11	Zuverlässigkeit	Pflichtbewusstsein, Gewissenhaftigkeit, Vertrauenswürdigkeit, Loyalität	
12	Ausbildungsergebnis	Zielerreichung, Arbeitsmenge, Arbeitsgüte, Termintreue, Qualität, Quantität, Zeitausnutzung, Handlungsfähigkeit, Beherrschung der Ausbildungsinhalte	
13	Besondere Arbeitserfolge	herausragende Leistungen in der Ausbildung oder besondere Ergebnisverbesserungen, Kosteneinsparungen, Innovationen, etc.	
14	Führungsfähigkeit	(nur bei Weiterbildungen für Führungskräfte)	
15	Soft Skills	Sozialverhalten, charakterliche Eigenschaften und Gesamtpersönlichkeit (z. B. Anpassungsfähigkeit, Teamfähigkeit, Kommunikationsfähigkeit, Durchsetzungsfähigkeit)	
16	Zusammenfassende Leistungsbeurteilung		
17	Persönliche Führung		
18	Eventueller Beendigungsgrund	beim Zwischenzeugnis steht hier der Grund für die Erstellung des Zeugnisses	
19	Schlussformulierung		

3.4 Arbeitsmittel: Bewertungsbogen

Bewertungen für das Zeugnis von:

Tätigkeitsbeschreibung/Ausbildungsberufsbild (bitte stichwortartig ausfüllen)

. . . .
. . . .
. . . .

Fachwissen und Fachkönnen/berufliche Handlungsfähigkeit
(bitte die entsprechende Note ankreuzen)

| sehr gut | gut | befriedigend | ausreichend | mangelhaft | ungenügend |

Besondere Fähigkeiten/Eignungen

| sehr gut | gut | befriedigend | ausreichend | mangelhaft | ungenügend |

Bereitschaft und Fähigkeit zur Weiterbildung

| sehr gut | gut | befriedigend | ausreichend | mangelhaft | ungenügend |

Auffassungsgabe und Problemlösung

| sehr gut | gut | befriedigend | ausreichend | mangelhaft | ungenügend |

Denk- und Urteilsvermögen

| sehr gut | gut | befriedigend | ausreichend | mangelhaft | ungenügend |

Leistungsbereitschaft

| sehr gut | gut | befriedigend | ausreichend | mangelhaft | ungenügend |

Belastbarkeit

| sehr gut | gut | befriedigend | ausreichend | mangelhaft | ungenügend |

Arbeitsweise

| sehr gut | gut | befriedigend | ausreichend | mangelhaft | ungenügend |

Bewertungen für das Zeugnis von:					
Tätigkeitsbeschreibung/Ausbildungsberufsbild (bitte stichwortartig ausfüllen)					

Zuverlässigkeit

sehr gut gut   befriedigend   ausreichend   mangelhaft   ungenügend

Ausbildungsergebnis

sehr gut gut   befriedigend   ausreichend   mangelhaft   ungenügend

Besondere Ausbildungserfolge

sehr gut gut   befriedigend   ausreichend   mangelhaft   ungenügend

Führungsfähigkeit

sehr gut gut   befriedigend   ausreichend   mangelhaft   ungenügend

Soft Skills

sehr gut gut   befriedigend   ausreichend   mangelhaft   ungenügend

Zusammenfassende Leistungsbeurteilung

sehr gut gut   befriedigend   ausreichend   mangelhaft   ungenügend

Persönliche Führung

sehr gut gut   befriedigend   ausreichend   mangelhaft   ungenügend

Eventueller Beendigungsgrund

hat selbst gekündigt   Aufhebungsvertrag   wurde gekündigt

Schlussformulierung

sehr gut gut   befriedigend   ausreichend   mangelhaft   ungenügend

3.5 Arbeitsmittel: Begleitschreiben

Sehr geehrte/r Frau/Herr ...

Sie erhalten hier den Bewertungsbogen für das Ausbildungszeugnis von Frau/Herrn ... Meine Bitte an Sie als Ausbilder/Fachvorgesetzter von Frau/Herrn ..., ist die Bewertung für das Zeugnis vorzunehmen. Dazu möchte ich Ihnen zwei Wege vorschlagen:

Führen Sie ein Abschlussgespräch

mit Frau/Herrn ... in dem Sie unter anderem auch den Bewertungsbogen durchgehen und gemeinsam die Bewertungen vornehmen. Eine gemeinsame Bewertung steigert die Zufriedenheit des Zeugnisempfängers mit dem Zeugnis und mindert das Risiko eines gerichtlichen Prozesses. Sie leiten dann den Bewertungsbogen an mich weiter, ich erstelle das Zeugnis und sowohl der Zeugnisempfänger als auch Sie erhalten es nochmals zur Durchsicht. In dem Abschlussgespräch ist es außerdem üblich, dem ausscheidenden Auszubildenden Fragen zu stellen, auf die ein Auszubildender sonst eher zurückhaltend antworten wird, z. B. Kritik am Ausbildenden und der Ausbildungsweise. Durch solch ein Abschlussgespräch können Sie an wichtige Informationen für die Firma kommen.

Oder füllen Sie nur den Bewertungsbogen aus

1. Beschreiben Sie die Tätigkeiten des Auszubildenden und kreuzen Sie die jeweiligen Benotungen an. Beides leiten Sie bitte an mich zurück.
2. Ich erstelle das Zeugnis und lege es Ihnen zur Durchsicht vor.
3. Der Zeugnisempfänger erhält die Möglichkeit, Änderungswünsche schriftlich oder in einem Gespräch mit mir vorzubringen.

Termine

Damit Frau/Herr ... das Zeugnis am letzten Arbeitstag erhält, bitte ich Sie, den Bewertungsbogen bis zum .... an mich zurückzugeben.

Hier noch ein paar Tipps und Grundregeln für die Bewertung:

- Formulierung und Gestaltung des Zeugnisses obliegen dem Ausbildenden.
- Bewerten Sie sachlich. Lassen Sie sich möglichst nicht von der Sympathie (sowohl im Negativen wie im Positiven) leiten. Sicherlich wurden Sie selbst schon mal ungerecht bewertet.
- Vergleichen Sie die Leistungen des Auszubildenden mit denen der anderen Auszubildenden.
- Die beste Leistung unter sonst mangelhaften muss deswegen, weil sie die beste ist, noch lange nicht sehr gut sein. Achten Sie darauf, dass die Bewertungen nicht allzu sehr voneinander abweichen: Die Bewertungen sollen ein stimmiges Gesamtbild ergeben.

Falls Sie Fragen haben, wenden Sie sich an mich.
Herzliche Grüße

(Unterschrift)

4 Crashkurs Zeugniserstellung – mit Textbausteinen

In diesem Kapitel geben wir Ihnen Tipps und machen Ihnen Vorschläge, wie Sie die sieben Hauptbestandteile von Zeugnissen und Empfehlungsschreiben formulieren können. Denn ein Zeugnis für einen Auszubildenden hat zwar einen ähnlichen Aufbau wie das Praktikumszeugnis oder das Referenzschreiben für einen Freierufler. Doch in einigen Punkten gibt es inhaltliche Abweichungen, die Sie bei der Zeugniserstellung berücksichtigen müssen. Daher gehen wir hier jeweils nacheinander auf diese Schriftformen ein: Freiberuflerzeugnis, Ausbildungszeugnis, Praktikumszeugnis, Empfehlungsschreiben.

Die sieben Hauptbestandteile sind:

- Einleitung
- Tätigkeitszeitraum
- Ermächtigung und Vollmachten
- Personalverantwortung
- besondere Erfolge
- Leistungs- und Verhaltensbeurteilung
- Schlussformel

4.1 Einleitung

Freiberuflerzeugnis

Es hat sich eingebürgert, dass bereits im Einleitungssatz auf die freie Mitarbeit hingewiesen wird. Es ist kein Nachteil und schon gar nicht Teil des Geheimcodes, wenn explizit auf die freie Mitarbeit hingewiesen wird. Dazu zwei Beispiele:

Herr Max Mustermann, geboren am …, war vom 1. August 2010 bis zum 31. Dezember 2013 für uns als Webdesigner auf freiberuflicher Basis tätig.

Frau Gaby Musterfrau, geboren am …, war vom 1. August 2010 bis zum 31. Dezember 2013 für uns als Webdesignerin tätig. Ihre Tätigkeit erfolgte im Rahmen einer freien Mitarbeit.

Ausbildungszeugnis

Im Ausbildungszeugnis kann auf die Nennung des Worts „tätig" verzichtet werden, denn hier greift der Verweis auf die abgeschlossene Ausbildung. Eine typische Einleitung für ein Ausbildungszeugnis sieht folgendermaßen aus:

> Herr Max Mustermann, geboren am ... in ..., absolvierte vom 1. August 2006 bis zum 30. Juni 2009 in unserem Unternehmen eine Berufsausbildung zum Kfz-Mechaniker.

Wer auf das in deutschen Zeugnissen typische „tätig" nicht verzichten will, verwendet am besten zwei Sätze:

> Frau Gabi Musterfrau, geboren am ... in ..., war vom 1. August 2006 bis zum 30. Juni 2009 in unserem Unternehmen als Auszubildende tätig. Sie absolvierte in diesem Zeitraum eine Berufsausbildung zur IT-Kauffrau.

Nach der Einleitung folgt optional ein Hinweis auf das Ausbildungsunternehmen. Wie bei anderen Arbeitszeugnissen auch kann nach dem einleitenden Satz zudem eine kurze Beschreibung des Unternehmens eingefügt werden. Sie sollte nicht länger als vier Zeilen sein. Möglicher Inhalt: Unternehmensgröße, Geschäftsschwerpunkte, Anzahl der Mitarbeiter und eventuell Unternehmensgruppe.

> Frau Gabi Musterfrau, geb. am ... in ..., ist vom 1. August 2006 bis zum 30. Juni 2009 in unserem Unternehmen zur Immobilienkauffrau ausgebildet worden.
>
> Der Kindergarten Bilker Mäuse ist eine Einrichtung, in der bis zu 60 Kinder im Alter von zwei bis sechs Jahren betreut werden. Das pädagogische Konzept der Einrichtung orientiert sich an dem situationsorientierten Ansatz nach dem Raumkonzept der „Offenen Gruppen".

Praktikumszeugnis

Ähnlich dem Ausbildungszeugnis kann in der Einleitung des Praktikumszeugnisses auf das „tätig" verzichtet werden:

> Herr Max Mustermann, geboren am ... in ..., absolvierte vom 1. August 2006 bis zum 30. Juni 2009 in unserem Unternehmen ein Praktikum im Bereich Marketing & Vertrieb.

Ebenso kann im Praktikumszeugnis „tätig" verwendet werden:

Frau Gabi Musterfrau, geboren am … in …, war vom 1. August 2006 bis zum 30. Juni 2009 in unserem Unternehmen als Praktikantin im Bereich Marketing& Vertrieb tätig.

Manche Zeugnisaussteller erwähnen bereits im Einleitungssatz, dass das Engagement des Beurteilten erfolgreich war. Dies ist zwar unorthodox, aber es spricht auch nichts dagegen, diese Formulierung zu wählen:

Herr Max Mustermann, geboren am … in …, absolvierte vom 1. August 2006 bis zum 30. Juni 2009 mit großem Erfolg in unserem Unternehmen eine Berufsausbildung zum Kfz-Mechaniker.

Herr Max Mustermann, geboren am … in …, absolvierte vom 1. August 2006 bis zum 30. Juni 2009 in unserem Unternehmen erfolgreich ein Praktikum im Bereich Marketing & Vertrieb.

Wenn derart deutlich auf den Erfolg hingewiesen wird, dann sollte der Beurteilte auch wirklich außerordentliche Leistungen erbracht haben. Die Gesamtnote sollte in diesen Fällen mindestens bei 2+ liegen.

Empfehlungsschreiben

Hier gibt es keine rechtsverbindlichen Regeln, die Einleitung eines Empfehlungsschreibens kann frei formuliert werden.

4.2 Tätigkeitszeitraum

Freiberuflerzeugnis

Auch wenn umgangssprachlich ein freier Mitarbeiter vielleicht von seinem „Arbeitgeber" spricht — im rechtlichen Sinne gibt es für einen Freiberufler bzw. einen freien Mitarbeiter nur „Auftraggeber".

Freie Mitarbeiter arbeiten nicht unbedingt kontinuierlich, also jeden Arbeitstag, für den gleichen Auftraggeber. Es kann also sein, dass etwa ein Webdesigner 10 Tage im Monat für den Auftraggeber A und den Rest der Zeit für andere Auftraggeber (B und C) arbeitet. Wenn nun A ihm ein Zeugnis ausstellen möchte, stellt sich die Frage, ob der gesamte Zeitraum genannt werden soll oder genauer auf die Einsatzzeiten eingegangen werden muss.

Beides ist möglich. Zunächst kann auf den Zeitraum vom Beginn bis zur Beendigung der Tätigkeit verwiesen werden:

Herr Max Mustermann, geboren am …, war vom 1. August 2003 bis zum 31. Dezember 2009 für uns als beratender Ingenieur auf freiberuflicher Basis tätig.

Genauso kann es opportun sein, Einzelheiten des Beschäftigungsverhältnisses anzugeben:

Herr Max Mustermann, geboren am …, war vom 1. August 2003 bis zum 31. Dezember 2009 für uns als beratender Ingenieur tätig. Seine Tätigkeit erfolgte im Rahmen eines freiberuflichen Vertragsverhältnisses mit 10 Tagen im Monat.

Manche Auftraggeber führen anstatt der Arbeitstage die Stunden an, auch dies ist legitim. Ganz und gar unüblich wäre eine weitere Ausdifferenzierung, etwa die Nennung der Auftraggeber B und C. Wenn ein Auftraggeber ein Zeugnis ausstellt, dann wird nur dieser erwähnt und kein anderer.

Ausbildungszeugnis

Im Ausbildungszeugnis wird der Zeitraum der Ausbildung meist im Einleitungssatz genannt (siehe Kapitel 3.1).

Praktikumszeugnis

Im Praktikumszeugnis wird der Zeitraum der Ausbildung meist im Einleitungssatz genannt (siehe Kapitel 3.1).

Empfehlungsschreiben

Im Empfehlungsschreiben können hingegen mehrere Auftraggeber genannt werden — ein Beispiel ist etwa die Empfehlung eines Beraters, der als fest angestellter Berater eines Beratungsunternehmens in verschiedenen Projekteinsätzen mehrere Kunden gut bedient hat. Nehmen wir nun an, sein Vorgesetzter möchte ihm persönlich eine Empfehlung mit auf den Weg geben. Hier besteht für den Vorgesetzten die Möglichkeit, ein umfassendes Bild des Beurteilten zu geben, also auf seine unterschiedlichen Projekteinsätze bei unterschiedlichen Kunden zu verweisen.

Gegenüber dem rechtsverbindlichen Zeugnis ist eine Empfehlung nicht an justiziable Formulierungen gebunden und kann daher freier formuliert werden. Allerdings muss der Aussteller des Schreibens glaubwürdig die Leistung des Beurteilten in unterschiedlichen Einsätzen beurteilen können, etwa durch erfolgte Kundenrückmeldung, sonst ist die Wirkung der Empfehlung eher kontraproduktiv. Wenngleich Empfehlungen deutlich lobenden Charakter besitzen, werden sie schnell zu reinen Gefälligkeitsbriefen, wenn sie nicht durch Fakten untermauert sind.

4.3 Ermächtigungen und Vollmachten

Freiberuflerzeugnis

Freie Mitarbeiter haben grundsätzlich keine Ermächtigungen oder Vollmachten, wie etwa Budgetverantwortung oder Handlungsvollmacht. Wenn doch, so sind sie im Rechtssinn meist keine freien Mitarbeiter mehr, sondern de jure Arbeitnehmer. Folglich sollten in einem Freiberuflerzeugnis auch keine Vollmachten erwähnt werden. Dies ist ein gravierender Unterschied zu einem Zeugnis für festangestellte Mitarbeiter.

Natürlich können freie Mitarbeiter weitreichende fachliche oder organisatorische Verantwortung tragen, etwa zur optimalen Planung und Abwicklung eines Projekts. Gerade für freie Mitarbeiter stellen solche Verantwortlichkeiten eine wichtige Unterstreichung ihrer Kompetenz dar. Insofern ist ihre Nennung ein wichtiger Baustein zur umfassenden Würdigung des freien Mitarbeiters.

Ausbildungszeugnis

In aller Regel erhalten Auszubildende keine Vollmachten im juristischen Sinne.

Praktikumszeugnis

In aller Regel erhalten Praktikanten keine Vollmachten im juristischen Sinne.

Empfehlungsschreiben

Es darf auf eventuelle Vollmachten hingewiesen werden, jedoch entsteht daraus keine justiziable Beurteilung.

4.4 Personalverantwortung

Freiberuflerzeugnis

Personal-, Team- oder Führungsverantwortung auf disziplinarischer Basis gibt es bei freien Mitarbeitern nicht. Es gibt daher auch keine dem freien Mitarbeiter zugeordneten fest angestellten Arbeitnehmer, die er etwa entlassen könnte. Andernfalls „verwandelt" sich der freie Mitarbeiter juristisch gesehen sofort in einen Arbeitnehmer.

Freie Mitarbeiter können aber selbstverständlich fachliche Teamanleitung übernehmen. Teamverantwortung in diesem Sinne bedeutet aber nicht, dass der freie Mitarbeiter zum Beispiel angestellte Mitarbeiter entlassen kann. Hieraus entsteht ein gewisser Konflikt, denn streng genommen ist der freie Mitarbeiter keine Führungskraft.

Die Lösung besteht in der ausdifferenzierten Darstellung der Teamanleitung. Es muss explizit darauf hingewiesen, dass es sich um eine fachliche Anleitungsbefugnis handelte.

Sehr elegant kann man die fachliche Verantwortung auch mit dem Wort „koordinieren" umschreiben. Hierbei wird das Fehlen einer disziplinarischen Verantwortung bzw. die Ausschließlichkeit der fachlichen Verantwortung nicht explizit erwähnt.

Herr Mustermann koordinierte ein Team von … Mitarbeitern fachlich.

Herrn Mustermann koordinierte projektbezogen ein …-köpfiges Team fachlich.

In fachlicher Hinsicht koordinierte Frau Musterfrau ein Team von … Spezialisten.

Frau Musterfrau koordinierte in ihrer Funktion ein …-köpfiges Team.

Wie in Zeugnissen für festangestellte Führungskräfte sollte (muss aber nicht) die Anzahl der Mitarbeiter im Projektteam, welches der freie Mitarbeiter fachlich koordinierte, genannt werden.

Ausbildungszeugnis

In aller Regel erhalten Auszubildende keine Personalverantwortung im juristischen Sinne.

Praktikumszeugnis

In aller Regel erhalten Praktikanten keine Personalverantwortung im juristischen Sinne.

Empfehlungsschreiben

Es darf auf eventuelle Personalverantwortung hingewiesen werden, jedoch entsteht daraus keine justiziable Beurteilung.

4.5 Besondere Erfolge

Freiberuflerzeugnis

Hier sind keinerlei Abstriche zu machen. Freie Mitarbeiter haben innerhalb ihres Aufgabengebiets schließlich genauso zum Erfolg beigetragen wie ihre festangestellten Kollegen. Eher stellt sich die für alle Zeugnistypen relevante Frage, wie detailliert die besonderen Erfolge aufzuführen sind. Wenn etwa der Mitarbeiter in zahlreiche Projekte eingebunden war, dann muss selektiert werden.

Es sollten fünf bis maximal sieben besondere Erfolge oder Ergebnisbeiträge genannt werden. Je mehr Erfolge, desto eher sollten sie in Stichworten und Aufzählungspunkten erwähnt werden. Andernfalls würde das Zeugnis zu lang werden. Bis zu drei besondere Erfolge können im Fließtext dargestellt werden, bei mehr sollte man zur stichwortartigen Auflistung übergehen.

Erfolge und Tätigkeiten können kombiniert erwähnen: Freie Mitarbeiter werden oft projektbezogen eingesetzt und können daher nicht immer umfassend beurteilt werden. Anders ausgedrückt: Durch ihren sehr speziellen Einsatz ist ihr Aufgabenspektrum entsprechend reduziert. Eine reine Tätigkeitsbeschreibung, ohne auf die Ergebnisse zu verweisen, würde entsprechend dünn ausfallen. In diesen Fällen sollten die besonderen Erfolge bereits innerhalb der Tätigkeitsbeschreibung benannt werden. Dies ist zwar unorthodox, führt aber zu einer entsprechenden Würdigung der Leistung des freien Mitarbeiters. Seine Wirkung für das Unternehmen wird positiv und unmissverständlich dargestellt, zugleich wird sein Aufgabengebiet so umfangreich wie möglich präsentiert.

Ausbildungszeugnis

Vorhandene besondere Erfolge des Auszubildenden sollten erwähnt werden.

Praktikumszeugnis

Vorhandene besondere Erfolge des Praktikanten sollten erwähnt werden.

Empfehlungsschreiben

Im Empfehlungsschreiben wird die Nennung besonderer Erfolge geradezu erwartet. Zumeist resultiert das ganze Schreiben aus gezeigten außergewöhnlichen Leistungen. Jedoch entsteht daraus keine justiziable Beurteilung.

4.6 Leistungs- und Verhaltensbeurteilung

Freiberuflerzeugnis

Arbeitsrechtlich gesehen kann es für freie Mitarbeiter keine Leistungs- und Verhaltensbeurteilung wie bei einem Arbeitnehmer geben. Dies ist ein grundlegender Unterschied zum qualifizierten Arbeitszeugnis. Gleichwohl lassen es sich die meisten freien Mitarbeiter nicht nehmen, Leistung und Verhalten im Zeugnis beurteilt zu bekommen. Auch die Auftraggeber der freien Mitarbeiter legen oftmals Wert darauf, weil diese Bestandteile in der Praxis einfach in einem Zeugnis erwartet werden. Hier steht also die praktische Anwendung der herrschenden Rechtsauffassung entgegen, wobei daraus zunächst kein juristischer Konflikt erwächst. In der Art der Formulierung der Leistungs- und Verhaltensbeurteilung gibt es keinen Unterschied zu Zeugnissen für festangestellte Mitarbeiter. In der Verhaltensformel werden keine Ansprechpartner im Sinne der für Arbeitszeugnisse typischen Nennung unterschiedlicher Hierarchiestufen angeführt (Vorgesetzte, Kollegen, Kunden) — denn im juristischen Sinne haben freie Mitarbeiter keine Vorgesetzten oder Kollegen. Allenfalls sollte von „Ansprechpartnern" die Rede sein.

Ein Konflikt kann dann entstehen, wenn der Auftraggeber Leistung und Verhalten — gemäß der herrschenden Rechtsauffassung — nicht beurteilen möchte. Da der freie Mitarbeiter aber keinen Rechtsanspruch auf ein Zeugnis hat, wird er sich nach aller Erfahrung mit einem „abgespeckten" Zeugnis zufrieden geben.

Ausbildungszeugnis

Die zusammenfassende Leistungs- und Verhaltensbeurteilung entspricht den Formulierungen des qualifizierten Arbeitszeugnisses. Darüber hinaus kann im Ausbildungszeugnis explizit die Note erwähnt werden, mit der die Berufausbildung abgeschlossen wurde.

Herrn Mustermanns Leistungen waren jederzeit sehr gut.

Herr Mustermann schloss seine Berufsausbildung mit der der Note gut ab.

Mit seinen jederzeit sehr guten Leistungen hat Frau Musterfrau unsere Erwartungen, die wir an eine Auszubildende normalerweise stellen, deutlichübertroffen.

Wir beglückwünschen sie zu ihrem Ausbildungsabschluss mit der Endnote sehr gut.

Ergänzend zu ihrer praktischen Ausbildungszeit besuchte Frau Musterfrau die Berufsschule. Diese hat sie mit der Note gut abgeschlossen.

Herr Mustermann hat am [Prüfungsdatum] vor der hiesigen IHK seine Gesellenprüfung mit der Note gut bestanden.

Praktikumszeugnis

Die zusammenfassende Leistungs- und Verhaltensbeurteilung entspricht den Formulierungen des qualifizierten Arbeitszeugnisses.

Empfehlungsschreiben

Da Empfehlungsschreiben immer informeller sind als Zeugnisse, kann hier die Leistungsbeurteilung nach der für Zeugnisse gültigen Regelung entfallen. Der Aussteller des Empfehlungsschreibens kann nach seinem Gusto entscheiden, wie er eine Beurteilung ausdrücken möchte. Es sind keine Grenzen gesetzt. Wahrscheinlich wird man auf eine zusammenfassende Leistungsbeurteilung verzichten, und den Schwerpunkt eher auf die explizite Empfehlung legen:

Ich freue mich daher, die Dienste von Herrn Mustermann nachdrücklich empfehlen zu können.

Es ist mir ein Freude, Frau Musterfrau als ... bestens empfehlen zu können.

Ich empfehle Herrn Mustermann als ... nachdrücklich, er hat in seinem Einsatz außergewöhnliche Ergebnisse erzielt.

Wir sprechen Frau Musterfrau unsere höchste Empfehlung aus.

4.7 Schlussformel

Freiberuflerzeugnis

Hier kann es kompliziert werden. Üblicherweise werden in einer sehr guten Beurteilung innerhalb der Schlussformel die Elemente

- Bedauern über die Beendigung der Zusammenarbeit mit dem freien Mitarbeiter,
- Dank für seine geleistete Arbeit und
- gute Wünsche für weitere Erfolge

erwartet. Viele Vertragsverhältnisse von freien Mitarbeitern sind aber informell gestaltet und befristet. Bei einer Befristung ist der Ausdruck des Bedauerns nicht ganz logisch, da beide Seiten ja von vornherein wissen, was sie erwartet. Auch das Wort „Ausscheiden" ist unpassend, da rechtlich gesehen kein Arbeitsverhältnis vorgelegen hat. Bestenfalls kann das „Bedauern über die Beendigung der Zusammenarbeit" ausgedrückt werden und damit die Tatsache, dass man nicht länger auf die bewährten Dienste des freien Mitarbeiters zurückgreifen kann.

Gleichwohl sollte aus Gründen der Höflichkeit und der allgemeinen Erwartungshaltung der Dreiklang aus Bedauern, Dank und guten Wünschen, etwa anhand der hier vorgestellten Formulierungen, eingehalten werden.

Ausbildungszeugnis

Die Schlussformel im Ausbildungszeugnis entspricht den Formulierungen des qualifizierten Arbeitszeugnisses. Sollte der Auszubildende nicht übernommen werden können, so kann hierüber das Bedauern ausgedrückt werden (siehe z. B. Ausbildungszeugnis 1 aus Kapitel 4):

Frau Karsten scheidet mit Beendigung des Ausbildungsverhältnisses aus unserem Unternehmen aus, wir bedauern es sehr, dass wir ihr keine Stelle in unserem Hotel anbieten können. Wir bedanken uns für seine gute Mitarbeit und wünschen ihm beruflich wie privat alles Gute für die Zukunft.

Praktikumszeugnis

Hier kann das Bedauern entfallen, da ein Praktikum von vornherein begrenzt ist. Dafür können gute Wünsche, etwa für das weitere Studium, ausgedrückt werden.

Frau Musterfrau verlässt uns mit Beendigung des Praktikums planmäßig zum heutigen Tage. Wir danken ihr für ihren engagierten Einsatz und wünschen ihr für den Abschluss ihres Studiums viel Erfolg.

Empfehlungsschreiben

Hier kann man auf die Standardschlussformel des qualifizieren Arbeitszeugnisses zurückgreifen, muss es aber nicht. Wenn etwa die Empfehlung von einem Kunden ausgesprochen wird und der Empfohlene seinen Arbeitgeber gar nicht verlässt, kann folgende Formulierung völlig ausreichen:

Wir freuen uns, auch weiterhin mit Herrn Mustermann zusammenzuarbeiten.

Auch die Empfehlung kann in die Schlussformel eingebettet sein.

Wir empfehlen ausdrücklich die Dienste von Frau Musterfrau und freuen uns auf eine weitere Zusammenarbeit.

Insgesamt gilt: Die Schlussformel bei Empfehlungsschreiben unterliegt keinen festen Regeln. Erlaubt ist, was gefällt und inhaltlich passt.

5 Ausbildungszeugnisse

In den nächsten drei Kapiteln (sowie auf www.haufe.de/arbeitshilfen) bieten wir Ihnen 60 Musterzeugnisse für Auszubildende, davon 6 Zeugnisse zusätzlich in Englisch sowie 25 Referenzschreiben an.

Hinweis zu den Tätigkeitsbeschreibungen

Die Tätigkeitsbeschreibungen der folgenden Musterzeugnisse richten sich nach der jeweils geltenden Ausbildungsordnung und dem entsprechenden Ausbildungsberufsfeld. Da die Tätigkeitsbeschreibungen in den Ausbildungsordnungen bisweilen recht umfangreich beschrieben werden, haben wir diese jeweils auf ein angemessenes Maß reduziert. Die Tätigkeitsbeschreibungen gelten jedoch als Vorschläge. Sie sollten sie auf die unternehmensspezifischen Schwerpunkte, die sich mit der Ausbildungsordnung decken müssen, umschreiben.

5.1   Kaufleute

1   Buchhändlerin

(Dieses Zeugnis finden Sie auch in Kapitel 6 in der englischen Adaption.)

Ausbildungszeugnis

Frau Stefanie Odo, geboren am [Geburtsdatum] in Bad Marienberg, begann am [Eintrittsdatum] in unserem Buchladen eine Ausbildung zur Buchhändlerin.

Sie hat während ihrer Ausbildung einen Überblick über alle Arbeiten erhalten, die in unserem Geschäft anfallen. Insbesondere war Frau Odo mit folgenden Tätigkeiten betraut:

- Bücher und elektronische Medien präsentieren und verkaufen und bei Verlagen oder beim Großhandel bestellen
- Disposition von Büchern und elektronischen Medien
- Sortiments- und Warenpflege
- Betreuung der Fortsetzungen und Periodika,
- Verkaufsraum und Schaufenster nach Autoren, Themen und Autoren präsentieren
- Wahrnehmung allgemeiner kaufmännischer und verwaltungsmäßiger Aufgaben
- Organisation und Durchführung von Lesungen
- Kooperation mit Bildungseinrichtungen pflegen: z.B. VHS und Universität Bonn
- Buchhaltung und Rechnungswesen
- Abrechnungen mit Verlagen und Großhandel
- Schwach verkaufte Titel aussortieren und remittieren
- Kassiertätigkeit und zuweilen Kassenführung

In Ergänzung zu ihrer betrieblichen Ausbildung hat Frau Odo erfolgreich die Berufsschule besucht und mit der Endnote gut abgeschlossen. Sie hat sich während der Ausbildung alle Fachkenntnisse und Fertigkeiten ihres Ausbildungsberufs erfolgreich angeeignet, und zwar auf einem guten Niveau. Ihre Kenntnisse rund um Bücher, elektronische Medien und EDV baute sie in engagierter Weise kontinuierlich weiter aus, so dass sie immer über den aktuell erforderlichen Wissensstand verfügte. Auch in diesem Zusammenhang kam ihr dabei ihre gute Auffassungsgabe zugute, sie konnte sich jederzeit schnell in neue Aufgabengebiete einarbeiten.

Dank ihres guten organisatorischen Geschicks, verbunden mit der Fähigkeit, Wichtiges von Unwichtigem zu trennen, erreichte sie in ihrer Arbeit immer die höchste Qualität und Kundenzufriedenheit. Bei ihren Entscheidungen griff Frau Odo sicher auf ihre effektive und pragmatische Denkweise und ihr stilsicheres ästhetisches Vermögen zurück, ein im Buchbereich überaus wertvoller Wesenszug.

Sie war eine sehr motivierte und einsatzbereite Auszubildende. Auch bei hohem Arbeitsanfall — etwa im Weihnachtsgeschäft — bewältigte sie alle Aufgaben zielsicher. Außerdem setzte Frau Odo ihre guten kommunikativen Fähigkeiten erfolgreich in der Kundenberatung ein. Insbesondere durch ihre freundliche Art und ihr kundenorientiertes Denken und Handeln überzeugte sie einerseits unsere Stammkunden, erreichte aber ebenso im Neukundengeschäft eine hohe Kundenbindung und Kundenzufriedenheit.

Die Ausbildungsleistungen von Frau Odo haben unseren hohen Erwartungen stets und in bester Weise entsprochen.

Ihr persönliches Verhalten gegenüber Vorgesetzten, Kollegen, Geschäftspartnern und Kunden war immer einwandfrei. Ihren Mitauszubildenden gegenüber verhielt sie sich kameradschaftlich und hilfsbereit.

Frau Odo verlässt uns mit dem Abschluss ihrer Ausbildung. Da wir in diesem Jahr über Bedarf ausgebildet haben, können wir unsere Auszubildenden leider nicht in ein Arbeitsverhältnis übernehmen. Wir bedanken uns für ihr großes Engagement und ihre gute Arbeit und wünschen ihr für ihre berufliche und private Zukunft alles Gute und weiterhin viel Erfolg.

Bonn, [Austrittsdatum]

Petra Kaminski
(Geschäftsführerin)

GUTACHTEN

Einleitung: Die Einleitung des Zeugnisses ist in Ordnung, weil alle wesentlichen Informationen, also Vor- und Zuname, Geburtsdatum und -ort, Einstellungsdatum und Ausbildungsberuf, genannt werden.

Tätigkeitsbeschreibung: Frau Odos Tätigkeiten werden im Zeugnis angemessen detailliert beschrieben, sodass sich jeder mögliche Arbeitgeber ein Bild von ihren Kompetenzen und Fähigkeiten machen kann.

Fachwissen: Das Fachwissen wird laut der zentralen Aussage „auf einem guten Niveau", mit gut bewertet. Positiv ist zudem der Hinweis, dass sich Frau Odo permanent weiter bildet.

Leistungsbeurteilung: Die Benotung liegt laut dem abschließenden Satz zur Leistungsbeurteilung: „Die Ausbildungsleistungen von Frau Odo haben unseren hohen Erwartungen stets und in bester Weise entsprochen", und den drei Absätzen davor bei gut.

Verhaltensbeurteilung: Die Note liegt laut dem Kernsatz: „Ihr persönliches Verhalten gegenüber Vorgesetzten, Kollegen, Geschäftspartnern und Kunden war immer einwandfrei", und dem folgenden Satz bei gut.

Schlussformel: Sie ist in Ordnung, sie bewertet Frau Odo mit gut.

Fazit: Die Gesamtnote des Zeugnisses liegt bei gut.

2   Hotelkauffrau

Ausbildungszeugnis

Frau Simone Karsten, geboren am [Geburtsdatum] in Karlsruhe, wurde in unserem Hotel vom [Eintrittsdatum] bis zum [Austrittsdatum] als Hotelkauffrau ausgebildet.

Sie schloss die Prüfung vor der hiesigen Industrie- und Handelskammer mit der Gesamtnote gut ab. Frau Karsten wurde seit dem ersten Ausbildungsjahr mit allen für den Hotelbetrieb relevanten Tätigkeiten vertraut gemacht. Sie war vor allem für folgende Bereiche verantwortlich:

- Mitarbeit bei der Abwicklung und Durchführung unserer Bankettabteilung, d. h. die Erstellung von „Gesamtpaketen" für Sonderveranstaltungen wie Hochzeiten, Tagungen oder andere Festivitäten in enger Absprache mit dem Kunden. Dazu gehört u. a. die Festlegung der Speisenfolge, die räumliche Ausstattung, Dekoration und der Verkauf von Sonderleistungen
- Mitwirkung bei der Vertragsgestaltung und Kalkulation mit den Kunden
- Unterstützung bei der Planung von Gesamtveranstaltungen wie z. B. die technische Ausstattung unserer Konferenzräume
- Lagerung und Verwaltung von Geschirr und Besteck
- Mitkoordination der Zusammenarbeit der Food-and-Beverage-Abteilung und der unterstellten Bereiche Küche, Keller, Einkauf, Magazin, Stewarding, Büffet, Bankett und Restaurantservice
- Aufgaben im Personalbereich: Unterstützung bei der Führung von Lohn- und Gehaltsbuchhaltung oder der Auszahlung von Lieferanten oder Aushilfen
- Abwicklung der Bereiche Einkauf und Magazin: Ermittlung des Bedarfs an Waren und Material entsprechend den Bestellungen der jeweiligen Fachabteilungen sowie die Auswertung von Angeboten
- intensive Mitarbeit in unserer Verkaufsabteilung durch die Beobachtung von Marktrends und die Ermittlung von Kundenwünschen

In den oben genannten Aufgabengebieten erwarb sich Frau Karsten während der Ausbildung ein vielseitiges Fachwissen, das sie immer gut umsetzte. Sie beherrschte ihr Arbeitsgebiet selbstständig und sicher und erledigte konstant alle Aufgaben sehr sorgfältig und systematisch auf qualitativ hohem Niveau. Arbeitspensum und -effizienz waren stets gut.

Frau Karsten entwickelte sehr viel Eigeninitiative und überzeugte durch ihre große Einsatzbereitschaft, Sorgfalt, Genauigkeit und Ehrlichkeit. Auch in Belastungssituationen war sie auch stärkstem Arbeitsanfall immer gewachsen.

Mit schneller Auffassungsaufgabe und Durchsetzungsvermögen erledigte sie sämtliche Aufgaben immer zu unserer vollen Zufriedenheit.

Frau Karsten wurde aufgrund ihres hohem Engagements und der guten Zusammenarbeit in allen Bereichen unseres Hotels sehr geschätzt. Ihr persönliches Verhalten gegenüber Vorgesetzten, Kollegen und Gästen war vorbildlich.

Frau Karsten scheidet mit Beendigung des Ausbildungsverhältnisses aus unserem Unternehmen aus, wir bedauern es sehr, dass wir ihr keine Stelle in unserem Hotel anbieten können. Wir bedanken uns für ihre gute Mitarbeit und wünschen ihr beruflich wie privat alles Gute für die Zukunft.

München, [Ausstellungsdatum]

Gustav von der Schulenburg
(Hoteldirektor)

GUTACHTEN

Einleitung: Sie ist in Ordnung.

Tätigkeitsbeschreibung: Sie ist ausreichend detailliert, jeder mögliche neue Arbeitgeber kann sich so ein Bild von ihren erlangten Kompetenzen machen.

Fachwissen: Es („vielseitiges Fachwissen") wird mit gut bewertet.

Leistungsbeurteilung: Sie liegt laut Kernsatz („... immer zu unserer vollen Zufriedenheit") und den Sätzen zuvor bei gut.

Verhaltensbeurteilung: Sie liegt laut Kernsatz: „Ihr persönliches Verhalten gegenüber Vorgesetzten, Kollegen und Gästen war vorbildlich", und dem Satz zuvor bei gut.

Schlussformel: In dieser Form steht sie unter guten Zeugnissen.

Fazit: Frau Karsten wird mit gut bewertet. Mit diesem Zeugnis empfiehlt sie sich als kompetente Hotelfachfrau.

3 **Immobilienkauffrau**

Ausbildungszeugnis

Frau Anke Nietsch, geb. am [Geburtsdatum] in Saarlouis, ist vom [Eintrittsdatum] bis zum [Austrittsdatum] in unserem Unternehmen zur Immobilienkauffrau ausgebildet worden.

Sie hat während ihrer Ausbildung einen Überblick über alle Arbeiten erhalten, die in unserem Unternehmen anfallen. Zunächst war sie in der Zeit vom [Datum] bis zum [Datum] in der Abteilung Rechnungswesen und Controlling mit folgenden Arbeiten betraut:

- DV-gestütztes betriebliches Rechnungswesen
- DV-gestütztes Controlling
- Steuern und Versicherungen

Im Zeitraum vom [Datum] bis zum [Datum] hat sie die Abteilung Immobilienverwirtschaftung unterstützt. Auch hier übernahm sie vielfältige Tätigkeiten:

- Vermietung und Verpachtung
- Mithilfe bei der Stellung von Verträgen
- Einbringen und Anwenden von Grundlagen des Wohnungseigentums
- Verwaltung gewerblicher Objekte

Bis zum Ende ihrer Ausbildung, im Zeitraum vom [Datum] bis zum [Datum], konnte Frau Nietsch in der Abteilung Begleitung von Bauvorhaben eingesetzt werden. Hier hat sie folgende Aufgaben verrichtet:

- Begleitung von Baumaßnahmen in Projekten
- Steuerung von Projekten
- Anfragen an Behörden stellen

Ergänzend zu ihrer praktischen Ausbildungszeit besuchte Frau Nietsch die Berufsschule. Diese hat sie mit der Note gut abgeschlossen. Sie hat sich während der Ausbildung alle Fachkenntnisse und Fertigkeiten ihres Ausbildungsberufs mit sehr gutem Erfolg angeeignet. Durch die Teilnahme an zahlreichen Schulungen und Seminaren hat sie ihr fachliches Wissen stets erfolgreich erweitert.

Ihre sehr gute Auffassungsgabe ermöglichte es ihr, neue Arbeitssituationen und Probleme schnell zutreffend zu erfassen. Besonders hervorzuheben ist ihre überdurchschnittliche Fähigkeit, stets richtige und effektive Lösungen zu finden. Frau Nietsch zeigte bei ihrer Berufsausbildung außergewöhnlich großes Engagement und Eigeninitiative.

Trotz der vielen anfallenden Aufgaben und der zusätzlichen Belastung in der Berufsschule war sie eine hervorragende Unterstützung für unsere Mitarbeiter.

Frau Nietsch bewältigte ihre Aufgabenbereiche stets zu unserer vollsten Zufriedenheit.

Sie wurde von Vorgesetzten, Ausbildern, Kollegen und Kunden immer als überaus freundliche und hilfsbereite Mitarbeiterin geschätzt.

Frau Nietsch wird nach ihrer Ausbildung in ein Arbeitsverhältnis übernommen, ihrem Wunsch entsprechend setzen wir sie in der Abteilung Immobilienwirtschaft ein. Wir danken ihr für ihre stets sehr guten Leistungen. Für ihre weitere Laufbahn in unserem Hause wünschen wir ihr beruflich weiterhin sehr viel Erfolg und privat alles Gute.

Saarbrücken, [Ausstellungsdatum]

Johanna Pech
(Geschäftsführerin)

GUTACHTEN

Einleitung: Die Einleitung des Zeugnisses ist in Ordnung, die relevanten Daten, also Vor- und Zuname, Geburtsdatum und -ort, Ausbildungszeitraum und Ausbildungsberuf sind genannt.

Tätigkeitsbeschreibung: Die Tätigkeitsbeschreibung von Frau Nietsch stellt ausführlich dar, in welchen Abteilungen sie welche Kompetenzen erworben hat und in welchen Bereichen sie ausgebildet wurde. Hierdurch kann sich ein möglicher Arbeitgeber einen guten Überblick von ihrem Kenntnisstand verschaffen.

Fachwissen: Das Fachwissen wird mit sehr gut bewertet. Positiv zudem: Sie hat in „zahlreichen Schulungen und Seminaren" ihre Kenntnisse „stets erfolgreich erweitert".

Leistungsbeurteilung: Frau Nietsch zeigte nicht nur „außergewöhnlich großes Engagement und Eigeninitiative", hinzukommen neben anderen positiven Eigenschaften in ihrem Arbeitsverhalten auch noch ihre „überdurchschnittliche

Fähigkeit, stets richtige und effektive Lösungen zu finden". Diese Eigenschaften werden noch einmal im Kernsatz: „Frau Nietsch bewältigte ihre Aufgabenbereiche stets zu unserer vollsten Zufriedenheit", zusammengefasst. Frau Nietsch wird hier mit sehr gut bewertet.

Verhaltensbeurteilung: Der Kernsatz: „Sie wurde von ihren Vorgesetzten, Ausbildern, Kollegen und Kunden immer als überaus freundliche und hilfsbereite Mitarbeiterin geschätzt" — beinhaltet neben der richtigen Rangfolge (Vorgesetzte, Ausbilder, Kollegen, Kunden) auch die Wertung „freundlich" und „hilfsbereit", was insbesondere im Verkauf von unschätzbarer Bedeutung ist. Ihr Verhalten wird mit sehr gut bewertet.

Schlussformel: Hier bedankt sich das Unternehmen für ihre „stets sehr guten Leistungen". Für die weitere Laufbahn im eigenen Haus wird Frau Nietsch „beruflich weiterhin sehr viel Erfolg und privat alles Gute" gewünscht. Auch die Schlussformel hebt damit noch einmal das sehr gute Zeugnis hervor.

Fazit: Frau Nietsch wird mit „sehr gut" bewertet.

4   **Investmentfondskauffrau**

Ausbildungszeugnis

Frau Anke Otto, geboren am [Geburtsdatum] in Osnabrück, trat zum [Eintrittsdatum] ihre Ausbildung als Investmentfondskauffrau in unserem Unternehmen an.

Frau Otto war für folgende Aufgaben, die sie nach und nach selbstständig erledigte, zuständig:

- Geld-, Kapital- und Wertpapiermärkte analysieren
- Länder- und Unternehmensresearch
- Depots betreuen
- dem Fondsmanagement Vorschläge machen, z. B. zur Produktentwicklung und zu neuen Vertriebskanälen
- Berichte und Meldungen für interne und externe Stellen abfassen
- Handelsaufträge in Absprache mit den Ausbildern abwickeln
- Geschäftsvorgänge zeitnah buchen, Fondsabschlüsse täglich durchführen
- Inventarwerte und Anteilspreise von Sondervermögen — etwa Immobilienfonds — berechnen
- Steuern für Fonds und Depots berechnen
- Vor- und Nachteile von Immobilienstandorten aufzeigen und mit ihren Ausbildern kritisch diskutieren
- Entscheidungen des Fondsmanagements vorbereiten und in der Fondsbuchhaltung in Absprache mit den Vorgesetzten umsetzen
- bei Marketingmaßnahmen mitwirken
- Kunden beraten, maßgeschneiderte Angebote planen, Fondsauflegungen verkaufen, Kundenaufträge abwickeln
- Vertriebskanäle pflegen und betreuen

Frau Otto besuchte während ihrer Ausbildungszeit die Berufsschule und schloss dort ihre Ausbildung mit der Note „sehr gut" ab. Wir haben sie als eine hoch motivierte und einsatzfreudige Auszubildende kennen gelernt, die überaus engagiert wechselnde Aufgaben und Beanspruchungen routiniert bewältigte und dabei ihre Belastbarkeit — auch unter Termindruck — immer unter Beweis gestellt hat. Die an sie gestellten komplexen fachlichen Anforderungen erfüllte Frau Otto stets und in jeder Hinsicht und zeigte dabei immer Übersicht und klare Prioritätensetzung. Dabei konnte sie auf ihr sehr gutes Fachwissen zurückgreifen, das sie durch ihre überdurchschnittliche Eigeninitiative stetig ausbaute und vertiefte.

Frau Otto zeichnete sich durch ein sehr hohes Maß an Verantwortungsbewusstsein, Zuverlässigkeit und Vertrauenswürdigkeit aus. Ihre große Sorgfalt und Genauigkeit verbindet sie mit ihrer pragmatischen Selbstständigkeit und systematischen und zielorientierten Arbeitsweise.

Zusammenfassend lässt sich sagen, dass Frau Otto ihre Aufgaben stets zu unserer vollsten Zufriedenheit erfüllte.

In der Zusammenarbeit mit Vorgesetzten und Kollegen war das Verhalten von Frau Otto jederzeit vorbildlich. Auch gegenüber externen Geschäftspartnern konnte sie ihre fachlich und persönlich gewinnende Art erfolgreich einbringen.

Frau Otto scheidet mit Beendigung des Ausbildungsverhältnisses aus unserem Unternehmen aus, wir bedauern es sehr, dass wir ihr keine Stelle in unserem Unternehmen anbieten können. Wir bedanken uns für ihre hervorragende Mitarbeit und wünschen ihr für ihren weiteren Lebens- und Berufsweg weiterhin alles Gute.

Berlin, [Ausstellungsdatum]

Peter Müller
(Personalchef)

GUTACHTEN

Einleitung: Der einleitende Satz ist in Ordnung, er enthält alle wesentlichen Bestandteile.

Tätigkeitsbeschreibung: Frau Ottos Tätigkeiten werden im Zeugnis ausreichend detailliert beschrieben, sodass sich jeder mögliche Arbeitgeber ein Bild von ihren Kompetenzen und Fähigkeiten machen kann. Nach unserem Ermessen dürften ihr aus der Tätigkeitsbeschreibung heraus keine Karrierenachteile entstehen.

Fachwissen: Es („sehr gutes Fachwissen") wird mit sehr gut bewertet.

Leistungsbeurteilung: Sie liegt laut Kernsatz: „Zusammenfassend lässt sich sagen, dass Frau Otto ihre Aufgaben stets zu unserer vollsten Zufriedenheit erfüllt", und dem Kontext bei sehr gut.

Verhaltensbeurteilung: Frau Ottos Verhalten wird laut Kernsatz: „In der Zusammenarbeit mit Vorgesetzten und Kollegen war das Verhalten von Frau Otto jederzeit vorbildlich", und dem nachfolgenden Satz mit sehr gut bewertet.

Schlussformel: Sie ist in Ordnung, in dieser Form steht sie unter sehr guten Zeugnissen.

Fazit: Frau Otto wird mit sehr gut bewertet. Mit diesem Zeugnis empfiehlt sie sich als hervorragende Mitarbeiterin.

5   Kauffrau für Dialogmarketing

Ausbildungszeugnis

Frau Anke Solbach, geb. am [Geburtsdatum] in Neunkirchen, ist vom [Eintrittsdatum] bis zum [Austrittsdatum] in unserem Unternehmen zur Kauffrau für Dialogmarketing ausgebildet worden.

Zum Aufgabenbereich von Frau Solbach gehörten folgende Tätigkeiten:

- Kunden gewinnen, betreuen und binden
- Beschwerde- und Reklamationsmanagement abwickeln
- Kundendatenbankpflege
- Produkte und Dienstleistungen präsentieren und verkaufen
- Kaufmännische Tätigkeiten erledigen: Kosten- und Leistungsrechnung durchführen, Controlling und Angebote kalkulieren
- planende und ausführende Maßnahmen zur Personalbeschaffung
- Vertriebs- und Marketingaufgaben: Märkte analysieren, Verträge vorbereiten, Marketingmaßnahmen planen und realisieren
- qualitätssichernde Maßnahmen umsetzen

Begleitend besuchte Frau Solbach die Fachklasse der Berufsschule. Wir beglückwünschen sie zu ihrem Ausbildungsabschluss mit der Endnote sehr gut. Bereits nach kürzester Zeit verfügte sie über gute Fachkenntnisse. Ihre gute Auffassungsgabe ermöglichte es Frau Solbach, neue Arbeitssituationen und Probleme schnell zutreffend zu erfassen. Durch eine logische Vorgehensweise und Urteilsfähigkeit fand sie immer ausgezeichnete Lösungen.

Frau Solbach war eine sehr engagierte Auszubildende, die besonders durch ihre hervorragende Leistungsbereitschaft überzeugen konnte. Trotz der vielen anfallenden Aufgaben und der zusätzlichen Belastung in der Berufsschule war sie jederzeit eine gute Unterstützung für unsere Mitarbeiter. Sie war eine sehr ergebnisorientiert arbeitende Auszubildende, die ihre Aufgaben mit größter Sorgfalt und Genauigkeit erfüllte.

Die Ausbildungsleistungen von Frau Solbach haben unseren hohen Erwartungen stets und in bester Weise entsprochen.

Sie wurde von Vorgesetzten, Ausbildern, Kollegen und Kunden immer als freundliche und hilfsbereite Mitarbeiterin geschätzt.

Frau Solbach wird nach ihrer Ausbildung in ein Arbeitsverhältnis übernommen, ihrem Wunsch entsprechend wird sie in der Abteilung Marketing eingesetzt. Wir danken ihr für ihre stets gute Arbeit. Für ihre weitere Laufbahn in unserem Hause wünschen wir ihr beruflich weiterhin viel Erfolg und privat alles Gute.

Köln, [Ausstellungsdatum]

Andres Oldenstein
(Geschäftsführer)

GUTACHTEN

Einleitung: Die Einleitung des Zeugnisses ist in Ordnung, weil alle wesentlichen Informationen, also Vor- und Zuname, Geburtsdatum und -ort, Ausbildungszeitraum und Ausbildungsberuf, genannt werden.

Tätigkeitsbeschreibung: Frau Solbachs Tätigkeiten werden im Zeugnis angemessen detailliert beschrieben, sodass sich jeder mögliche Arbeitgeber ein Bild von ihren Kompetenzen und Fähigkeiten machen kann.

Fachwissen: Das Fachwissen wird laut der zentralen Aussage „gute Fachkenntnisse" mit gut bewertet.

Leistungsbeurteilung: Die Benotung liegt laut dem abschließenden Satz zur Leistungsbeurteilung: „Die Ausbildungsleistungen von Frau Solbach haben unseren hohen Erwartungen stets und in bester Weise entsprochen", und den beiden Absätzen davor bei gut. Wichtig ist, dass hier das Wort „stets" (alternativ „immer" oder „jederzeit") erwähnt wird, daher weiß der kundige Leser, dass ihre Leistungen kontinuierlich gut waren.

Verhaltensbeurteilung: Die Note liegt laut Kernsatz: „Sie wurde von Vorgesetzten, Ausbildern, Kollegen und Kunden immer als freundliche und hilfsbereite Mitarbeiterin geschätzt", bei gut. Im Kernsatz wird „immer" erwähnt, das ist positiv, siehe dazu auch den Hinweis zur Leistungsbeurteilung.

Schlussformel: Sie ist in Ordnung, sie bewertet Frau Solbach mit gut. Mit der Schlussformel wird die Gesamtnote des Zeugnisses bestätigt. Positiv ist hier, dass der Arbeitgeber sich für die bisherige Arbeit bedankt, ebenso die Erwähnung der Zukunftswünsche.

Fazit: Frau Solbach wird mit gut bewertet.

6 Kauffrau für Marketingkommunikation (1)

Ausbildungszeugnis

Frau Melanie Brum, geboren am [Geburtsdatum] in Marburg, hat am [Austrittsdatum] in unserem Unternehmen eine Ausbildung zur Kauffrau für Marketingkommunikation abgeschlossen.

Während ihrer Ausbildung hat Frau Brum folgende Tätigkeiten übernommen:

- Marketing- und Kommunikationsstrategien entwickeln
- Märkte analysieren, beschreiben und eingrenzen
- Marketing- und Kommunikationsmaßnahmen vorbereiten, planen und durchführen
- Kunden beraten und Präsentationen durchführen
- Aufgaben im Rechnungs- und Finanzwesen sowie im Controlling durchführen
- Projekte organisieren und betreuen

Begleitend besuchte Frau Brum die Fachklasse der Berufsschule. Wir beglückwünschen sie zu ihrem Ausbildungsabschluss mit der Endnote gut. Sie hat sich während der Ausbildung alle Fachkenntnisse und Fertigkeiten ihres Ausbildungsberufs mit gutem Erfolg angeeignet. Durch die Teilnahme an zahlreichen Schulungen und Seminaren hat sie ihr fachliches Wissen stets erfolgreich erweitert. Ihre gute Auffassungsgabe befähigte Frau Brum, auch schwierige Ausbildungsinhalte schnell zu erfassen.

Besonders hervorzuheben ist ihre ausgeprägte Fähigkeit, stets richtige und effektive Lösungen zu finden. Sie war eine sehr engagierte Auszubildende, die besonders durch ihre hervorragende Leistungsbereitschaft überzeugen konnte. Auch bei hoher Belastung erreichte sie jederzeit die gestellten Ausbildungsziele.

Mit den Ausbildungsleistungen von Frau Brum waren wir stets voll zufrieden.

Sie wurde von Vorgesetzten, Ausbildern, Kollegen und Kunden immer als freundliche und hilfsbereite Mitarbeiterin geschätzt.

Frau Brum wird nach ihrer Ausbildung weiter in unserem Unternehmen arbeiten. Wir freuen uns auf die weitere Zusammenarbeit mit ihr. Wir danken ihr für ihre stets gute Arbeit. Für ihre weitere Laufbahn in unserem Hause wünschen wir ihr beruflich weiterhin viel Erfolg und privat alles Gute.

Köln, [Ausstellungsdatum]

Ute Kempkes
(Geschäftsführerin)

Franz Thanner
(Ausbildungsleiter)

GUTACHTEN

Einleitung: Die Einleitung des Zeugnisses ist in Ordnung, weil alle wesentlichen Informationen, also Vor- und Zuname, Geburtsdatum und -ort, Austrittsdatum und Ausbildungsberuf, genannt werden.

Tätigkeitsbeschreibung: Frau Brums Tätigkeiten werden im Zeugnis angemessen detailliert beschrieben, sodass sich jeder mögliche Arbeitgeber ein Bild von ihren Kompetenzen und Fähigkeiten machen kann.

Fachwissen: Das Fachwissen wird laut der zentralen Aussage „alle Fachkenntnisse und Fertigkeiten ihres Ausbildungsberufs mit gutem Erfolg angeeignet", mit gut bewertet. Positiv ist zudem der Hinweis, dass sich Frau Brum durch Seminare und Schulungen weitergebildet hat.

Leistungsbeurteilung: Die Benotung liegt laut dem abschließenden Satz zur Leistungsbeurteilung: „Mit den Ausbildungsleistungen von Frau Brum waren wir stets voll zufrieden", und den beiden Absätzen davor bei gut. Wichtig ist, dass hier das Wort „stets" (alternativ „immer" oder „jederzeit") erwähnt wird, daher weiß der kundige Leser, dass Frau Brums Leistungen kontinuierlich gut waren.

Verhaltensbeurteilung: Die Note liegt laut Kernsatz: „Sie wurde von Vorgesetzten, Ausbildern, Kollegen und Kunden immer als freundliche und hilfsbereite Mitarbeiterin geschätzt", bei „gut".

Schlussformel: Sie ist in Ordnung, sie bestätigt abschließend die gute Gesamtnote. Positiv ist hier, dass der Zeugnisaussteller sich für die bisherigen Dienste bedankt, seine Freude über die zukünftige Mitarbeit ausdrückt, zudem die Zukunftswünsche artikuliert.

Fazit: Frau Brum wird mit gut bewertet.

7 Kauffrau für Marketingkommunikation (2)

(Dieses Zeugnis finden Sie auch in Kapitel 6 in der englischen Adaption.)

Ausbildungszeugnis

Frau Nancy Müller, geb. am [Geburtsdatum] in Hamburg, wurde vom [Eintrittsdatum] bis zum [Austrittsdatum] in unserer Werbeagentur zur Kauffrau für Marketingkommunikation ausgebildet.

Frau Müller hat folgende Aufgaben erledigt:

- Marketing- und Kommunikationsmaßnahmen vorbereiten, planen, durchführen und kontrollieren: z.B. Kommunikationsmix und -mittel wie Online- und Direktmarketing, Events oder klassische Werbung sowie Planung des Medieneinsatzes, außerdem Märkte und Zielgruppen analysieren und Markenführung entwickeln sowie Budget planen
- Interne und externe Herstellungsprozesse organisieren und überprüfen, vor allem in Hinblick auf Qualität, Kosten und Zeit
- Kunden beraten: z.B. über Art, Umfang, Zweckmäßigkeit und Kosten der Maßnahmen
- Mitwirkung bei der Vertragsgestaltung
- Beschaffung von Lizenzen und Rechten inklusive rechtliche Vorschriften anwenden, wie z.B. Urheber-, Wettbewerbs-, Marken- und Verwertungsrecht
- Druckereien und Fotostudios auswählen und beauftragen
- Medieneinsatz steuern, überprüfen und optimieren
- Arbeitsergebnisse präsentieren
- Kaufmännische Tätigkeiten erledigen: Kosten- und Leistungsrechnung durchführen, Controlling und Angebote kalkulieren

Begleitend besuchte Frau Müller die entsprechende Fachklasse der Berufsschule. Wir gratulieren ihr zu ihrem Ausbildungsabschluss mit der Endnote gut. Bereits nach kurzer Zeit verfügte sie über ein umfassendes und vielseitiges Fachwissen. Ihre gute Auffassungsgabe ermöglichte es Frau Müller, neue Arbeitssituationen und Probleme schnell zutreffend zu erfassen. Durch ihre logische Vorgehensweise fand sie immer erfolgreiche Lösungen.

Frau Müller war eine sehr engagierte Auszubildende, die besonders durch ihre hohe Leistungsbereitschaft überzeugen konnte. Trotz der vielen anfallenden Aufgaben und der zusätzlichen Belastung in der Berufsschule war sie eine gute Unterstützung für unsere Agentur. Sie war eine sehr ergebnisorientiert arbeitende Auszubildende, die ihre Aufgaben mit größter Sorgfalt und Genauigkeit erfüllte.

Sie besitzt eine gute Kommunikationsfähigkeit. Sie drückte sich immer klar aus und trat vor großen Gruppen — wie z.B. Kunden — souverän auf. Außerdem war sie Neuem gegenüber aufgeschlossen, hatte jederzeit gute, kreative Ideen und überzeugte durch innovative Ansätze, die sie erfolgreich umsetzte.

Frau Müller hat die ihr übertragenen Aufgaben stets zu unserer vollen Zufriedenheit erfüllt.

Sie wurde von Vorgesetzten Kollegen und Kunden als freundliche und hilfsbereite Mitarbeiterin geschätzt. Ihr Verhalten war immer einwandfrei.

Frau Müller wird nach ihrer Ausbildung weiter in unserer Agentur arbeiten. Wir freuen uns auf die weitere Zusammenarbeit mit ihr und danken ihr für ihre gute Arbeit. Für ihre weitere Laufbahn in unserem Unternehmen wünschen wir ihr beruflich weiterhin viel Erfolg.

Bonn, [Ausstellungsdatum]

Petra Meyer
(Geschäftsführerin)

GUTACHTEN

Einleitung: Die Einleitung ist in Ordnung, weil alle wesentlichen Informationen genannt werden: Vor- und Nachname, Geburtsdatum und -ort, Ausbildungszeitraum und -beruf.

Tätigkeitsbeschreibung: Frau Müllers Tätigkeiten werden im Zeugnis angemessen beschrieben, sodass sich jeder mögliche Arbeitgeber ein Bild von ihren Kompetenzen machen kann.

Fachwissen: Die Fachkenntnisse („umfassendes und vielseitiges Fachwissen") werden mit gut bewertet.

Leistungsbeurteilung: Die Benotung liegt laut dem abschließenden Satz zur Leistungsbeurteilung („Frau Müller hat die ihr übertragenen Aufgaben stets zu unserer vollen Zufriedenheit erfüllt.") und dem Kontext, den drei Absätzen zuvor, bei gut.

Verhaltensbeurteilung: Die Note liegt laut Kernsatz: „Ihr Verhalten war immer einwandfrei" und dem Satz zuvor bei gut.

Schlussformel: Sie ist in Ordnung, sie bewertet Frau Müller mit gut. Mit der Schlussformel wird die Gesamtnote des Zeugnisses bestätigt. Positiv ist hier, dass der Arbeitgeber sich für die bisherige Arbeit bedankt, ebenso die abschließenden Zukunftswünsche.

Fazit: Frau Müller erhält die Gesamtnote gut.

8   # Kauffrau für Versicherungen und Finanzen

Ausbildungszeugnis

Frau Silke Kern, geb. am [Geburtsdatum] in Münster, hat in unserem Unternehmen vom [Eintrittsdatum] bis zum [Austrittsdatum] eine Berufsausbildung zur Kauffrau für Versicherungen und Finanzen absolviert.

Sie hat während ihrer Ausbildung mehrere Abteilungen unseres Unternehmens durchlaufen. In der Zeit vom [Datum] bis zum [Datum] gehörte sie der Abteilung Kundenbetreuung und Marktbearbeitung an. Hier verrichtete sie folgende Tätigkeiten:

- DV-gestützte bedarfs- und situationsgerechte Ermittlung des Kundenbedarfs
- Analyse des individuellen Kundenbedarfs
- Maßnahmen zur Bestandspflege und -bearbeitung

Anschließend war Frau Kern in der Zeit vom [Datum] bis zum [Datum] der Abteilung Schaden und Leistung zugeordnet. Hier war sie vor allem mit folgenden Aufgaben betraut:

- Prüfung von Leistungsfällen im Privatkundenbereich Haftpflicht
- Bearbeitung von Schadensfällen im Privatkundenbereich Personenschäden
- Nutzung der DV-gestützten Controllinginstrumente

Abschließend wurde sie vom [Datum] bis zum [Datum] in der Abteilung Vertrieb eingesetzt. Hier konnte sie aufgrund ihrer erworbenen Kenntnisse folgende Aufgaben selbstständig übernehmen:

- Vertrieb von Produkten der betrieblichen Altersvorsorge
- Vertrieb von Haftpflichtprodukten im Firmenkundenbereich
- Kundengewinnung und Kundenbindung

Begleitend besuchte Frau Kern die Fachklasse der Berufsschule. Wir beglückwünschen sie zu ihrem Ausbildungsabschluss mit der Endnote befriedigend. Sie hat während ihrer Ausbildungszeit solide Fachkenntnisse erworben, die sie mit Erfolg in den weiteren Ausbildungsprozess und ihre tägliche Arbeit einbringen konnte.

Durch ihr Analysevermögen, ihre schnelle Auffassungsgabe und ihr Umsetzungsvermögen fand Frau Kern stets befriedigende Lösungen. Auch bei sehr hohem Arbeitsanfall bewältigte sie alle wesentlichen Aufgaben termingerecht und einwandfrei. Wegen ihrer umsichtigen und zielstrebigen Arbeitsweise wurde sie von allen Abteilungen geschätzt.

Die Ausbildungsleistungen von Frau Kern haben unseren Erwartungen entsprochen.

Ihr persönliches Verhalten war einwandfrei.

Frau Kern verlässt uns mit dem Abschluss ihrer Ausbildung, wir können sie aus wirtschaftlichen Gründen nicht übernehmen. Für die gute Mitarbeit danken wir Frau Kern und wünschen ihr beruflich und privat alles Gute.

Münster, [Austrittsdatum]

Marlene Vogel
(Ausbildungsleiterin)

GUTACHTEN

Einleitung: Die Einleitung des Zeugnisses ist in Ordnung, weil alle wesentlichen Informationen, also Vor- und Zuname, Geburtsdatum und -ort, Ausbildungszeitraum und Ausbildungsberuf genannt werden.

Tätigkeitsbeschreibung: Bereiche, die Frau Kern im Laufe ihrer Ausbildung durchlaufen hat, werden angemessen detailliert beschrieben.

Fachwissen: Es („solide Fachkenntnisse") wird mit befriedigend bewertet.

Leistungsbeurteilung: Bei Frau Kern haben die „Ausbildungsleistungen unseren Erwartungen entsprochen", sie hat die Erwartungen aber nicht übertroffen. Bei hohem Arbeitsanfall bewältigte sie alle „wesentlichen Aufgaben termingerecht". Sie war den Herausforderungen ihrer Ausbildung gewachsen, hat sie aber nicht von sich aus gesucht. Die Leistung wird mit befriedigend beurteilt.

Verhaltensbeurteilung: Der Kernsatz ist kurz und prägnant: „Ihr persönliches Verhalten war einwandfrei." Jedoch wäre ein Hinweis auf Freundlichkeit, insbesondere in einem kundenorientierten Unternehmen, förderlich. Das Verhalten von Frau Kern wird mit befriedigend bewertet.

Schlussformel: Sie rundet das Gesamtbild ab: Der Grund des Ausscheidens ist genannt, der Dank für die Mitarbeit ausgesprochen. Allerdings fehlt das Bedauern über das Ausscheiden, das ist negativ. Bei den Zukunftswünschen fehlt der Hinweis auf „weiterhin" viel Erfolg. Frau Kern wird mit befriedigend bewertet.

Fazit: Sie erhält die Gesamtnote befriedigend.

9   **Kauffrau im Groß- und Einzelhandel**

Ausbildungszeugnis

Frau Ulrike Schock, geb. am [Geburtsdatum] in Daun, hat in unserem Unternehmen vom [Eintrittsdatum] bis zum [Austrittsdatum] eine Berufsausbildung zur Kauffrau im Groß- und Außenhandel absolviert.

Sie hat während ihrer Ausbildung mehrere Abteilungen unseres Unternehmens durchlaufen. In der Zeit vom [Datum] bis zum [Datum] gehörte sie der Abteilung Marketing und Werbung an. Hier verrichtete sie folgende Tätigkeiten:

- Marktforschungsergebnisse auswerten
- Marketingmaßnahmen durchführen
- Markt- und Konkurrenzanalysen durchführen

Anschließend war Frau Schock in der Zeit vom [Datum] bis zum [Datum] der Zoll-Abteilung zugeordnet. Hier war sie vor allem mit folgenden Aufgaben betraut:

- Aus- und Einfuhranmeldungen ausfüllen
- Zollerklärungen und sonstige Zolldokumente ausfertigen
- Zollvorlagen bankmäßig abwickeln

Abschließend wurde sie vom [Datum] bis zum [Datum] in der Abteilung Büro und Verwaltung eingesetzt. Hier konnte sie aufgrund ihrer erworbenen Kenntnisse folgende Aufgaben selbstständig übernehmen:

- allgemeine Büro- und Verwaltungstätigkeiten erledigen
- Dienst- und Organisationspläne erstellen
- Schriftsätze, Berichte, Protokolle, Aufstellungen anfertigen
- den fremdsprachigen Schriftverkehr mit Lieferanten und Kunden abwickeln

In Ergänzung zu ihrer betrieblichen Ausbildung hat Frau Schock erfolgreich die Berufsschule besucht und mit der Endnote befriedigend abgeschlossen. Sie hat sich während der Ausbildung alle Fachkenntnisse und Fertigkeiten ihres Ausbildungsberufs mit gutem Erfolg angeeignet. Ihre besondere Auffassungsgabe ermöglichte es ihr, neue Arbeitssituationen und Probleme schnell zutreffend zu erfassen.

Frau Schock war immer eine sehr motivierte und einsatzbereite Auszubildende. Trotz der vielen anfallenden Aufgaben und der zusätzlichen Belastung in der Berufsschule war sie jederzeit eine gute Unterstützung für unsere Mitarbeiter. Wegen ihrer sehr umsichtigen, verantwortungsbewussten und zielstrebigen Arbeitsweise wurde sie von allen Abteilungen geschätzt. Hervorheben möchten wir die hohe Zuverlässigkeit und das Pflichtbewusstsein der Auszubildenden.

Die Ausbildungsleistungen von Frau Schock haben unseren hohen Erwartungen stets und in bester Weise entsprochen.

Ihr kollegiales Wesen sicherte ihr immer ein gutes Verhältnis zu Vorgesetzten, Ausbildern und Kollegen. Im Umgang mit Kunden war sie jederzeit freundlich und respektvoll.

Frau Schock verlässt uns mit dem Abschluss ihrer Ausbildung. Leider können wir sie aus wirtschaftlichen Gründen nicht übernehmen. Für die gute Mitarbeit danken wir ihr und wünschen ihr weiterhin beruflich und privat alles Gute.

Köln, [Austrittsdatum]

Sabine Westermann
(Bereichsleiterin
Groß- und Außenhandel)

GUTACHTEN

Einleitung: Die Einleitung des Zeugnisses ist in Ordnung, weil alle wesentlichen Informationen, also Vor- und Zuname, Geburtsdatum und -ort, Ausbildungszeitraum und Ausbildungsberuf, genannt werden.

Tätigkeitsbeschreibung: Frau Schocks Tätigkeiten werden im Zeugnis angemessen detailliert beschrieben, sodass sich jeder mögliche Arbeitgeber ein Bild von ihren Kompetenzen und Fähigkeiten machen kann.

Fachwissen: Das Fachwissen wird laut der zentralen Formulierung „alle Fachkenntnisse und Fertigkeiten ihres Ausbildungsberufs mit gutem Erfolg angeeignet", mit gut bewertet.

Leistungsbeurteilung: Die Benotung liegt laut dem abschließenden Satz zur Leistungsbeurteilung: „Die Ausbildungsleistungen von Frau Schock haben unseren hohen Erwartungen stets und in bester Weise entsprochen", und den beiden Absätzen davor bei gut. Wichtig ist, dass hier das Wort „stets" (alternativ „immer" oder „jederzeit") erwähnt wird, daher weiß der kundige Leser, dass Frau Schocks Leistungen kontinuierlich gut waren.

Verhaltensbeurteilung: Die Note liegt laut dem Kernsatz: „Ihr kollegiales Wesen sicherte ihr immer ein gutes Verhältnis zu Vorgesetzten, Ausbildern und

Kollegen", und dem folgenden Satz bei gut. Im Kernsatz wird „immer" erwähnt, das ist positiv, siehe dazu auch den Hinweis zur Leistungsbeurteilung.

Schlussformel: Sie ist in Ordnung, weil alle wesentlichen Bestandteile für eine gute Bewertung genannt werden: Grund des Ausscheidens — Bedauern darüber — Dank für die geleistete Arbeit — Zukunftswünsche. Die Schlussformel bestätigt die Gesamtnote des Zeugnisses.

Fazit: Frau Schock wird mit „gut" bewertet.

10 Kaufmann für Grundstücks- und Wohnungswirtschaft

Ausbildungszeugnis

Herr Axel Müller, geboren am [Geburtsdatum] in Bremen, hat seine Ausbildung zum Kaufmann in der Grundstücks- und Wohnungswirtschaft in unserem Unternehmen vom [Eintrittsdatum] bis zum [Austrittsdatum] absolviert.

Er war schwerpunktmäßig für folgende Aufgaben zuständig:

- Verwaltung von Wohnungseigentum
- Verwaltung von Sondereigentum und Betreuung von Mietverwaltungsobjekten
- Tätigkeit im Bereich des Facility- Management
- Abwicklung beendeter Mietverhältnisse (Wohnungen und Gewerbeimmobilien)
- Durchführung von Abnahmen und Übergaben von Mietobjekten
- Durchführung der Neuvermietung von Wohn- und Gewerbeimmobilien
- Durchführung und Koordination von Besichtigungsterminen
- Vermietungsgespräche am Telefon und bei Besichtigungen
- Prüfung und Auswertung von Interessentenunterlagen sowie Auswahl neuer Mieter
- Prüfung von Mietverträgen und Begleitung der Kunden bis zum Vertragsabschluss
- Betreuung von Eigentümern, Bestandsmietern und Mietinteressenten
- Erstellen und Überwachen von Zeitungsinseraten bei Neuvermietungen
- Einholung und Vergleich von Handwerkerangeboten sowie Auftragsvergabe
- Planung und Überwachung von Instandsetzungen und Instandhaltungen
- Anpassung von Mietverträgen bei Gesetzesänderungen bzw. Änderung Rechtsprechung
- Überprüfung der Mietpreisentwicklung und Durchführung von Mieterhöhungen
- Begleitung von Eigentümerversammlungen und Führung der Protokolle
- Stammdatenpflege sowie Erfassung neuer Kunden- sowie Objektdaten in unsere EDV
- Einsatz von MS Office und Verwaltungssoftware Karthago

Seine gute Auffassungsgabe ermöglichte es ihm, neue Arbeitssituationen und Probleme schnell zutreffend zu erfassen. Herr Müller zeigte bei seiner Ausbildung großes Engagement und Eigeninitiative. Trotz der vielen anfallenden Aufgaben und der zusätzlichen Belastung in der Berufsschule war er jederzeit eine wertvolle

Unterstützung für unser Team. Hervorheben möchten wir auch seine absolute Zuverlässigkeit und sein Pflichtbewusstsein.

Herr Müller beherrschte seine unterschiedlichen Aufgabenfelder sicher und umfassend. Seinen Kompetenzausbau hat er hoch motiviert und mit großem persönlichem Engagement vorangetrieben, so dass wir ihm innerhalb kürzester Zeit weitere Kompetenzfelder übertragen haben. Zudem überzeugte er uns durch seine umfassenden und vielseitigen Fachkenntnisse, es gelang ihm stets, dieses Wissen effizient in der Praxis umzusetzen.

Herr Müller war jederzeit in der Lage, unsere Qualitätsmaßstäbe sicherzustellen, womit in der Folge eine hohe Kundenzufriedenheit zu verzeichnen war. Seine Arbeitsweise war geprägt von hoher Selbstständigkeit, seine Aufgaben löste er mit sehr viel Übersicht, Planungskompetenz und maximaler Zielorientierung.

Herr Müller bewältigte seine Aufgaben stets zu unserer vollen Zufriedenheit.

Sein persönliches Verhalten gegenüber Vorgesetzten und Kollegen war immer einwandfrei. Gegenüber unseren Kunden trat er sicher und gewandt auf, dabei überzeugte er auch durch sein zielführendes Verhandlungsgeschick.

Herr Müller scheidet mit Beendigung des Ausbildungsverhältnisses aus unserem Unternehmen aus, wir bedauern es sehr, dass wir ihm keine Stelle in unserem Unternehmen anbieten können. Wir bedanken uns für seine gute Mitarbeit und wünschen ihr für seinen weiteren Lebens- und Berufsweg alles Gute.

Duisburg, [Ausstellungsdatum]

Peter Mayer
(Geschäftsführer)

GUTACHTEN

Einleitung: Sie ist in Ordnung, sie enthält alle wesentlichen Bestandteile.

Tätigkeitsbeschreibung: Sie ist ausreichend detailliert, durch sie entstehen Herrn Müller keine Karrierenachteile. Die Tätigkeitsauflistung sollte — soweit das möglich ist — in abfallender Hierarchie gestaltet, d.h., es sollte die wichtigste Tätigkeit zuerst und dann die weniger wichtigen Tätigkeiten genannt werden. Sofern von außen zu beurteilen, ist diese Reihenfolge eingehalten worden.

Fachwissen: Herrn Müllers Fachkenntnisse („umfassenden und vielseitigen Fachkenntnisse") werden mit gut bewertet.

Leistungsbeurteilung: Sie liegt laut Kernsatz („Herr Müller bewältigte seine Aufgaben stets zu unserer vollen Zufriedenheit.") und den drei Absätzen davor bei gut.

Verhaltensbeurteilung: Sie liegt laut Kernsatz („Sein persönliches Verhalten gegenüber Vorgesetzten und Kollegen war immer einwandfrei.") und dem folgenden Satz bei gut.

Schlussformel: Sie ist in Ordnung, in dieser Form steht sie unter guten Ausbildungszeugnissen.

Fazit: Herr Müller wir mit gut bewertet.

11   # Kaufmann für Kurier-, Express- und Postdienstleistungen

Ausbildungszeugnis

Herr Niklas Mohr, geb. am [Geburtsdatum] in Ottobrunn, hat in unserem Unternehmen vom [Eintrittsdatum] bis zum [Austrittsdatum] eine Berufsausbildung zum Kaufmann für Kurier-, Express- und Postdienstleistungen mit dem Schwerpunkt Organisation absolviert.

Zum Aufgabenbereich des Herrn Mohr gehörten folgende Tätigkeiten:

- Planung und Organisation der Beförderung von Briefsendungen
- Steuerung und Kontrolle der Zustellungsgebiete
- Erstellung von Angeboten für Direct Mailing
- Mitwirkung bei der Erstellung von Einsatzplänen
- Ermittlung von Kundenwünschen
- Kalkulation von Angeboten im Firmenkundenbereich
- Mitwirkung bei der Entwicklung neuer Dienstleistungsangebote
- Bearbeitung von Kundenreklamationen
- Maßnahmenunterstützung bei der Auftragsabwicklung

Ergänzend zu seiner praktischen Ausbildungszeit besuchte Herr Mohr die Berufsschule. Diese hat er mit der Note ausreichend abgeschlossen. Nach einer Einarbeitungszeit verfügte er über solide Grundkenntnisse. Wir konnten ihn so nach und nach in unsere Arbeitsabläufe einbinden. Unsere internen Schulungen besuchte er regelmäßig. Durch seine Auffassungsgabe konnte sich Herr Mohr häufig in neue Aufgabengebiete einarbeiten.

Erwähnenswert ist seine vorhandene Fähigkeit, richtige Lösungen zu finden. Herr Mohr war ein zumeist motivierter und einsatzbereiter Auszubildender. Auch bei hoher Belastung erreichte er zumeist die gestellten Ausbildungsziele. Wegen seiner im Großen und Ganzen umsichtigen und gewissenhaften Arbeitsweise wurde er von den meisten Abteilungen geschätzt.

Herr Mohr bewältigte seine Aufgabenbereiche im Wesentlichen zu unserer Zufriedenheit.

Sein Verhalten gegenüber Arbeitskollegen war kameradschaftlich und hilfsbereit, das Verhalten zu seinen Vorgesetzten und Ausbildern korrekt.

Herr Mohr verlässt uns mit dem Abschluss seiner Ausbildung. Da wir in diesem Jahr über Bedarf ausgebildet haben, können wir unsere Auszubildenden nicht in ein Arbeitsverhältnis übernehmen. Wir danken ihm für seine Mitarbeit. Auf seinem weiteren Berufs- und Lebensweg wünschen wir ihm alles Gute und Erfolg.

München, [Austrittsdatum]

Petra Meyer
(Ausbildungsleiterin)

GUTACHTEN

Einleitung: In der Einleitung des Zeugnisses sind alle wichtigen Daten, also Name, Geburtsdatum, Geburtsort, Ausbildungszeitraum und Ausbildungsberuf enthalten.

Tätigkeitsbeschreibung: Die Tätigkeiten von Herrn Mohr sind detailliert dargestellt.

Fachwissen: Das Fachwissen von Herrn Mohr wird durch die Formulierung „solide Grundkenntnisse" nur mit ausreichend beschrieben. Die internen Schulungen besuchte er zwar, jedoch fehlt hier der Hinweis auf „erfolgreiche" oder „engagierte" bzw. „motivierte" Beteiligung.

Leistungsbeurteilung: Herrn Mohr wird nur eine „ausreichende" Leistung bescheinigt. Das lässt sich insbesondere auch im Kernsatz: „Herr Mohr bewältigte seine Aufgabenbereiche im Wesentlichen zu unserer Zufriedenheit", ablesen. Die Zufriedenheit war demnach nicht in allen Bereichen erkennbar. Diese Beurteilung lässt sich auch bereits in den vorhergehenden Absätzen erkennen, wo er „von den meisten Abteilungen" (also nicht von allen) wegen seiner „im Großen und Ganzen umsichtigen und gewissenhaften Arbeitsweise" geschätzt wurde. Seine Leistung wird als ausreichend beurteilt.

Verhaltensbeurteilung: In der Verhaltensbeurteilung werden die Arbeitskollegen als Erstes benannt, für eine bessere Bewertung müssten zuerst die Vorgesetzten erwähnt werden. Diese Reihenfolge lässt Rückschlüsse auf ein nicht immer störungsfreies Verhältnis zwischen Arbeitgeber und Auszubildendem zu. Das Verhalten von Herrn Mohr wird daher mit ausreichend bewertet.

Schlussformel: Hier dankt das Unternehmen Herrn Mohr für seine Mitarbeit, aber es bedauert nicht sein Ausscheiden. Der Ausscheidungsgrund ist benannt. Im Wunsch für das weitere Leben fehlt der Hinweis „weiterhin". Die Schlussformel bewertet ihn mit ausreichend.

Fazit: Herr Mohr wird mit ausreichend bewertet.

12 Kaufmann für Tourismus und Freizeit

Ausbildungszeugnis

Herr Jörn Hoffmann, geboren am [Geburtsdatum] in Lörrach, wurde während der Zeit vom [Eintrittsdatum] bis zum [Austrittsdatum] in unserem Freizeitpark zum Kaufmann für Touristik und Freizeit ausgebildet.

Die Ausbildung erfolgte nach den Richtlinien des Berufsbildungsgesetzes (BbiG) und der Industrie- und Handelskammer (IHK).

Während seiner Ausbildung haben wir Herrn Hoffmann in die nachstehenden Arbeitsgebiete eingeführt:

- Entwicklung, Vermittlung und Verkauf unserer Angebote und Dienstleistungen
- Koordination der Pressearbeit mit lokalen, regionalen und überregionalen Anbietern
- Ausarbeitung zielgruppenspezifischer Angebote unserer Attraktionen, insbesondere auch für unsere ausländischen Besucher
- Beratung und Betreuung unserer Besucher bezüglich der Angebote für die jeweiligen Besuchsgruppen
- Entwicklung und Ausarbeitung von Angeboten im Servicebereich
- Mitwirkung bei der Entwicklung neuer Attraktionen
- Mitwirkung bei der Entwicklung, Umsetzung und Steuerung von Marketingmaßnahmen
- Einführung in die kaufmännische Steuerung und das Controlling
- Einführung in SAP ECC
- Mitwirkung bei der Entwicklung von Standards im Informations- und Kommunikationstechnologiebereich, insbesondere auch in der Pflege der Homepage
- Mitwirkung bei der Überwachung und Sicherstellung der Funktionsfähigkeit unserer technischen Anlagen und Einrichtungen

Berufsbegleitend besuchte Herr Hoffmann während seiner Ausbildung das Berufskolleg mit Fachausrichtung Kaufleute und schloss vor der Industrie- und Handelskammer mit dem Ergebnis gut ab.

Während seiner Ausbildung hat sich Herr Hoffmann in unserem Unternehmen ein breites und fundiertes Fachwissen angeeignet, das er in seiner täglichen Arbeit konsequent und zielgerichtet eingesetzt hat. Besonders hervorzuheben sind sein gut ausgebildetes technisches Verständnis und seine jederzeit große Bereitschaft, sich in die kaufmännischen und wirtschaftlichen Belange des Unternehmens einzuarbeiten.

Herr Hoffmann hat sich dank seiner hohen Eigenmotivation und seiner schnellen Auffassungsgabe in alle Aufgabenbereiche in kurzer Zeit eingearbeitet und konstruktive Ideen zur Verbesserung von Arbeitsabläufen beigetragen. Er drückte sich jederzeit klar aus, war kommunikationsstark und immer in der Lage, auch vor großen Gruppen sicher aufzutreten. Im multikulturellen Umfeld unseres Unternehmens fand er sich gut zurecht. Besonders seine verhandlungssicheren Englischkenntnisse waren ihm dabei eine wertvolle Hilfe.

Herr Hoffmann hat die ihm übertragenen Aufgaben stets zu unserer vollen Zufriedenheit ausgeführt.

Gegenüber Vorgesetzten, Mitarbeitern und Geschäftspartnern war sein Verhalten immer einwandfrei.

Wegen seiner bisherigen guten Leistungen übernehmen wir Herrn Hoffmann in ein unbefristetes Arbeitsverhältnis. Wir danken ihm an dieser Stelle für seine gute Mitarbeit und freuen uns auf ein weiteres konstruktives Arbeitsverhältnis.

Karlsruhe, [Ausstellungsdatum]

Bettina Rösch
Leiterin Ausbildung und Personal

GUTACHTEN

Einleitung: Sie ist in Ordnung, sie enthält alle wesentlichen Elemente.

Tätigkeitsbeschreibung: Herrn Hoffmanns Tätigkeiten werden im Zeugnis ausreichend detailliert beschrieben, sodass sich jeder mögliche Arbeitgeber ein Bild von seinen Kompetenzen und Fähigkeiten machen kann.

Fachwissen: Es („breites und fundiertes Fachwissen") wird mit gut bewertet.

Leistungsbeurteilung: Sie liegt laut Kernsatz: „Herr Hoffmann hat die ihm übertragenen Aufgaben stets zu unserer vollen Zufriedenheit ausgeführt", und den drei Absätzen davor bei gut.

Verhaltensbeurteilung: Sie liegt laut Kernsatz: „Gegenüber Vorgesetzten, Mitarbeitern und Geschäftspartnern war sein Verhalten stets einwandfrei", bei gut.

Schlussformel: Sie ist in Ordnung, damit wird die Gesamtnote des Zeugnisses bestätigt.

Fazit: Herr Hoffmann wird mit gut bewertet.

13 Sport- und Fitnesskaufmann

(Dieses Zeugnis finden Sie auch in Kapitel 6 in der englischen Adaption.)

Ausbildungszeugnis

Herr Peter Kowalski, geboren am [Geburtsdatum] in Stuttgart, wurde vom [Eintrittsdatum] bis zum [Austrittsdatum] in unserem Fitnessstudio zum Sport- und Fitnesskaufmann ausgebildet.

Bei unserem Unternehmen handelt es sich um ein modernes und gesundheitsorientiertes Fitnessstudio, dem ein Wellnessbereich mit Physiotherapie angeschlossen ist. Die Kraft- und Ausdauergeräte sind alle miteinander vernetzt, daher ist eine computergestützte Trainingsplanung möglich. Bei den Kunden handelt es sich um Personen aller Altersklassen, wobei ältere und kranke Menschen einen hohen Anteil darstellen.

Während seiner Ausbildung haben wir Herrn Kowalski in die nachstehenden Arbeitsgebiete eingeführt:

- Leitung der Promotionsabteilung
- Durchführung und Organisation von Promotionsveranstaltungen
- Verantwortung des Bereiches Personalrekrutierung
- Einarbeitung neuer Mitarbeiter
- Erstellung von Dienstplänen
- Warenverwaltung -und Einkauf
- Neukundenakquise
- Verkaufsgespräche
- Vertragsabschlüsse
- EDV-gestützte Mitgliederverwaltung
- Verwaltung von Verträgen
- Kundenbetreuung und Beratung
- Mitarbeit im Servicebereich

Herr Kowalski schließt seine Ausbildung mit dem Erwerb von umfassenden und vielseitigen Fachkenntnissen — auch in Nebenbereichen — ab. Sein Wissen setzte er immer erfolgreich im Unternehmen ein. Er war sehr motiviert, verantwortungsbewusst und verfügte über eine in jeder Hinsicht sehr gute Arbeitsbefähigung. Er führte seine Aufgaben jederzeit — auch bei Hochbetrieb — sehr zügig aus, dabei ist seine hohe Zuverlässigkeit hervorzuheben. Herr Kowalski plante seine Arbeit sorgfältig und garantierte eine kundenorientierte Umsetzung. Er entwickelte sehr viel Eigeninitiative und überzeugte durch seine große Einsatzbereitschaft.

Seine Kollegen motivierte Herr Kowalski in vorbildlicher Weise und führte sie zu sehr guten Ergebnissen. Er war als Teamleiter rund um die Promotionsabteilung allseits anerkannt. Aufgrund seines professionellen Kommunikationsvermögens verstand er es, seine Kenntnisse im Team so einzubringen, dass er immer zielsichere Lösungen gefunden hat. Auch durch seine freundliche Art und sein kundenorientiertes Denken und Handeln überzeugte er einerseits unsere Stammkunden, erreichte aber ebenso im Neukundengeschäft eine hohe Kundenbindung und Kundenzufriedenheit.

Er hat die ihm übertragenen Aufgaben jederzeit zu unserer vollsten Zufriedenheit erfüllt.

Herrn Kowalskis Auftreten war geprägt von Kooperativität und Höflichkeit. Er förderte aktiv die Zusammenarbeit im Team, übte und akzeptierte sachliche Kritik, war stets hilfsbereit und stellte, wenn erforderlich, persönliche Interessen zurück. Sein persönliches Verhalten gegenüber Vorgesetzten, Kollegen und Kunden war immer vorbildlich.

Wegen seiner bisherigen sehr guten Leistungen übernehmen wir Herrn Kowalski in ein unbefristetes Arbeitsverhältnis. Wir danken ihm an dieser Stelle für seine ausgezeichnete Mitarbeit und freuen uns auf ein weitere erfolgreiche Zusammenarbeit.

Duisburg, [Ausstellungsdatum]

Edgar Schmiel
Leiter Ausbildung und Personal

GUTACHTEN

Einleitung: Sie ist in Ordnung, sie enthält alle wesentlichen Elemente.

Tätigkeitsbeschreibung: Herrn Kowalskis Tätigkeiten werden im Zeugnis ausreichend detailliert beschrieben, sodass sich jeder mögliche Arbeitgeber ein Bild von seinen Kompetenzen und Fähigkeiten machen kann.

Fachwissen: Es („umfassenden und vielseitigen Fachkenntnissen — auch in Nebenbereichen ... Sein Wissen setzte er immer erfolgreich im Unternehmen ein") wird mit sehr gut bewertet.

Leistungsbeurteilung: Sie liegt laut Kernsatz: „Er hat die ihm übertragenen Aufgaben jederzeit zu unserer vollsten Zufriedenheit erfüllt ", und den zwei Absätzen davor bei sehr gut.

Verhaltensbeurteilung: Sie liegt laut Kernsatz („Sein persönliches Verhalten gegenüber Vorgesetzten, Kollegen und Kunden war immer vorbildlich") und den beiden Sätzen zuvor bei sehr gut.

Schlussformel: Sie ist in Ordnung, damit wird die Gesamtnote des Zeugnisses bestätigt.

Fazit: Herr Kowalski wird mit sehr gut bewertet.

14 Veranstaltungskauffrau

Ausbildungszeugnis

Frau Hulda Müller, geb. am [Geburtsdatum] in Sindelfingen, hat in unserem Unternehmen vom [Eintrittsdatum] bis zum [Austrittsdatum] eine Berufsausbildung zur Veranstaltungskauffrau absolviert.

Zum Aufgabenbereich der Frau Müller gehörten folgende Tätigkeiten:

- Entwicklung von zielgruppengerechten Konzepten für Kulturveranstaltungen
- Marketingkonzepte erarbeiten
- Ablauf- und Regiepläne erstellen
- Veranstaltungsrisiken kalkulieren und bewerten
- Veranstaltungstechnische Anforderungen und Gegebenheiten bewerten
- Veranstaltungsrechtliche Vorschriften beachten
- Konzepte und Ergebnisse präsentieren
- Betreuung von Künstlern und Produzenten
- Organisationsabläufe und Verwaltungsprozesse koordinieren
- Kosten- und Erlösplan unter Anleitung erstellen
- kaufmännische Geschäftsvorgänge führen
- personalwirtschaftliche Vorgänge bearbeiten

Begleitend besuchte Frau Müller die Fachklasse der Berufsschule. Wir beglückwünschen sie zu ihrem Ausbildungsabschluss mit der Endnote befriedigend. Nach einer kurzen Einarbeitszeit verfügte sie über solide Fachkenntnisse.

Durch ihr Analysevermögen, ihre schnelle Auffassungsgabe und ihr Umsetzungsvermögen fand Frau Müller stets befriedigende Lösungen. Sie war eine motivierte und einsatzbereite Auszubildende. Auch bei sehr hohem Arbeitsanfall bewältigte sie alle wesentlichen Aufgaben termingerecht und einwandfrei. Ihre Arbeitsaufträge erledigte sie zügig, sorgfältig und konzentriert.

Frau Müller bewältigte ihre Aufgabenbereiche stets zu unserer Zufriedenheit.

Ihr persönliches Verhalten war einwandfrei.

Ausbildungszeugnisse

Frau Müller verlässt uns mit dem Abschluss ihrer Ausbildung. Leider können wir sie aus wirtschaftlichen Gründen nicht übernehmen. Für die gute Mitarbeit danken wir Frau Müller und wünschen ihr beruflich und privat alles Gute.

Köln, [Austrittsdatum]

_____

Joachim Müller
(Geschäftsführer)

GUTACHTEN

Einleitung: Die Einleitung des Zeugnisses ist in Ordnung, weil alle wesentlichen Informationen, also Vor- und Zuname, Geburtsdatum und -ort, Ausbildungszeitraum und Ausbildungsberuf genannt werden.

Tätigkeitsbeschreibung: Frau Müllers Tätigkeiten werden im Zeugnis angemessen detailliert beschrieben, sodass sich jeder mögliche Arbeitgeber ein Bild von ihren Kompetenzen und Fähigkeiten machen kann.

Fachwissen: Das Fachwissen wird laut der zentralen Aussage „solide Fachkenntnisse" mit befriedigend bewertet.

Leistungsbeurteilung: Die Note liegt laut dem abschließenden Satz zur Leistungsbeurteilung: „Frau Müller bewältigte ihre Aufgabenbereiche stets zu unserer Zufriedenheit", und den beiden Absätzen davor bei befriedigend. Im Kernsatz fehlt vor dem Wort „Zufriedenheit" das Wort „vollen". Mit dem Mittel des beredten Schweigens wird hierdurch zum Ausdruck gebracht, dass die attestierte „Zufriedenheit" nicht gut war und deshalb nur befriedigende Leistungen bescheinigt werden sollen.

Verhaltensbeurteilung: Die Note liegt laut Kernsatz: „Ihr persönliches Verhalten war einwandfrei", bei befriedigend. Für eine gute Bewertung fehlt hier das Wort „stets". Über das Verhältnis zu Vorgesetzen und Mitarbeitern wird keine Aussage getroffen, was darauf hindeuten kann, dass das Verhältnis nicht ausnahmslos gut war.

Schlussformel: Sie bewertet Frau Müller mit befriedigend. Für die Note gut müsste noch im letzten Satz das Wort „weiterhin" eingefügt werden.

Fazit: Frau Müller wird mit befriedigend bewertet.

15 Versicherungsfachfrau

Ausbildungszeugnis

Frau Nadine Berger, geboren am [Geburtsdatum] in Düren, hat in unserem Unternehmen vom [Eintrittsdatum] bis zum [Austrittsdatum] eine Berufsausbildung zur Versicherungskauffrau absolviert.

Sie hat während ihrer Ausbildung mehrere Abteilungen unseres Unternehmens durchlaufen. In der Zeit vom [Datum] bis zum [Datum] gehörte sie der Abteilung Allgemeine Verwaltung an. Hier war sie in folgenden Bereichen beschäftigt:

- Personalwirtschaft und Berufsbildung
- Arbeitsorganisation in den Sparten
- Datenschutz und Datensicherheit

Anschließend war Frau Berger in der Zeit vom [Datum] bis zum [Datum] der Abteilung Versicherungsmärkte und Marketing zugeordnet. Hier war sie vor allem mit folgenden Aufgaben betraut:

- Vertrieb und Marketing
- Kundenorientierte Kommunikation
- Produktgestaltung

Vom [Datum] bis zum [Datum] hat Frau Berger in der Abteilung Produkterstellung und Leistungsbearbeitung gearbeitet. Auch hier übernahm sie vielfältige Tätigkeiten:

- Bearbeitung von Anträgen im Privatkundenbereich
- Vertragsbearbeitung, Schadenbearbeitung, Abwicklung von Schäden im Privatkundenbereich
- Mitwirkung bei der Prüfung von Leistungsfällen und Ermittlung der Schadenhöhe

Ausbildungszeugnisse

Abschließend wurde sie vom [Datum] bis zum [Datum] in der Abteilung Vertrieb eingesetzt. Hier konnte sie aufgrund ihrer erworbenen Kenntnisse folgende Aufgaben selbstständig übernehmen:

- Analyse, Beratung und Betreuung im Bestandskundenbereich
- Durchführung von Risikoprüfungen bei der Antragsannahme
- Neukundengewinnung unter Berücksichtigung der rechtlichen Rahmenbedingungen

In Ergänzung zu ihrer betrieblichen Ausbildung hat sie erfolgreich die Berufsschule besucht und mit der Endnote gut abgeschlossen. Frau Berger hat während ihrer Ausbildungszeit umfassende und vielfältige Fachkenntnisse erworben, welche sie stets mit sehr gutem Erfolg in den weiteren Ausbildungsprozess und ihre tägliche Arbeit einbringen konnte.

Durch ihre hervorragende logische Vorgehensweise und Urteilsfähigkeit fand sie immer ausgezeichnete Lösungen. Frau Berger war eine äußerst engagierte Auszubildende, die besonders durch ihre außergewöhnliche Leistungsbereitschaft überzeugen konnte. Trotz der vielen anfallenden Aufgaben und der zusätzlichen Belastung in der Berufsschule war sie jederzeit eine sehr gute Unterstützung für unsere Mitarbeiter.

Wegen ihrer außerordentlich umsichtigen, verantwortungsbewussten und zielstrebigen Arbeitsweise wurde sie von allen Abteilungen sehr geschätzt.

Die Ausbildungsleistungen von Frau Berger haben unseren hohen Erwartungen stets und in allerbester Weise entsprochen.

Sie wurde von Vorgesetzten, Ausbildern, Kollegen und Kunden immer als überaus freundliche und hilfsbereite Mitarbeiterin geschätzt.

Frau Berger wird nach ihrer Ausbildung in ein Arbeitsverhältnis übernommen, ihrem Wunsch entsprechend wird sie in der Abteilung Haftpflicht Privatkunden eingesetzt. Wir danken ihr für ihre stets sehr guten Leistungen. Für ihre weitere Laufbahn in unserem Hause wünschen wir ihr beruflich weiterhin viel Erfolg und privat alles Gute.

Köln, [Austrittsdatum]

_____

Axel Hase
(Ausbildungsleiter)

GUTACHTEN

Einleitung: Die Einleitung des Zeugnisses ist in Ordnung, weil alle wesentlichen Informationen, also Vor- und Zuname, Geburtsdatum und -ort, Ausbildungszeitraum und Ausbildungsberuf enthalten sind.

Tätigkeitsbeschreibung: Frau Berger hat in ihrer Ausbildung verschiedene Abteilungen und Sparten eines Versicherungsunternehmens durchlaufen, in denen sie sich mit sehr unterschiedlichen Bereichen dieses Berufes vertraut machen konnte. Aus dieser Beschreibung kann jeder zukünftige Arbeitgeber einen sehr guten Eindruck gewinnen über die Aufgaben, mit denen sie vertraut war.

Fachwissen: Die Fachkenntnisse von Frau Berger werden mit „umfassend" und „vielfältig" beschrieben. Zudem konnte sie diese „stets mit sehr gutem Erfolg" einbringen, sodass ihr Fachwissen mit sehr gut zu bewerten ist.

Leistungsbeurteilung: Frau Bergers Leistungen werden durch den Kernsatz: „... haben unseren hohen Erwartungen stets und in der allerbesten Weise entsprochen", und den Kontext mit sehr gut beurteilt.

Verhaltensbeurteilung: Im Kernsatz ist die richtige Reihenfolge (Vorgesetzte, Ausbilder, Kollegen und Kunden) eingehalten, von denen sie „immer als überaus freundliche und hilfsbereite Mitarbeiterin geschätzt" wurde. Das Verhalten von Frau Berger wird mit sehr gut bewertet.

Schlussformel: Sie enthält mit dem Dank für ihre „stets sehr guten Leistungen" und dem Wunsch nach „beruflich weiterhin viel Erfolg" alle Elemente, die in einer sehr guten Schlussformel stehen.

Fazit: Frau Berger wird mit sehr gut bewertet.

5.2 Medienberufe

16 Fachangestellte für Medien

Ausbildungszeugnis

Frau Silke Schneider, geboren am [Geburtsdatum] in Stuttgart, begann am [Eintrittsdatum] in unserem Unternehmen eine Ausbildung zur Fachangestellten für Medien.

Sie hat während ihrer Ausbildung einen Überblick über alle Arbeiten erhalten, die in unserem Unternehmen anfallen. Insbesondere war Frau Schneider mit folgenden Tätigkeiten betraut:

- Medien, Informationen und Daten beschaffen
- Erfassen und Erschließen von unternehmensspezifischen Softwarepaketen
- in Datenbanken und Netzen recherchieren
- strukturierte Erfassung von Mediendaten
- Kunden informieren, beraten und betreuen
- Mitwirkung bei der Öffentlichkeitsarbeit und im Marketing
- Verkauf von Medienprodukten

In Ergänzung zu ihrer betrieblichen Ausbildung hat Frau Schneider erfolgreich die Berufsschule besucht und mit der Endnote sehr gut abgeschlossen. Sie hat sich während der Ausbildung alle Fachkenntnisse und Fertigkeiten ihres Ausbildungsberufs mit gutem Erfolg angeeignet. Stets nutzte sie erfolgreich alle Möglichkeiten, sich auch neben der Berufsschule beruflich weiterzubilden. Durch ihre gute Auffassungsgabe konnte sich Frau Schneider jederzeit schnell in neue Aufgabengebiete einarbeiten.

Frau Schneider war immer eine sehr motivierte und einsatzbereite Auszubildende. Auch bei sehr hohem Arbeitsanfall bewältigte sie alle Aufgaben immer termingerecht und einwandfrei. Sie war eine sehr ergebnisorientiert arbeitende Mitarbeiterin, die ihre Aufgaben mit größter Sorgfalt und Genauigkeit erfüllte.

Die Ausbildungsleistungen von Frau Schneider haben unseren hohen Erwartungen stets und in bester Weise entsprochen.

Ihr persönliches Verhalten gegenüber Vorgesetzten, Ausbildern, Mitarbeitern und Kunden war zu jeder Zeit einwandfrei. Ihren Mitauszubildenden gegenüber verhielt sie sich immer kameradschaftlich und hilfsbereit.

Frau Schneider verlässt uns mit dem Abschluss ihrer Ausbildung. Da wir in diesem Jahr über Bedarf ausgebildet haben, können wir unsere Auszubildenden leider nicht in ein Arbeitsverhältnis übernehmen. Wir bedanken uns für ihr großes Engagement und die erfolgreiche Zusammenarbeit und wünschen ihr für ihre berufliche und private Zukunft alles Gute und weiterhin viel Erfolg.

Köln, [Austrittsdatum]

Andrea Schmitkowski
(Geschäftsführerin)

GUTACHTEN

Einleitung: Die Einleitung des Zeugnisses ist in Ordnung, weil alle wesentlichen Informationen, also Vor- und Zuname, Geburtsdatum und -ort, Einstellungsdatum und Ausbildungsberuf, genannt werden.

Tätigkeitsbeschreibung: Frau Schneiders Tätigkeiten werden im Zeugnis angemessen detailliert beschrieben, sodass sich jeder mögliche Arbeitgeber ein Bild von ihren Kompetenzen und Fähigkeiten machen kann.

Fachwissen: Das Fachwissen wird laut der zentralen Aussage „alle Fachkenntnisse und Fertigkeiten ihres Ausbildungsberufs mit gutem Erfolg angeeignet", mit gut bewertet. Positiv ist zudem der Hinweis, dass sich Frau Schneider neben der Berufsschule weitergebildet hat.

Leistungsbeurteilung: Die Benotung liegt laut dem abschließenden Satz zur Leistungsbeurteilung: „Die Ausbildungsleistungen von Frau Schneider haben unseren hohen Erwartungen stets und in bester Weise entsprochen", und den beiden Absätzen davor bei gut.

Verhaltensbeurteilung: Die Note liegt laut dem Kernsatz: „Ihr persönliches Verhalten gegenüber Vorgesetzten, Ausbildern, Mitarbeitern und Kunden war zu jeder Zeit einwandfrei", und dem folgenden Satz bei gut.

Schlussformel: Sie ist in Ordnung, sie bewertet Frau Schneider mit gut.

Fazit: Die Gesamtnote des Zeugnisses liegt bei gut.

17   Fotomedienfachfrau

Ausbildungszeugnis

Frau Petra Meyer, geboren am [Geburtsdatum] in Leipzig, ist vom [Eintrittsdatum] bis zum [Austrittsdatum] entsprechend dem Berufsbild und der Ausbildungsordnung zur Fotomedienfachfrau ausgebildet worden.

Zum Aufgabenbereich von Frau Meyer gehörten folgende Tätigkeiten:

- Marktanalyse
- Verkauf von Medienprodukten
- Präsentation des Sortiments
- Kundenberatung
- Bildergestaltung in Bezug auf die Kundenwünsche und der Aufnahmetechnik
- Bildbearbeitung mit Photoshop CS6
- kaufmännische Steuerung
- Qualitätssicherung

In Ergänzung zu ihrer betrieblichen Ausbildung hat Frau Meyer erfolgreich die Berufsschule besucht und mit der Endnote befriedigend abgeschlossen. Sie hat sich während der Ausbildung alle Fachkenntnisse und Fertigkeiten ihres Ausbildungsberufs mit gutem Erfolg angeeignet. Durch ihre gute Auffassungsgabe konnte sie sich jederzeit schnell in neue Aufgabengebiete einarbeiten.

Frau Meyer zeigte bei ihrer Berufsausbildung großes Engagement und Eigeninitiative. Auch bei sehr hohem Arbeitsanfall bewältigte sie alle Aufgaben immer termingerecht und einwandfrei. Alle ihr übertragenen Arbeiten hat sie mit zunehmender Selbstständigkeit stets gut erledigt. Sie war eine äußerst zuverlässige Auszubildende und genoss unser volles Vertrauen.

Mit den Ausbildungsleistungen von Frau Meyer waren wir immer voll zufrieden.

Ihr persönliches Verhalten gegenüber Vorgesetzten, Ausbildern, Mitarbeitern und Kunden war zu jeder Zeit einwandfrei. Ihren Mitauszubildenden gegenüber verhielt sie sich immer kameradschaftlich und hilfsbereit.

Frau Meyer verlässt uns mit dem Abschluss ihrer Ausbildung. Da wir in diesem Jahr über Bedarf ausgebildet haben, können wir unsere Auszubildenden leider nicht in ein Arbeitsverhältnis übernehmen. Wir bedanken uns für ihr großes Engagement und die erfolgreiche Zusammenarbeit und wünschen ihr für ihre berufliche und private Zukunft alles Gute und weiterhin viel Erfolg.

Köln, [Austrittsdatum]

Johanna Schneider
(Geschäftsführerin)

GUTACHTEN

Einleitung: Die Einleitung des Zeugnisses ist in Ordnung, weil alle wesentlichen Informationen, also Vor- und Zuname, Geburtsdatum und -ort, Ausbildungszeitraum und Ausbildungsberuf, genannt werden.

Tätigkeitsbeschreibung: Frau Meyers Tätigkeiten werden im Zeugnis angemessen detailliert beschrieben, sodass sich jeder mögliche Arbeitgeber ein Bild von ihren Kompetenzen und Fähigkeiten machen kann.

Fachwissen: Das Fachwissen wird laut der zentralen Formulierung „alle Fachkenntnisse und Fertigkeiten ihres Ausbildungsberufs mit gutem Erfolg angeeignet", mit gut bewertet.

Leistungsbeurteilung: Die Benotung liegt laut dem abschließenden Satz zur Leistungsbeurteilung: „Mit den Ausbildungsleistungen von Frau Meyer waren wir immer voll zufrieden", und den beiden Absätzen davor bei gut.

Verhaltensbeurteilung: Die Note liegt laut dem Kernsatz: „Ihr persönliches Verhalten gegenüber Vorgesetzten, Ausbildern, Mitarbeitern und Kunden war zu jeder Zeit einwandfrei", und dem folgenden Satz bei gut.

Schlussformel: Sie ist in Ordnung, weil alle wesentlichen Bestandteile für eine gute Bewertung genannt werden: Grund des Ausscheidens — Bedauern darüber — Dank für die geleistete Arbeit — Zukunftswünsche. Die Schlussformel bestätigt die Gesamtnote des Zeugnisses.

Fazit: Frau Meyer wird mit gut bewertet.

18 Mediengestalter Bild und Ton

Ausbildungszeugnis

Herr Bernd Schiller, geb. am [Geburtsdatum] in Norderstedt, hat in unserem Unternehmen vom [Eintrittsdatum] bis zum [Austrittsdatum] eine Berufsausbildung zum Mediengestalter Bild und Ton absolviert.

Zum Aufgabenbereich des Herrn Schiller gehörten folgende Tätigkeiten:

- Herstellung von Bild- und Tonaufnahmen nach redaktionellen und gestalterischen Gesichtspunkten
- Anwendung der Grundlagen der professionellen Video- und Audiotechnik
- Vorbereitung, Einrichtung und Prüfung von technischen Geräten und Anlagen
- Zusammenschaltung und Bedienung von Übertragungs- und Kommunikationseinrichtungen
- Wiedergabe und Sendung von Produktionen
- Planung von komplexen Arbeitsabläufen bei Produktionen
- Abstimmung des Produktionsablaufs unter Beachtung inhaltlicher, gestalterischer und wirtschaftlicher Aspekte

Ergänzend zu seiner praktischen Ausbildungszeit besuchte Herr Schiller die Berufsschule. Diese hat er mit der Note sehr gut abgeschlossen. Bereits nach kürzester Zeit verfügte er über sehr gute Fachkenntnisse. Wir konnten ihn so sehr schnell und effektiv in unsere Arbeitsabläufe einbinden. Durch seine ausgezeichnete Auffassungsgabe konnte sich Herr Schiller jederzeit schnell in neue Aufgabengebiete einarbeiten.

Durch seine sehr gute logische Vorgehensweise und Urteilsfähigkeit fand er immer ausgezeichnete Lösungen. Herr Schiller zeigte bei seiner Berufsausbildung jederzeit außergewöhnlich großes Engagement und Eigeninitiative. Auch bei höchster Belastung erreichte er jederzeit die gestellten Ausbildungsziele. Seine Arbeitsaufträge erledigte er in allen Belangen äußerst zügig, sorgfältig und mit höchster Konzentration.

Die Ausbildungsleistungen von Herrn Schiller haben unseren hohen Erwartungen stets und in allerbester Weise entsprochen.

Sein persönliches Verhalten gegenüber Vorgesetzten, Ausbildern und Mitarbeitern war zu jeder Zeit und in jeder Hinsicht vorbildlich. Seinen Mitauszubildenden gegenüber verhielt er sich stets kameradschaftlich und hilfsbereit.

Herr Schiller verlässt uns mit dem Abschluss seiner Ausbildung auf eigenen Wunsch. Wir hätten ihn sehr gern als Mitarbeiter übernommen. Wir bedanken uns für sein außerordentliches Engagement und die erfolgreiche Zusammenarbeit und wünschen ihm für seine berufliche und private Zukunft alles Gute und weiterhin sehr viel Erfolg.

Hamburg, [Austrittsdatum]

Anna Wirtz
(Geschäftsführerin)

GUTACHTEN

Einleitung: In der Einleitung werden alle relevanten Daten, also Vor- und Zuname, Geburtsdatum und Geburtsort, Ausbildungszeitraum und Beruf genannt.

Tätigkeitsbeschreibung: Herrn Schillers Tätigkeiten sind angemessen dokumentiert.

Fachwissen: Die Fachkenntnisse von Herrn Schiller werden bereits „nach kürzester Zeit" als „sehr gut" beschrieben, sodass das Unternehmen ihn „sehr schnell und effektiv" einsetzen konnte. Dies ist umso bedeutsamer, als das Berufsbild durch ständige technische Innovationen einem extrem schnelllebigen Wandel unterworfen ist.

Leistungsbeurteilung: Herr Schiller erreichte „selbst bei höchster Belastung jederzeit die gestellten Ausbildungsziele". Seine Arbeitsweise wird als „in allen Belangen äußerst zügig, sorgfältig und mit höchster Konzentration" dargestellt. Zusammen mit dem Kernsatz: „Die Ausbildungsleistungen von Herrn Schiller haben unseren hohen Erwartungen stets und in allerbester Weise entsprochen", werden seine Leistungen als sehr gut beurteilt.

Verhaltensbeurteilung: Auch sein Verhalten erfährt eine sehr gute Beurteilung durch die Formulierung im Kernsatz „zu jeder Zeit und in jeder Hinsicht vorbildlich".

Schlussformel: Herr Schiller verlässt das Unternehmen „auf eigenen Wunsch", obwohl dieses ihn „sehr gern als Mitarbeiter übernommen" hätte. Das Unternehmen bedankt sich für das „außerordentliche Engagement" und wünscht „weiterhin sehr viel Erfolg". Diese Formulierungen in der Schlussformel stehen so nur unter sehr guten Zeugnissen.

Fazit: Herr Schiller wird mit sehr gut bewertet.

19 Mediengestalterin Digital und Print

Ausbildungszeugnis

Frau Tina Mai, geb. am [Geburtsdatum] in Siegen, hat in unserem Unternehmen vom [Eintrittsdatum] bis zum [Austrittsdatum] eine Berufsausbildung zur Mediengestalterin Digital und Print mit dem Schwerpunkt Beratung und Planung absolviert.

Zum Aufgabenbereich der Frau Mai gehörten folgende Tätigkeiten:

- Medienmärkte und deren Kontext produktspezifisch analysieren
- branchenspezifische Rahmenbedingungen in die Arbeit einbeziehen
- Mitwirkung an der Programm- und Produktplanung
- Mitarbeit und Umsetzung von Marketingkonzepten
- Kunden über Dienstleistungen und Medienprodukte beraten
- Verkauf von Digital- und Printprodukten
- Mitwirkung bei der Gestaltung und Herstellung von Softwareprodukten
- Berechnung von Vertriebs- und Produktionskosten
- betriebliche Controllinginstrumente anwenden
- Presse- und urheberrechtliche Bestimmungen berücksichtigen
- Verkauf und Kauf von Rechten und Lizenzen
- Einkauf von Arbeits- und Produktionsmitteln sowie Dienstleistungen

Ergänzend zu ihrer praktischen Ausbildungszeit besuchte Frau Mai die Berufsschule. Diese hat sie mit der Note gut abgeschlossen. Sie hat während ihrer Ausbildungszeit umfassende und vielfältige Fachkenntnisse erworben, die sie stets mit gutem Erfolg in den weiteren Ausbildungsprozess und ihre tägliche Arbeit einbringen konnte. Durch ihre gute Auffassungsgabe konnte sie sich jederzeit schnell in neue Aufgabengebiete einarbeiten.

Frau Mai war eine sehr engagierte Auszubildende, die besonders durch ihre hervorragende Leistungsbereitschaft überzeugen konnte. Auch bei hoher Belastung erreichte sie jederzeit die gestellten Ausbildungsziele. Wegen ihrer sehr umsichtigen, verantwortungsbewussten und zielstrebigen Arbeitsweise wurde sie von allen Abteilungen geschätzt.

Frau Mai bewältigte ihre Aufgabenbereiche immer zu unserer vollen Zufriedenheit.

Ihr kollegiales Wesen sicherte ihr stets ein gutes Verhältnis zu Vorgesetzten, Ausbildern und Kollegen. Im Umgang mit Kunden war sie jederzeit freundlich und respektvoll.

Frau Mai verlässt uns mit dem Abschluss ihrer Ausbildung. Leider können wir sie aus wirtschaftlichen Gründen nicht übernehmen. Für ihre jederzeit gute Mitarbeit danken wir ihr und wünschen ihr weiterhin beruflich und privat alles Gute.

Köln, [Austrittsdatum]

Herbert Lechner
(Geschäftsführer)

Karsten Obermann
(Ausbildungsleiter)

GUTACHTEN

Einleitung: Die Einleitung des Zeugnisses ist in Ordnung, weil alle wesentlichen Informationen, also Vor- und Zuname, Geburtsdatum und -ort, Ausbildungszeitraum und Ausbildungsberuf, genannt werden.

Tätigkeitsbeschreibung: Frau Mais Tätigkeiten werden im Zeugnis angemessen detailliert beschrieben, sodass sich jeder mögliche Arbeitgeber ein Bild von ihren Kompetenzen und Fähigkeiten machen kann.

Fachwissen: Das Fachwissen wird laut der zentralen Formulierung „umfassende und vielfältige Fachkenntnisse" mit gut bewertet. Positiv ist der Hinweis, dass Frau Mai ihre Fachkenntnisse in der täglichen Arbeit erfolgreich eingebracht hat.

Leistungsbeurteilung: Die Benotung liegt laut dem abschließenden Satz zur Leistungsbeurteilung: „Frau Mai bewältigte ihre Aufgabenbereiche immer zu unserer vollen Zufriedenheit", und den beiden Absätzen davor bei gut.

Verhaltensbeurteilung: Die Note liegt laut dem Kernsatz: „Ihr kollegiales Wesen sicherte ihr stets ein gutes Verhältnis zu Vorgesetzten, Ausbildern und Kollegen", und dem folgenden Satz bei gut.

Schlussformel: Sie ist in Ordnung, weil alle wesentlichen Bestandteile für eine gute Bewertung genannt werden: Grund des Ausscheidens — Bedauern darüber — Dank für die geleistete Arbeit — Zukunftswünsche. Die Schlussformel bestätigt die Gesamtnote des Zeugnisses.

Fazit: Frau Mai wird mit gut bewertet.

20 Mediengestalterin

Ausbildungszeugnis

Frau Susanne Pohl, geboren am [Geburtsdatum] in Bielefeld, wurde in unserem Betrieb vom [Eintrittsdatum] bis zum [Austrittsdatum] als Mediengestalterin ausgebildet. Sie schloss diese Ausbildung vor der hiesigen Industrie- und Handelskammer mit der Gesamtnote sehr gut ab.

Frau Pohl wirkte an verschiedenen Aufgabenstellungen bereits von Beginn an mit:

- Erstellung von Layout und Satz mit den Programmen QuarkXPress und PageMaker
- Texterfassung und Konvertierung vorhandener Texte
- Scannen von Grafik- und Bildvorlagen sowie deren digitale Bearbeitung mit den Programmen Adobe Photoshop und Adobe Illustrator
- Erstellung eigener Internetseiten sowie Bewegtbilder und Töne mit den Programmen Macromedia Dreamweaver, Adobe GoLive und Flash
- Zusammenführung der Medienkomponenten Text, Bild und Ton
- Teamfähige Zusammenarbeit mit Fachleuten aus Design, Programmierung, Redaktion und Projektmanagement
- Ausführung kaufmännischer Auftragbearbeitungen
- Beschaffung von Unterlagen für die Erstellung von Angeboten
- Kalkulation von Preisen
- Mitwirkung bei der Kosten- und Leistungsrechnung für eine Medienproduktion
- Koordinierung von Fremdleistungen
- Mitwirkung im Projektmanagement (Erstellung von Arbeitsanweisungen, Dokumentation von Arbeitsabläufen und die Ermittlung von Materialkosten und des Zeitaufwandes)

Frau Pohl zeigte eine äußerst schnelle Auffassungsgabe und verfügte zum Ende der Ausbildung über ein ausgezeichnetes Fachwissen. Sie erledigte alle Arbeiten mit nicht nachlassendem Eifer und Fleiß. Auch überzeugte sie uns durch ihre hervorragende Sorgfalt und Genauigkeit. Sie arbeitete stets effizient, routiniert und zielstrebig. Sie dachte jederzeit mit, erledigte Arbeitsvorbereitungsmaßnahmen selbstständig und plante ihre Arbeitsschritte sehr gut. Ihre Ergebnisse waren auch bei wechselnden Anforderungen von ausgezeichneter Qualität.

Arbeitsmenge und -tempo lagen jederzeit sehr weit über unseren Erwartungen. Wir waren daher mit ihren Leistungen stets außerordentlich zufrieden.

Ihr Verhalten gegenüber Vorgesetzten, Kollegen und dritten Personen war stets vorbildlich.

Frau Pohl scheidet mit Beendigung des Ausbildungsverhältnisses aus unserem Unternehmen aus, wir bedauern es sehr, dass wir ihr keine Stelle in unserem Unternehmen anbieten können. Wir bedanken uns für ihre ausgezeichnete Mitarbeit und wünschen ihr für ihren weiteren Lebens- und Berufsweg weiterhin alles Gute.

Düsseldorf, [Ausstellungsdatum]

Marc von der Lohe
(Ausbildungsleiter)

GUTACHTEN

Einleitung: Der einleitende Absatz ist perfekt.

Tätigkeitsbeschreibung: Sie ist angemessen detailliert.

Fachwissen: Es („ausgezeichnetes Fachwissen") wird mit sehr gut bewertet.

Leistungsbeurteilung: Sie liegt laut Kernsatz: „Wir waren daher mit ihren Leistungen stets außerordentlich zufrieden", und dem Kontext bei sehr gut.

Verhaltensbeurteilung: Sie liegt laut dem Kernsatz: „Ihr Verhalten gegenüber Vorgesetzten, Kollegen und dritten Personen war stets vorbildlich", bei sehr gut.

Schlussformel: Sie ist in Ordnung, in dieser Form steht sie unter sehr guten Ausbildungszeugnissen.

Fazit: Frau Pohl wird mit sehr gut bewertet, mit diesem Zeugnis kann sie sich auf dem Arbeitsmarkt als ausgezeichnete Mitarbeiterin anbieten.

21 Medientechnologe Siebdruck

Ausbildungszeugnis

Herr Ansgar Grünbein, geboren am [Geburtsdatum] in Rom, hat seine Ausbildung zum Medientechnologe Siebdruck in unserem Unternehmen vom [Eintrittsdatum] bis zum [Austrittsdatum] absolviert.

Er war schwerpunktmäßig für folgende Aufgaben zuständig:

- Herstellung von unterschiedlichen Siebdruckprodukten: etwa rotativer oder technischer und keramischer Siebdruck, Bogensiebdruck, Rollensiebdruck sowie Glassiebdruck,
- Auftragsunterlagen prüfen und eine entsprechende Dokumentation anlegen
- Vorbereitung von Siebdruckprodukten: Vorlagen vorbereiten und digital oder fotomechanisch auf die Druckvorlagen projizieren
- Unterschiedliche Maschinen rund um die Siebdruck-Herstellung einrichten und bedienen, säubern und warten
- Siebdruckprodukte weiterverarbeiten, etwa an Stanzautomaten, Falz- und Schneidemaschinen
- Lacke und Effektfarben verarbeiten
- Veredelung von Siebdruckerzeugnissen
- Qualitätssicherung durchführen
- Kleinere Reparaturen rund um unsere Maschinen und Werkzeuge durchführen
- Kunden beraten

Herr Grünbein identifizierte sich stets in vorbildlicher Weise mit dem Unternehmen und mit seinen Aufgaben und hatte eine ausgezeichnete Arbeitsmotivation. Er entwickelte sehr viel Eigeninitiative und ausgeprägtes berufliches Engagement. In das weitgefächerte und komplexe Aufgabengebiet arbeitete sich Herr Grünbein in sehr kurzer Zeit erfolgreich ein, wobei ihm seine schnelle Auffassungsgabe und sein Organisationstalent sehr zustatten kamen. Im Laufe der Zeit eignete er sich ein sehr gutes Fachwissen an, das er immer zielsicher bei der Lösung seiner Aufgaben einsetzte. Dabei kamen ihm auch seine IT-Kenntnisse zugute, die kompetente Handhabung unserer komplexen IT-Software war für ihn selbstverständlich.

Herr Grünbein zeichnete sich durch einen effizienten Arbeitsstil aus. Er hatte einen sicheren Blick für das Wichtige und Wesentliche und arbeitete selbständig, methodisch und gründlich. Die Qualität seiner Arbeit erfüllte höchste Ansprüche.

Herr Grünbein zeigte sich zudem als absolut zuverlässiger, einsatzfreudiger, kommunikativer, sehr leistungsstarker und verantwortungsbewusster Mitarbeiter.

Die ihm übertragenen Aufgaben erfüllte er stets zu unserer vollsten Zufriedenheit.

Herrn Grünbeins Verhalten gegenüber Vorgesetzten, Kollegen, Mitarbeitern und Kunden war jederzeit vorbildlich. Er war ein höchst hilfsbereiter und kooperativer Ansprechpartner. Er förderte aktiv die Zusammenarbeit im Team, übte und akzeptierte sachliche Kritik, war hilfsbereit und stellte, falls erforderlich, auch persönliche Interessen zurück.

Herr Grünbein scheidet mit Beendigung des Ausbildungsverhältnisses aus unserem Unternehmen aus, wir bedauern es sehr, dass wir ihm keine Stelle in unserem Unternehmen anbieten können. Wir bedanken uns für seine sehr gute Mitarbeit und wünschen ihm für seinen weiteren Lebens- und Berufsweg alles Gute.

München, [Ausstellungsdatum]

Jürgen Müller
(Geschäftsführer)

GUTACHTEN

Einleitung: Sie ist in Ordnung.

Tätigkeitsbeschreibung: Sie ist ausreichend detailliert, durch sie entstehen Herrn Grünbein keine Karrierenachteile.

Fachwissen: Herrn Grünbeins Fachkenntnisse („sehr gutes Fachwissen") werden mit sehr gut bewertet.

Leistungsbeurteilung: Sie liegt laut dem Kernsatz: „Die ihm übertragenen Aufgaben erfüllte er stets zu unserer vollsten Zufriedenheit", und den beiden Absätzen davor bei sehr gut.

Verhaltensbeurteilung: Sie liegt laut dem Kernsatz: „Herrn Grünbeins Verhalten gegenüber Vorgesetzten, Kollegen, Mitarbeitern und Kunden war jederzeit vorbildlich", und dem Satz danach bei sehr gut.

Schlussformel: Sie ist in Ordnung, in dieser Form steht sie unter sehr guten Ausbildungszeugnissen.

Fazit: Herr Grünbein wird mit sehr gut bewertet.

22 Servicekraft für Dialogmarketing

Ausbildungszeugnis

Frau Inga Mai, geb. am [Geburtsdatum] in Halle, hat vom [Eintrittsdatum] bis zum [Austrittsdatum] in unserem Unternehmen den Beruf Servicekraft für Dialogmarketing mit Erfolg erlernt.

Sie hat während ihrer Ausbildung folgende Tätigkeiten übernommen:

- Kommunikation und Korrespondenz mit Auftraggebern und Kunden mit Anwendung unserer Informations- und Kommunikationssysteme
- Präsentation unserer Produkte und Dienstleistungen anhand des ermittelten Bedarfs im Privatkundensektor
- Einsatz der rhetorischen Mittel und Gesprächsführungstechniken
- Bearbeitung von Anfragen, Aufträgen und Reklamationen im Privatkundensektor
- Mitwirkung bei der Vorbereitung neuer Projekte und Dokumentation der Ergebnisse
- Nutzung, Pflege und Sicherung von Daten
- Nutzung spezifischer Kennzahlen und Steuerungsgrößen im Projektcontrolling unter Beachtung der Datenschutzgesetzgebung

In Ergänzung zu ihrer betrieblichen Ausbildung hat sie erfolgreich die Berufsschule besucht und mit der Endnote sehr gut abgeschlossen. Frau Mai hat sich während der Ausbildung alle Fachkenntnisse und Fertigkeiten ihres Ausbildungsberufs mit sehr gutem Erfolg angeeignet. Stets nutzte sie sehr erfolgreich alle Möglichkeiten, sich auch neben der Berufsschule beruflich weiterzubilden. Durch ihre sehr gute Auffassungsgabe konnte sich Frau Mai jederzeit schnell in neue Aufgabengebiete einarbeiten.

Frau Mai war eine äußerst engagierte Auszubildende, die durch ihre außergewöhnliche Leistungsbereitschaft überzeugen konnte. Trotz der vielen anfallenden Aufgaben und der zusätzlichen Belastung in der Berufsschule war sie jederzeit eine hervorragende Unterstützung für unser Unternehmen. Ihre Arbeitsaufträge erledigte sie in allen Belangen äußerst zügig, sorgfältig und mit höchster Konzentration.

Mit den Ausbildungsleistungen von Frau Mai waren wir stets außerordentlich zufrieden.

Ihr persönliches Verhalten gegenüber Vorgesetzten, Ausbildern und Mitarbeitern war zu jeder Zeit und in jeder Hinsicht vorbildlich. Ihren Mitauszubildenden gegenüber verhielt sie sich stets kameradschaftlich und hilfsbereit.

Frau Mai wird nach ihrer Ausbildung weiter in unserem Unternehmen arbeiten. Wir freuen uns auf die weitere Zusammenarbeit mit ihr. Für die sehr gute Mitarbeit danken wir ihr und wünschen ihr weiterhin beruflich und privat alles Gute.

Halle, [Austrittsdatum]

Helga Brunn
(Geschäftsführerin)

GUTACHTEN

Einleitung: Die Einleitung des Zeugnisses ist in Ordnung, alle wesentlichen Informationen, also Vor- und Zuname, Geburtsdatum und -ort, Ausbildungszeitraum und Ausbildungsberuf sind genannt.

Tätigkeitsbeschreibung: Die Tätigkeiten und der Ausbildungsstand von Frau Mai sind detailliert beschrieben, sodass sich hieraus ein gutes Bild ihrer beruflichen Kompetenzen ablesen lässt.

Fachwissen: Da Frau Mai sich ihre Fachkenntnisse „mit sehr gutem Erfolg angeeignet" und „sehr erfolgreich alle Möglichkeiten genutzt hat, sich neben der Berufsschule beruflich weiterzubilden", ist das Fachwissen mit sehr gut ausgewiesen.

Leistungsbeurteilung: Der Kernsatz: „Mit den Ausbildungsleistungen von Frau Mai waren wir stets außerordentlich zufrieden", beinhaltet die Worte „stets" sowie den Zusatz „außerordentlich". Ihre Leistungen werden daher mit „sehr gut" bewertet, dafür sprechen auch die vorhergehenden Absätze.

Verhaltensbeurteilung: Der Kernsatz: „Ihr persönliches Verhalten gegenüber Vorgesetzten, Ausbildern und Mitarbeitern war zu jeder Zeit und in jeder Hinsicht vorbildlich", und der folgende Satz bewerten das Verhalten mit sehr gut.

Schlussformel: Hier wird die Freude über die weitere Zusammenarbeit geäußert. Verbunden mit dem Dank für die „sehr gute Mitarbeit" rundet die Schlussformel das sehr gute Zeugnis ab.

Fazit: Frau Mai wird mit sehr gut bewertet.

5.3   Technischer Bereich

23   Anlagenmechaniker

Ausbildungszeugnis

Herr Kurt Braun, geboren am [Geburtsdatum] in Duisburg, hat vom [Eintrittsdatum] bis zum [Austrittsdatum] in unserem Unternehmen eine Ausbildung zum Anlagenmechaniker absolviert.

In dieser Zeit bekam Herr Braun Einblicke in alle Bereiche unseres Unternehmens und wurde mit den ausbildungsüblichen Schwerpunkten des Berufes vertraut gemacht. Er hat am [Prüfungsdatum] vor der hiesigen IHK seine Gesellenprüfung mit der Note gut bestanden. Zu seinen Hauptaufgaben in unserem Betrieb zählten:

- Herstellung von Rohrleitungsstücken und Rohrleitungssystemen sowie deren Vormontage
- Bedienung von Metallverarbeitungsmaschinen unter Anwendung verschiedener Metallbearbeitungs- und Verbindungstechniken
- Zuschneiden von Rohren und Blechen durch Sägen, Brennschneiden und Stanzen
- Herstellung von Rohrformstücken durch Kalt- und Warmbiegen, Aufweiten, Aushalsen und Gewindeschneiden
- Umformen von Blechteilen für Lüftungskanäle und Zurichtung von Flügelflächen
- Vormontage von Baugruppen im Werkstattbereich durch Verschweißen oder Löten von Rohrleitungsteilen
- Einbau von Armaturen wie Absperr- und Regelventilen
- Einbau von Messgeräten wie Manometern oder Temperaturfühlern oder Steueranlagen
- Dichtheitsprüfungen von Schweißnähten unter hohem Druck
- Anbringung von Korrosionsschutz, Dämmungen und das Auskleiden von Rohrleitungen
- Instandhaltung von versorgungstechnischen Anlagen und die Sanierung von Rohrleitungssystemen
- Ortung von Leckstellen in Leitungssystemen mit speziellen Lecksuchgeräten

Herr Braun erwarb sich während der Ausbildung umfassende Fachkenntnisse, durch die er in der Lage war, zuverlässig, selbstständig und sorgfältig zu arbeiten. Schon nach kurzer Einarbeitungszeit beherrschte er sein Aufgabenfeld erfolgreich. Seine Arbeitsergebnisse waren auch bei schwierigen Fällen jederzeit von guter Qualität. Arbeitsmenge und -tempo lagen immer über unseren Erwartungen.

Seine Leistungen fanden stets unsere volle Anerkennung.

Sein Verhalten zu Vorgesetzten, Kollegen und Kunden war immer einwandfrei. Er war durch seine höfliche, hilfsbereite und zuvorkommenden Art allseits sehr beliebt.

Herr Braun scheidet mit Beendigung des Ausbildungsverhältnisses aus unserem Unternehmen aus, wir bedauern es sehr, dass wir ihm keine Stelle in unserem Betrieb anbieten können. Wir bedanken uns für seine gute Mitarbeit und wünschen ihm beruflich wie privat alles Gute für die Zukunft.

Essen, [Ausstellungsdatum]

Sascha Müller
(Anlagenmechanikermeister)

GUTACHTEN

Einleitung: Der einleitende Absatz ist in Ordnung.

Tätigkeitsbeschreibung: Sie ist sehr detailliert, damit kann sich Herr Braun bedenkenlos bewerben.

Fachwissen: Es („umfassende Fachkenntnisse") wird mit gut bewertet.

Leistungsbeurteilung: Sie liegt laut dem Kernsatz: „Seine Leistungen fanden stets unsere volle Anerkennung", und dem Kontext bei gut.

Verhaltensbeurteilung: Sie liegt laut dem Kernsatz: „Sein Verhalten zu Vorgesetzten, Kollegen und Kunden war immer einwandfrei", und dem folgenden Satz bei gut.

Schlussformel: Sie ist in Ordnung, in dieser Form steht sie unter guten Ausbildungszeugnissen.

Fazit: Das Zeugnis bewertet Herrn Braun mit gut, mit dieser Referenz kann er sich bedenkenlos bewerben.

24   Augenoptikerin

Ausbildungszeugnis

Frau Mareike Becker, geboren am [Geburtsdatum] in Bremen, ist vom [Eintrittsdatum] bis zum [Austrittsdatum] entsprechend dem Berufsbild und der Ausbildungsordnung zur Augenoptikerin ausgebildet worden.

Zum Aufgabenbereich der Frau Becker gehörten folgende Tätigkeiten:

- Brillen aller Art aus industriellen Halbfabrikaten herstellen
- Brillengläser und -fassungen auswählen
- Brillenfassungen ändern und Fassungsteile anfertigen
- Brillengläser messen, prüfen, zentrieren, anzeichnen und justieren
- Thermometer, Ferngläser und Barometer prüfen
- optische Geräte und Messinstrumente instand setzen und justieren
- Kunden bei der Auswahl der Brillen, Messinstrumente und optischen Geräte beraten
- Dekorations-, Verkaufs- und Werbungstätigkeiten ausüben
- Buchführung und sonstige Verwaltungsaufgaben erledigen

Ergänzend zu ihrer praktischen Ausbildungszeit besuchte Frau Becker die Berufsschule. Diese hat sie mit der Note sehr gut abgeschlossen. Bereits nach kürzester Zeit ihrer Ausbildung verfügte sie über gute Fachkenntnisse. Ihre gute Auffassungsgabe ermöglichte es ihr, neue Arbeitssituationen und Probleme schnell zutreffend zu erfassen. Hervorzuheben ist ihre Fähigkeit, jederzeit optimale Lösungen zu finden.

Frau Becker war eine sehr engagierte Auszubildende, die besonders durch ihre hohe Leistungsbereitschaft überzeugen konnte. Auch bei großer Belastung erreichte sie jederzeit die gestellten Ausbildungsziele. Sie war eine sehr ergebnisorientiert arbeitende Mitarbeiterin, die ihre Aufgaben mit größter Sorgfalt und Genauigkeit erfüllte.

Frau Becker bewältigte ihre Aufgabenbereiche stets zu unserer vollen Zufriedenheit.

Ihr persönliches Verhalten gegenüber Vorgesetzten, Ausbildern, Mitarbeitern und Kunden war zu jeder Zeit einwandfrei. Ihren Mitauszubildenden gegenüber verhielt sie sich immer kameradschaftlich und hilfsbereit.

Frau Becker wird nach ihrer Ausbildung in ein Arbeitsverhältnis in unserem Unternehmen übernommen. Wir danken Frau Becker für ihre stets gute Arbeit. Für ihre weitere Laufbahn in unserem Hause wünschen wir ihr beruflich weiterhin viel Erfolg und privat alles Gute.

Köln, [Austrittsdatum]

Uwe Krasser
(Filialleiter)

GUTACHTEN

Einleitung: Die Einleitung des Zeugnisses ist in Ordnung, weil alle wesentlichen Informationen, also Vor- und Zuname, Geburtsdatum und -ort, Ausbildungszeitraum und Ausbildungsberuf, genannt werden.

Tätigkeitsbeschreibung: Frau Beckers Tätigkeiten werden im Zeugnis angemessen detailliert beschrieben, sodass sich jeder mögliche Arbeitgeber ein Bild von ihren Kompetenzen und Fähigkeiten machen kann.

Fachwissen: Das Fachwissen wird laut der zentralen Aussage „gute Fachkenntnisse" mit gut bewertet.

Leistungsbeurteilung: Die Benotung liegt laut dem abschließenden Satz zur Leistungsbeurteilung: „Frau Becker bewältigte ihre Aufgabenbereiche stets zu unserer vollen Zufriedenheit", und den beiden Absätzen davor bei gut.

Verhaltensbeurteilung: Die Note liegt laut dem Kernsatz: „Ihr persönliches Verhalten gegenüber Vorgesetzten, Ausbildern, Mitarbeitern und Kunden war zu jeder Zeit einwandfrei", und dem folgenden Satz bei gut.

Schlussformel: Sie ist in Ordnung, sie bewertet Frau Becker mit gut. Mit der Schlussformel wird die Gesamtnote des Zeugnisses bestätigt. Positiv ist hier, dass der Arbeitgeber sich für die bisherige Arbeit bedankt, ebenso die Erwähnung der Zukunftswünsche.

Fazit: Frau Becker wird mit gut bewertet.

25   Elektroniker für Automatisierungstechnik

Ausbildungszeugnis

Herr Dominik Schleifer, geboren am [Geburtsdatum] in Wiesbaden, hat seine Ausbildung zum Elektroniker für Automatisierungstechnik in unserem Unternehmen vom [Eintrittsdatum] bis zum [Austrittsdatum] absolviert.

Er wurde in allen von der Industrie- und Handelskammer geforderten Tätigkeitsbereichen ausgebildet. Er war schwerpunktmäßig für folgende Aufgaben zuständig:

- Errichtung von Einrichtungen der Automatisierungs-, Steuerungs- und Regelungstechnik
- Inbetriebnahme, Prüfung und Instandhaltung von Automatisierungssystemen
- Installation und Parametrierung hydraulischer Antriebssysteme
- Verknüpfung von Teilsystemen über Netze zu komplexen Automatisierungseinrichtungen
- Erstellung von Fehlerdiagnosen und Beseitigung der Störung fehlerhaft arbeitender Systeme mittels Einsatz von Testsoftware und Diagnosesystemen
- Installation und Konfiguration von Betriebssystemen, Bussystemen sowie Hard- und Softwarekomponenten
- Programmierung von Automatisierungssystemen und Erstellen von Steuerungsprogrammen
- Optimierung von Regelkreisen
- Montage und Justierung von Sensor- und Aktorsystemen
- Planung sowie Entwurf von Änderungen und Erweiterungen von Automatisierungssystemen
- computergestützte Erfassung, Übertragung und Verarbeitung von Messdaten unter Anwendung entsprechender Software
- Montage und Anschluss elektrischer Betriebsmittel
- Übergabe von Systemen an Nutzer und deren Einweisung in die Bedienung des Systems

Herr Schleifer verfügt über ein auch in Randbereichen tiefgehendes Fachwissen, das er unserer Firma in gewinnbringender Weise zur Verfügung stellte. Die Verbindung von rascher Auffassungsgabe und gut ausgebildeter Methodik ließen ihn auftretende Probleme schnell einer eleganten Lösung zuführen.

Herr Schleifer hat mit seinem hohen Engagement einen guten Beitrag zum Erfolg unserer Produkte geleistet. Er war immer ein belastbarer Mitarbeiter, seine Arbeitsqualität war auch bei wechselnden Anforderungen jederzeit gut. Immer ging er sehr zügig vor, dabei äußerst ergebnisorientiert und präzise. Er war in besonderem Maße zuverlässig.

Herr Schleifer hat die ihm übertragenen Arbeiten stets zu unserer vollen Zufriedenheit erfüllt.

Wegen seines frischen, verbindlichen und kooperativen Auftretens war er ein allseits geschätzter Ansprechpartner. Sein Verhalten war vorbildlich.

Herr Schleifer scheidet mit Beendigung des Ausbildungsverhältnisses aus unserem Unternehmen aus, wir bedauern es sehr, dass wir ihm keine Stelle in unserem Unternehmen anbieten können. Wir bedanken uns für seine jederzeit gute Mitarbeit und wünschen ihm für seinen weiteren Lebens- und Berufsweg alles Gute.

Hanau, [Ausstellungsdatum]

Hans Sachs
(Personalchef)

GUTACHTEN

Einleitung: Sie ist in Ordnung.

Tätigkeitsbeschreibung: Sie ist ausreichend detailliert, durch sie entstehen Herrn Schleifer keine Karrierenachteile.

Fachwissen: Herrn Schleifers Fachkenntnisse („auch in Randbereichen tiefgehendes Fachwissen") werden mit gut bewertet.

Leistungsbeurteilung: Sie liegt laut dem Kernsatz: „Herr Schleifer hat die ihm übertragenen Arbeiten stets zu unserer vollen Zufriedenheit erfüllt", und dem Kontext bei gut.

Verhaltensbeurteilung: Sie liegt laut dem Kernsatz: „Sein Verhalten war vorbildlich", und dem Satz zuvor bei gut.

Schlussformel: Sie ist in Ordnung, in dieser Form steht sie unter guten Ausbildungszeugnissen.

Fazit: Herr Schleifer wird mit gut bewertet.

26   Elektroniker für luftfahrttechnische Systeme

Ausbildungszeugnis

Herr Patrick Höfer, geboren am [Geburtsdatum] in Fulda, hat seine Ausbildung als Elektroniker für luftfahrttechnische Systeme in unserem Betrieb vom [Eintrittsdatum] bis zum [Austrittsdatum] absolviert.

Er wurde in allen von der Industrie- und Handelskammer geforderten Tätigkeitsbereichen ausgebildet. Die Berufsschule hat er während seiner Ausbildung regelmäßig besucht und diese mit der Note befriedigend abgeschlossen. Schwerpunktmäßig war er für folgende Tätigkeiten verantwortlich:

- Installation, Prüfung und Inbetriebnahme von Kommunikations-, Navigations- und Radaranlagen unter Beachtung von Vorschriften und Bestimmungen
- Simulation, Messwerterfassung und Auswertung technischer Umfeldbedingungen sowie Erstellung von Prüfaufbauten
- Fehlerdiagnose von Störungen in Systemen unter Einsatz von Testsoftware und Diagnosesystemen sowie die Behebung der Fehler
- Prüfung hydraulischer und elektrischer Komponenten
- Montage und Installation von Geräten und Komponenten zu Systemen
- Verlegung und Anschluss von Energie-, Signal- und Datenleitungen
- Installation und Justierung von Sensorsystemen
- Zusammenbau und Verdrahtung von Teilsystemen der Informations- und Datentechnik sowie der Sende- und Empfangstechnik
- Inspektion und Instandhaltung von Geräten und Anlageteilen
- Dokumentation von vorgenommenen Prüfungen und von Arbeitsabläufen
- Anwendung von Qualitätsmanagementsystemen
- Installation und Konfiguration von Softwarekomponenten

Herr Höfer verfügt am Ende seiner Ausbildung über ein solides Fachwissen. Die Verbindung von rascher Auffassungsgabe und ausgebildeter Methodik ließ ihn auftretende Fragen einer guten Lösung zuführen. Dank seiner Denk- und Urteilsfähigkeit konnte er viele Problemlagen meistern.

Herr Höfer ergriff selbst die Initiative und zeigte große Einsatzbereitschaft für unser Unternehmen und unsere Kunden. Auch unter schwierigen Arbeitsbedingungen und starker Belastung erfüllte er unsere Erwartungen in zufriedenstellender Weise. Immer ging er zügig und ergebnisorientiert vor.

Herr Höfer hat unseren Erwartungen in bester Weise entsprochen.

Wegen seines freundlichen und ausgeglichenen Wesens wurde Herr Höfer allseits geschätzt, wobei er aktiv die gute Zusammenarbeit und Teamatmosphäre förderte.

Das Arbeitsverhältnis endet heute mit dem letzten Tag des dreieinhalbjährigen Arbeitsverhältnisses. Wir können Herrn Höfer keine Stelle in unserem Unternehmen anbieten, wir danken ihm für die Mitarbeit und wünschen ihm für seine Zukunft alles Gute und weiterhin viel Erfolg.

Frankfurt am Main, [Ausstellungsdatum]

Ewald Schuster
(Geschäftsführer)

GUTACHTEN

Einleitung: Sie ist in Ordnung, sie enthält alle nötigen Bestandteile.

Tätigkeitsbeschreibung: Sie ist angemessen detailliert.

Fachwissen: Es wird mit („solides Fachwissen") befriedigend bewertet.

Leistungsbeurteilung: Sie liegt laut dem Kernsatz: „Herr Höfer hat unseren Erwartungen in bester Weise entsprochen", und den beiden Absätzen zuvor bei befriedigend.

Verhaltensbeurteilung: Sie liegt („Wegen seines freundlichen und ausgeglichenen Wesens wurde Herr Höfer allseits geschätzt, wobei er aktiv die gute Zusammenarbeit und Teamatmosphäre förderte") bei befriedigend.

Schlussformel: In der Schlussformel fehlt das Bedauern über sein Ausscheiden, das ist negativ, damit wird die Gesamtbewertung des Zeugnisses bestätigt.

Fazit: Herr Höfer wird mit befriedigend bewertet. Es ist fraglich, ob er mit diesem Zeugnis Erfolg bei seinen Bewerbungen haben wird.

27 Elektroniker für Maschinen- und Antriebstechnik

Ausbildungszeugnis

Herr Tobias Dörner, geboren am [Geburtsdatum] in Hagen, wurde vom [Eintrittsdatum] bis zum [Austrittsdatum] in unserem Betrieb als Elektroniker für Maschinen- und Antriebstechnik ausgebildet.

Er wurde nach einem festen Ausbildungsplan in alle dem Berufsbild entsprechenden Tätigkeiten eingeführt. Zu seinen Hauptaufgaben zählten:

- Einrichtung von Fertigungsmaschinen
- Montage, Demontage und Inbetriebnahme elektrischer Maschinen
- Konzeption, Montage und Inbetriebnahme von Antriebssystemen
- Herstellung von Wicklungen
- Überwachung und Wartung elektrischer Maschinen und Antriebssysteme
- systematische Fehlersuche und Fehlerbehebung an elektrischen Maschinen und komplexen Antriebssystemen
- Aufnahme und Katalogisierung von Maschinen- und Wickeldaten
- Parametrierung von Frequenzumrichtern
- Erstellung und Modifikation steuerungstechnischer Programme
- Beratung von Kunden, Analyse von Kundenanforderungen und Bearbeitung von Kundenaufträgen
- Montage und Verdrahtung von Mess-, Steuerungs- und Regeleinrichtungen in Schaltschränken
- Installation und Anschluss von Leitungen

Ergänzend zu seiner praktischen Ausbildungszeit besuchte er die Berufsschule. Diese hat er mit der Note gut abgeschlossen. Herr Dörner, der sich während seiner Ausbildung ein umfassendes und vielseitiges Fachwissen — auch in Nebenbereichen — erworben hat, identifizierte sich immer in vorbildlicher Weise mit seinen Aufgaben und dem Unternehmen, er verfügte über eine sehr hohe Arbeitsmotivation und zeigte ein außergewöhnliches Engagement bei der Einlösung seiner Ziele.

Seine Arbeiten erledigte er stets selbstständig und zielstrebig mit sehr großem Verantwortungsbewusstsein und Organisationstalent. Selbst unter schwierigen Bedingungen erreichte er die vereinbarten Ziele unter Einhaltung der Kosten- und Terminpläne.

Herr Dörner hat die ihm übertragenen Aufgaben jederzeit zu unserer vollsten Zufriedenheit erfüllt.

Sein Verhalten zu Vorgesetzen, Kollegen und Kunden war stets vorbildlich. Er förderte aktiv die Zusammenarbeit, war stets hilfsbereit und stellte, falls erforderlich, auch persönliche Interessen zurück.

Leider verlässt Herr Dörner unser Unternehmen mit dem heutigen Tag, um sich neuen Herausforderungen zu widmen. Wir bedauern diese Entscheidung außerordentlich und bedanken uns für seine hervorragenden Dienste. Für seine berufliche wie private Zukunft wünschen wir ihm alles Gute und weiterhin viel Erfolg.

Hohenlimburg, [Ausstellungsdatum]

Michael Weinbrenner
(Personalchef)

GUTACHTEN

Einleitung: Sie ist in Ordnung.

Tätigkeitsbeschreibung: Sie ist angemessen detailliert, durch sie entstehen Herrn Dörner keine Karrierenachteile.

Fachwissen: Herrn Dörners Fachkenntnisse („umfassendes und vielseitiges Fachwissen — auch in Nebenbereichen") werden mit sehr gut bewertet.

Leistungsbeurteilung: Sie liegt laut dem Kernsatz: „Herr Dörner hat die ihm übertragenen Aufgaben jederzeit zu unserer vollsten Zufriedenheit erfüllt", und den beiden Absätzen davor bei sehr gut.

Verhaltensbeurteilung: Herr Dörners Veralten wird laut dem Kernsatz: „Sein Verhalten zu Vorgesetzen, Kollegen und Kunden war stets vorbildlich", und dem folgenden Satz mit sehr gut bewertet.

Schlussformel: Sie ist in Ordnung, in dieser Form steht sie unter sehr guten Ausbildungszeugnissen.

Fazit: Herr Dörner wir mit sehr gut bewertet.

28 Elektronikerin für Betriebstechnik

Ausbildungszeugnis

Frau Claudia Paula, geboren am [Geburtsdatum] in Bochum, wurde vom [Eintritts-datum] bis zum [Austrittsdatum] in unserem Betrieb zur Elektronikerin für Betriebstechnik ausgebildet.

Sie wurde in allen Ausbildungselementen, welche die Industrie- und Handelskammer vorschreibt, eingeführt. Sie war besonders für folgende Tätigkeiten verantwortlich:

- Errichtung, Inbetriebnahme und Instandhaltung elektrischer Anlagen
- Installation, Einrichtung und Programmierung von Automatisierungs-, Antriebs- und Beleuchtungssystemen sowie speicherprogrammierbarer Steuergeräte
- Fehleranalyse und Behebung von Störungen elektrischer Anlangen
- rechnergestützte Konzeption und Kalkulation von Anlagenänderungen und Anlagenerweiterungen
- Übergabe elektrischer Anlagen und Systeme an Kunden und Einweisung dieser in die Bedienung der Anlage
- Bau und Verdrahtung elektrischer Schaltschränke
- Prüfung der Funktion, der Schutzmaßnahmen und der Sicherheitseinrichtungen von elektrischen Anlagen
- Bearbeitung, Installation und Anschluss von Energieleitungen, Datenleitungen und allgemeinen Versorgungsleitungen anhand von Schaltplänen und anderen Arbeitsunterlagen
- Anfertigung mechanischer Teile und Verbindungen
- Beratung von Kunden, Analyse von Kundenanforderungen und Bearbeitung von Kundenaufträgen
- Dokumentation und Präsentation von Projekten und Arbeitsergebnissen
- Planung und Durchführung der Arbeitsabläufe beim Einrichten und Abräumen von Arbeitsplätzen und Baustellen

Frau Paula besuchte während ihrer Ausbildung regelmäßig mit großem Erfolg die Berufsfachschule und konnte hier mit dem Ergebnis „sehr gut" abschließen. Sie überzeugte uns stets durch ihr auch in Nebenbereichen ausgezeichnetes Fachwissen, das sie sich während der Ausbildung erworben hat; sie setzte es immer sicher und gekonnt in der Praxis ein. Hervorzuheben ist ihre hoch entwickelte Fähigkeit, stets konzeptionell und konstruktiv zu arbeiten, sowie ihre präzise Urteilsfähigkeit.

Frau Paula erledigte ihre Aufgaben mit beispielhaftem Engagement und sehr großem persönlichen Einsatz während ihrer gesamten Beschäftigungszeit in unserem Unternehmen. In allen Situationen agierte sie außerordentlich verantwortungsbewusst, zielorientiert und gewissenhaft. Sie arbeitete generell zuverlässig und sehr genau.

Frau Paula hat unsere sehr hohen Erwartungen stets in allerbester Weise erfüllt und teilweise sogar übertroffen.

Mit allen Ansprechpartnern kam Frau Paula sehr gut zurecht und begegnete ihnen immer mit ihrer freundlichen, offenen und zuvorkommenden Art. Ihr Verhalten gegenüber Vorgesetzten, Kollegen und Externen war jederzeit vorbildlich.

Frau Paula scheidet mit Beendigung des Ausbildungsverhältnisses aus unserem Unternehmen aus, wir bedauern es sehr, dass wir ihr keine Stelle anbieten können. Wir bedanken uns für ihre ausgezeichnete Mitarbeit und wünschen ihr für ihren weiteren Lebens- und Berufsweg weiterhin alles Gute.

Essen, [Ausstellungsdatum]

Werner Heidemann
(Energieanlagenelektronikermeister)

GUTACHTEN

Einleitung: Der einleitende Absatz ist perfekt, alle wesentlichen Bestandteile werden genannt.

Tätigkeitsbeschreibung: Sie ist angemessen detailliert, damit empfiehlt sich Frau Paula als Fachkraft, die ein breites Ausbildungsspektrum absolviert hat.

Fachwissen: Es („auch in Nebenbereichen ausgezeichnetes Fachwissen") wird mit sehr gut bewertet.

Leistungsbeurteilung: Sie liegt laut dem Kernsatz: „Frau Paula hat unsere sehr hohen Erwartungen stets in allerbester Weise erfüllt und teilweise sogar übertroffen", und dem Kontext bei sehr gut.

Verhaltensbeurteilung: Sie liegt laut dem Kernsatz: „Ihr Verhalten gegenüber Vorgesetzten, Kollegen und Externen war jederzeit vorbildlich", und dem Satz zuvor bei sehr gut.

Schlussformel: Sie ist in Ordnung, in dieser Form steht sie unter sehr guten Ausbildungszeugnissen.

Fazit: Frau Paula wird mit sehr gut bewertet, mit diesem Zeugnis dürfte sie keine Probleme haben, eine Stelle zu bekommen.

29 Gleisbauer

(Dieses Zeugnis finden Sie auch in Kapitel 6 in der englischen Adaption.)

Ausbildungszeugnis

Herr Edgar Zinhain, geboren am [Geburtsdatum] in Bad Marienberg, hat vom [Eintrittsdatum] bis zum [Austrittsdatum] in unserem Unternehmen eine Ausbildung zum Gleisbauer absolviert.

In dieser Zeit bekam Herr Zinhain Einblicke in alle Bereiche unseres Unternehmens und wurde mit den ausbildungsüblichen Schwerpunkten des Berufes vertraut gemacht. Zu seinen Hauptaufgaben in unserem Werk zählten:

- Absichern und Einrichten von Gleisbaustellen
- Gleisbaumaterialien, Maschinen und Geräte für die Kollegen bereitstellen
- Gleise präzise in Längsführung vermessen (Spurrichtung und -weite, Hoch- und Tiefpunkte, Spurweite), und zwar mit entsprechenden geeichten Messgeräten und -fahrzeugen sowie Höhenfelder- und Richtungsfehler nach erfolgter Ausmessung eliminieren
- Erneuerungs- und Erhaltungsarbeiten rund um Gleise zielsicher ausführen
- Beseitigung von Schienenbrüchen inklusive Schweißarbeiten
- Schotter einstreuen und angemessen verdichten
- Beseitigung von Gleisbrüchen
- Randwege der Gleise instandhalten

Herr Zinhain erwarb sich während der Ausbildung sehr gute Fachkenntnisse, durch die er in der Lage war, zuverlässig, selbstständig und sorgfältig zu arbeiten. Schon nach kurzer Einarbeitungszeit beherrschte er sein Aufgabenfeld sehr erfolgreich. Seine Arbeitsergebnisse waren auch bei schwierigen Arbeiten rund um den Gleisbau von ausgezeichneter Qualität. Arbeitsmenge und -tempo lagen über unseren Erwartungen.

Er war ein verantwortungsbewusster und belastbarer Auszubildender mit einer ausgeprägten Eigenmotivation. Seine vielseitigen handwerklichen Fähigkeiten ermöglichten es ihm, neuen Aufgaben flexibel zu begegnen; auch durch seine Fähigkeit, Wichtiges von Unwichtigem zu trennen, hat er jederzeit optimale Arbeitsergebnisse zustande gebracht.

Herr Zinhain überzeugte uns auch durch seine effiziente Organisations- und Planungskompetenz, die er sicher einsetzte. Schwierige Zusammenhänge rund um den Gleisbau vermochte er durch sein sehr gutes analytisches Denkvermögen treffsicher zu erfassen.

Er hat die ihm übertragenen Aufgaben stets zu unserer vollsten Zufriedenheit erfüllt.

Sein persönliches Verhalten zu Vorgesetzten, Kollegen und Externen war immer vorbildlich. Herr Zinhain förderte aktiv die Zusammenarbeit im Team, übte und akzeptierte sachliche Kritik, war hilfsbereit und stellte, falls erforderlich, auch persönliche Interessen zurück.

Herr Zinhain scheidet mit Beendigung des Ausbildungsverhältnisses aus unserem Unternehmen aus, wir bedauern es sehr, dass wir ihm keine Stelle in unserem Betrieb anbieten können. Wir bedanken uns für seine wertvolle Mitarbeit und wünschen ihm beruflich wie privat weiterhin alles Gute für die Zukunft.

Köln, [Ausstellungsdatum]

Peter Erbach
(Personalleiter)

GUTACHTEN

Einleitung: Der einleitende Satz ist in Ordnung.

Tätigkeitsbeschreibung: Sie ist angemessen detailliert, damit kann sich Herr Zinhain bedenkenlos bewerben.

Fachwissen: Es („sehr gute Fachkenntnisse") wird mit sehr gut bewertet, positiv ist zudem, dass erwähnt wird, dass er sein Fachwissen zielsicher einsetzt.

Leistungsbeurteilung: Sie liegt laut dem Kernsatz: „Er hat die ihm übertragenen Aufgaben stets zu unserer vollsten Zufriedenheit erfüllt", und den drei Absätzen zuvor bei sehr gut.

Verhaltensbeurteilung: Sie liegt laut dem Kernsatz: „Sein persönliches Verhalten zu Vorgesetzten, Kollegen und Externen war immer vorbildlich", und dem folgenden Satz bei sehr gut.

Schlussformel: Sie ist in Ordnung, in dieser Form steht sie unter sehr guten Ausbildungszeugnissen.

Fazit: Das Zeugnis bewertet Herrn Zinhain mit sehr gut, mit diesem Ausbildungszeugnis kann er sich bedenkenlos bewerben.

30 Papiertechnologe

Ausbildungszeugnis

Herr Jürgen Meier, geboren am [Geburtsdatum] in München, begann am [Eintritts-datum] in unserem Unternehmen seine Ausbildung zum Papiertechnologen.

Er hat folgende Tätigkeiten ausgeführt:

- Produktionsabläufe selbstständig und im Team planen
- Produktion von Papier, Karton, Zellstoff und Pappe
- Bedienung und Pflege der Maschinen
- Fertigungsprozesse unter Anleitung optimieren und kontrollieren
- Mess- und Prüftätigkeiten durchführen
- Hard- und Software bedienen
- instand haltende Arbeiten im laufenden Produktionsprozess und bei Stillstand
- Materialien auswählen und bestellen

Ergänzend zu seiner praktischen Ausbildungszeit besuchte Herr Meier die Berufs-schule. Diese hat er mit der Note sehr gut abgeschlossen. Er hat während seiner Ausbildungszeit umfassende und vielfältige Fachkenntnisse erworben, die er stets mit gutem Erfolg in seine tägliche Arbeit einbringen konnte.

Seine gute Auffassungsgabe befähigte Herrn Meier auch schwierige Ausbildungs-inhalte schnell zu erfassen. Hervorzuheben ist seine Fähigkeit, jederzeit optimale Lösungen zu finden. Er war immer ein sehr motivierter und einsatzbereiter Auszu-bildender. Auch bei hoher Belastung erreichte er jederzeit die gestellten Ausbil-dungsziele. Wegen seiner sehr umsichtigen, verantwortungsbewussten und ziel-strebigen Arbeitsweise wurde er von allen Abteilungen geschätzt.

Herr Meier bewältigte seine Aufgabenbereiche stets zu unserer vollen Zufrieden-heit.

Sein kollegiales Wesen sicherte ihm immer ein gutes Verhältnis zu Vorgesetzten, Ausbildern und Kollegen. Im Umgang mit Kunden war er jederzeit freundlich und respektvoll.

Herr Meier verlässt uns mit dem Abschluss seiner Ausbildung auf eigenen Wunsch. Wir hätten ihn sehr gern als Mitarbeiter übernommen. Für die stets gute Zusammenarbeit danken wir ihm und wünschen ihm weiterhin beruflich und privat alles Gute.

Köln, [Austrittsdatum]

Otto Heinemann
(Geschäftsführer)

Tobias Schwarz
(Ausbildungsleiter)

GUTACHTEN

Einleitung: Die Einleitung des Zeugnisses ist in Ordnung, weil alle wesentlichen Informationen, also Vor- und Zuname, Geburtsdatum und -ort, Eintrittsdatum und Ausbildungsberuf, genannt werden.

Tätigkeitsbeschreibung: Herrn Meiers Tätigkeiten werden im Zeugnis angemessen detailliert beschrieben, sodass sich jeder mögliche Arbeitgeber ein Bild von seinen Kompetenzen und Fähigkeiten machen kann.

Fachwissen: Das Fachwissen wird laut der zentralen Aussage „umfassende und vielfältige Fachkenntnisse" mit gut bewertet.

Leistungsbeurteilung: Die Benotung liegt laut dem abschließenden Satz zur **Leistungsbeurteilung:** „Herr Meier bewältigte seine Aufgabenbereiche stets zu unserer vollen Zufriedenheit", und den beiden Absätzen davor bei gut.

Verhaltensbeurteilung: Die Note liegt laut dem Kernsatz: „Sein kollegiales Wesens sicherte ihm immer ein gutes Verhältnis zu Vorgesetzten, Ausbildern und Kollegen", und dem folgenden Satz bei gut.

Schlussformel: Sie ist in Ordnung, weil alle wesentlichen Bestandteile für eine gute Bewertung genannt werden: Grund des Ausscheidens — Hinweis auf die potenzielle Weiterbeschäftigung — Dank für die geleistete Arbeit — Zukunftswünsche.

Fazit: Herr Meier wird mit gut bewertet.

31 Technische Produktdesignerin

Ausbildungszeugnis

Frau Sarah Bittner, geboren am [Geburtsdatum] in Bergheim, wurde vom [Eintritts-datum] bis zum [Austrittsdatum] in unserem Ingenieurbüro zur Technischen Pro-duktdesignerin ausgebildet.

Die Ausbildung erfolgte nach den Vorschriften des Berufsbildungsgesetzes (BbiG) und der Industrie- und Handelskammer (IHK).

In ihrer Ausbildung haben wir Frau Bittner insbesondere die nachstehend genann-ten Kenntnisse und Fertigkeiten vermittelt:

- Konstruktion und Gestaltung neuer Produkte nach Vorgabe des Designs durch unsere Ingenieure
- Erstellung und Anwendung technischer Dokumentationen
- Vorbereitung, Kontrolle und Dokumentation von Arbeitsabläufen
- Berechnung und Simulationen
- Beurteilung von Fertigungs-, Montage- und Fügeverfahren
- Begleitung des Prozesses der Produktentwicklung vom Design über den Mo-dellbau bis hin zum Versuchsbereich (Prozess- und Projektmanagement)
- Vorbereitung und Durchführung von Präsentationen
- Anwendung von Informations- und Kommunikationstechniken
- Durchführung qualitätssichernder Maßnahmen
- Grundlagen Arbeits- und Tarifrecht
- kaufmännische Grundkenntnisse

Ausbildungsbegleitend besuchte Frau Bittner die Berufsschule und schloss die Prü-fung mit der Note gut ab. Sie hat sich während ihrer Ausbildung umfangreiche und vielseitige Fachkenntnisse erworben, die sie jederzeit sicher und ergebnisorientiert in der Praxis eingesetzt hat. Hervorzuheben sind neben ihren umfassenden Kennt-nissen in den Bereichen Werkstofftechnik, Fertigungs- und Montageverfahren hier insbesondere ihre kreativen gestalterischen Fähigkeiten, die sie geschickt und mit hoher Eigenmotivation nach den Designvorgaben unserer Ingenieure in Konstruk-tion, Gestaltung, Berechnung und Simulation umgesetzt hat.

Ihrer Ausbildung hat sie sich stets mit großem Engagement, hoher Lern- und Leistungsbereitschaft und sehr viel Eigeninitiative gewidmet. Sie plante die ihr übertragenen Projekte immer sorgfältig und garantierte aufgrund ihrer Fähigkeit, schwierige Zusammenhänge komplett zu durchblicken und das Wesentliche zu erkennen, die konsequente und gewinnbringende Umsetzung.

Mit den Leistungen von Frau Bittner waren wir jederzeit sehr zufrieden.

Ihr Verhalten gegenüber Vorgesetzten und Mitarbeitern war stets einwandfrei. Unsere Kunden und Geschäftspartner schätzten ihre frische und freundliche Art.

Die Ausbildung endet mit dem heutigen Tage. Aufgrund ihrer guten Arbeitsergebnisse werden wir Frau Bittner in ein unbefristetes Arbeitsverhältnis übernehmen. Wir danken ihr für ihre bisherige stets gute Arbeit und freuen uns auf eine weiterhin erfolgreiche Zusammenarbeit.

Köln, [Ausstellungsdatum]

Dipl.-Ing. Kurt Gebhardt
Geschäftsführer

GUTACHTEN

Einleitung: Der einleitende Absatz ist perfekt.

Tätigkeitsbeschreibung: Frau Bittners Tätigkeiten werden im Zeugnis angemessen detailliert beschrieben.

Fachwissen: Es („umfangreiche und vielseitige Fachkenntnisse erworben, die sie jederzeit sicher und ergebnisorientiert in der Praxis eingesetzt hat") wird mit gut bewertet.

Leistungsbeurteilung: Sie liegt laut dem Kernsatz: „Mit den Leistungen von Frau Bittner waren wir jederzeit sehr zufrieden", und den beiden Absätzen davor bei gut.

Verhaltensbeurteilung: Es wird laut dem Kernsatz: „Ihr Verhalten gegenüber Vorgesetzten und Mitarbeitern war stets einwandfrei", und dem folgenden Satz mit gut bewertet.

Schlussformel: Sie ist in Ordnung, sie bestätigt die Gesamtnote des Ausbildungszeugnisses.

Fazit: Frau Bittner wird mit gut bewertet.

32   Technische Zeichnerin

Ausbildungszeugnis

Frau Anke Eisenkopf, geboren am [Geburtsdatum] in Köln, hat in der Zeit vom [Eintrittsdatum] bis zum [Austrittsdatum] in unserem Fachbetrieb für Elektrotechnik eine Ausbildung zur Technischen Zeichnerin absolviert.

Sie wurde mit folgenden Aufgaben vertraut gemacht:

- Das manuelle und rechnergestützte (CAD) Zeichnen von Funktionen einfacher Steuerschaltungen und der Darstellung von Verstärkerschaltungen
- Darstellung digitaler Grundschaltungen
- Anfertigung von Schaltungen für energietechnische Anlagen mit SPS und Regeleinrichtungen
- Zeichnungen für Leiterplatten erstellen durch Bestückungspläne und Layouts
- Zeichnungen für Steuerschaltungen und Steuerprogramme für Datenübertragungen erstellen
- Entwurf und Zeichnung von Verdrahtungs- und Anordnungsplänen energietechnischer Anlagen
- Entwurf von Installationsplänen für Gebäudeinstallationen mit Einrichtungen der Energie- und Informationstechnik
- Erstellung von technischen Begleitunterlagen wie etwa Bauteil-, Geräte- und Stücklisten, Übersichtspläne, Diagramme oder Tabellen
- Durchführung fachbezogener und rechnergestützter Berechnungen wie Bauteile- und Leitungsberechnungen
- Zeichnungen und Berechnungen prüfen, ändern und vervielfältigen
- Wartung von Maschinen, Arbeitswerkzeugen und Materialien

Ergänzend zu ihrer praktischen Ausbildungszeit besuchte Frau Eisenkopf die Berufsschule. Diese hat sie mit der Note sehr gut abgeschlossen. Sie hat sich bis zum Ende ihrer Ausbildung vielseitige und umfassende Fachkenntnisse — auch in Nebenbereichen — erworben, sie setzte diese immer erfolgreich um.

Sie identifizierte sich in vorbildlicher Weise mit ihren Aufgaben und dem Unternehmen. Sie zeigte, dies möchten wir besonders hervorheben, ein außergewöhnliches Engagement bei der Lösung ihrer Arbeitsaufgaben, diese erledigte sie in allen Tätigkeitsbereichen schon nach kurzer Einarbeitungszeit selbstständig, zielstrebig und mit sehr hohem Verantwortungsbewusstsein. Auch unter Termindruck erreichte sie jederzeit die vorgegebenen Ziele unter Einhaltung einer hohen Qualität.

Frau Eisenkopf hat die ihr übertragenen Tätigkeiten stets zur unserer vollsten Zufriedenheit ausgeführt.

Frau Eisenkopfs Verhalten gegenüber Vorgesetzten, Kollegen und Kunden war stets vorbildlich. Sie trug in starkem Maße zu einem harmonischen Betriebsklima bei.

Frau Eisenkopf scheidet mit Beendigung des Ausbildungsverhältnisses aus unserem Unternehmen aus, wir bedauern es sehr, dass wir ihr keine Stelle in unserem Unternehmen anbieten können. Wir bedanken uns für ihre ausgezeichnete Mitarbeit und wünschen ihr für ihren weiteren Lebens- und Berufsweg weiterhin alles Gute.

Iserlohn, [Ausstellungsdatum]

Sabine Lauterborn
(Ausbildungsleiterin)

GUTACHTEN

Einleitung: Sie ist in Ordnung.

Tätigkeitsbeschreibung: Frau Eisenkopfs Tätigkeiten werden im Zeugnis angemessen beschrieben.

Fachwissen: Es („vielseitige und umfassende Fachkenntnisse — auch in Nebenbereichen — erworben") wird mit sehr gut bewertet.

Leistungsbeurteilung: Sie liegt laut dem Kernsatz: „Frau Eisenkopf hat die ihr übertragenen Tätigkeiten stets zur unserer vollsten Zufriedenheit ausgeführt", und dem Kontext bei sehr gut.

Verhaltensbeurteilung: Sie liegt laut dem Kernsatz: „Frau Eisenkopfs Verhalten gegenüber Vorgesetzten, Kollegen und Kunden war stets vorbildlich", und dem folgenden Satz bei sehr gut.

Schlussformel: Sie ist in Ordnung, in dieser Form steht sie unter sehr guten Ausbildungszeugnissen.

Fazit: Frau Eisenkopf wird mit sehr gut bewertet.

5.4 Sozialer Bereich

33 Altenpflegerin

Ausbildungszeugnis

Frau Gaby Jeroch, geboren am [Geburtsdatum] in Rosenheim, hat vom [Eintrittsdatum] bis zum [Austrittsdatum] in unserem Altenwohn- und -pflegeheim ihre Ausbildung zur Altenpflegerin absolviert.

Sie hat am [Prüfungsdatum] ihre Examensprüfung mit der Note sehr gut abgeschlossen. In unserer Einrichtung war sie für folgende Bereiche verantwortlich:

- Ausführung von Grundpflegemaßnahmen und Hilfe bei der Verrichtung des täglichen Lebens. Dazu zählten die regelmäßige und fachgerechte Umbettung pflegebedürftiger Menschen und die Durchführung von Vorbeugemaßnahmen z. B. gegen Thrombose oder Dekubitus
- Hilfe bei der Körperpflege, beim An- und Auskleiden, bei der Versorgung mit Nahrungsmitteln und gegebenenfalls beim Essen
- Aktivierung der Betreuten zu regelmäßiger Bewegung und die Anleitung zu Bewegungs- und Atemübungen
- Mitarbeit bei der Zusammenstellung und Verabreichung der ärztlich verordneten Medikamente
- Durchführung spezieller Pflegemaßnahmen wie Einläufe, Spülungen, Verbände wechseln und Salben einreiben
- Mitwirkung bei Maßnahmen der therapeutischen Rehabilitation wie etwa krankengymnastische Übungen
- Dokumentation von Pflegemaßnahmen
- Zusammenarbeit mit den behandelnden Ärzten
- Unterweisung von Angehörigen in der Handhabung von Hilfsmitteln wie Rollstühlen, Gehhilfen oder Spezialbetten
- Abfassen von Berichten
- Abrechnung von Pflegeleistungen

Frau Jeroch zeigte eine äußerst schnelle Auffassungsgabe und verfügte zum Ende der Ausbildung über ein exzellentes Fachwissen. Sie erledigte alle Arbeiten mit nicht nachlassendem Eifer und Fleiß. Auch überzeugte sie uns durch ihre hervorragende Sorgfalt und Genauigkeit im Umgang mit den Patienten.

Sie arbeitete stets sehr effizient, routiniert und zielstrebig. Sie dachte jederzeit mit, erledigte Arbeitsvorbereitungsmaßnahmen selbstständig und plante ihre Arbeitsschritte sehr gut, dabei ließ sie die Belange der Patienten nie aus ihrem Blickfeld.

Frau Jeroch erfüllte ihre Aufgaben stets zu unserer vollsten Zufriedenheit.

Ihr persönliches Verhalten war jederzeit vorbildlich. Bei Vorgesetzten, Kollegen und Patienten war sie sehr geschätzt. Frau Jeroch förderte aktiv die Zusammenarbeit, übte und akzeptierte sachliche Kritik, war stets hilfsbereit und stellte falls erforderlich, auch persönliche Interessen zurück.

Frau Jeroch scheidet mit Beendigung des Ausbildungsverhältnisses aus unserem Pflegeheim aus, wir bedauern es sehr, dass wir ihr keine Stelle anbieten können. Wir bedanken uns für ihre ausgezeichnete Mitarbeit und wünschen ihr für ihren weiteren Lebens- und Berufsweg weiterhin alles Gute.

Bamberg, [Ausstellungsdatum]

Bernd Marsalla
(Pflegedienstleiter)

GUTACHTEN

Einleitung: Der einleitende Absatz ist in Ordnung.

Tätigkeitsbeschreibung: Sie ist angemessen detailliert, damit empfiehlt sich Frau Jeroch als Altenpflegerin, die ein breites Ausbildungsspektrum absolviert hat.

Fachwissen: Es („exzellentes Fachwissen") wird mit sehr gut bewertet.

Leistungsbeurteilung: Sie liegt laut dem Kernsatz: „Frau Jeroch erfüllte ihre Aufgaben stets zu unserer vollsten Zufriedenheit", und den beiden Absätzen davor bei sehr gut.

Verhaltensbeurteilung: Sie liegt laut dem Kernsatz: „Ihr persönliches Verhalten war jederzeit vorbildlich", und den beiden folgenden Sätzen bei sehr gut.

Schlussformel: Sie ist in Ordnung, in dieser Form steht sie unter sehr guten Ausbildungszeugnissen.

Fazit: Frau Jeroch wird mit sehr gut bewertet, mit diesem Zeugnis dürfte sie keine Schwierigkeiten haben, eine Stelle als Altenpflegerin zu bekommen.

34 Arzthelferin

Ausbildungszeugnis

Frau Lisa Dietrich, geboren am [Geburtsdatum] in Altenkirchen, wurde vom [Eintrittsdatum] bis zum [Austrittsdatum] in unserer gynäkologischen Praxis als Arzthelferin ausgebildet.

Wir bildeten Frau Dietrich unter anderem in den nachstehenden Arbeitsfeldern aus:

- Assistenz bei Untersuchungen, Behandlungen und kleineren Eingriffen an den Patientinnen
- Wiegen und Messen der Patientinnen bei Erstaufnahme
- Vorbereitung und Setzen von Spritzen
- Blutabnahme für die labortechnische Untersuchung
- Bedienung und Pflege der medizinischen Instrumente und Geräte
- Durchführung von Laborarbeiten bezüglich Bestimmung der Blutwerte, insbesondere der weiblichen Hormone
- Terminvergabe an Patientinnen
- Durchführung der Abrechnungsarbeiten

Frau Dietrich hat sich im Laufe ihrer Ausbildung ein umfassendes und tief gehendes Fachwissen angeeignet, das sie in der täglichen Arbeit in unserer Gemeinschaftspraxis sehr sicher und gekonnt einsetzte. So war sie bereits nach dem ersten Ausbildungsjahr in der Lage, die organisatorische Praxisarbeit wie Terminvergabe, Durchführung der Abrechnungsarbeiten, Weitergabe von Patientinnendaten eigenverantwortlich zu übernehmen.

Dabei arbeitete sie stets sehr gewissenhaft und zuverlässig, mit hohem Verantwortungsgefühl und großer Eigeninitiative. Auch ihrer schulischen Ausbildung widmete sie sich mit großem Ehrgeiz und hoher Eigenmotivation, was sich in ihren durchgehend guten Noten ebenso niederschlug wie in der Abschlussprüfung, die sie mit der Note gut abgeschlossen hat.

Frau Dietrich verfügt über eine schnelle Auffassungsgabe und überblickte auch schwierige und komplexe Zusammenhänge sofort. Auch unter starker Belastung behielt sie stets die Übersicht, handelte überlegt, gewissenhaft und zuverlässig.

Sie hat die ihr übertragenen Aufgaben stets zu unserer vollen Zufriedenheit erledigt.

Wegen ihres sicheren, dabei frischen und verbindlichen Auftretens war Frau Dietrich eine allseits sehr geschätzte Ansprechpartnerin. Ihr Verhalten gegenüber Vorgesetzten und Patientinnen war vorbildlich.

Die Ausbildung endet mit dem heutigen Tage. Aufgrund ihrer guten Ergebnisse und der bisherigen Arbeitsergebnisse übernehmen wir Frau Dietrich in ein unbefristetes Arbeitsverhältnis. Wir danken ihr für ihre bisherige stets gute Arbeit und freuen uns auf eine weiterhin erfolgreiche Zusammenarbeit.

Siegen, [Ausstellungsdatum]

Dr. Beate Graf
Gynäkologin

GUTACHTEN

Einleitung: Der einleitende Satz ist perfekt, er enthält alle erforderlichen Bestandteile.

Tätigkeitsbeschreibung: Sie ist ausführlich genug, daher entstehen Frau Dietrich aus der Tätigkeitsbeschreibung heraus keine Karrierenachteile.

Fachwissen: Es („umfassendes und tief gehendes Fachwissen") wird mit gut bewertet.

Leistungsbeurteilung: Sie liegt laut dem Kernsatz: „Sie hat die ihr übertragenen Aufgaben stets zu unserer vollen Zufriedenheit erledigt", und den drei Absätzen zuvor bei gut.

Verhaltensbeurteilung: Frau Dietrichs Verhalten wird laut dem Kernsatz: „Ihr Verhalten gegenüber Vorgesetzten und Patientinnen war vorbildlich", und dem Satz zuvor mit gut bewertet.

Schlussformel: Sie bewertet Frau Dietrich mit gut, damit wird die Gesamtnote des Zeugnisses bestätigt.

Fazit: Frau Dietrich wird mit gut bewertet.

35 Bestatter

Ausbildungszeugnis

Herr Jürgen Musil, geboren am [Geburtsdatum] in Bonn, trat zum [Eintrittsdatum] in unser Bestattungsunternehmen als Auszubildender ein.

Herr Musil war für folgende Tätigkeiten verantwortlich:

- die Hinterbliebenen über unterschiedlichste Bestattungsarten beraten, gemeinsames Festlegen des Bestattungsablaufes
- Trauerbriefe, Todesanzeigen, Nachrufe und Danksagungen formulieren, gestalten und liefern
- behördliche und kirchliche Formalitäten für Bestattungen regeln, Trauerfeierlichkeiten und Bestattung mit Vertretern der Kirche oder Glaubensgemeinschaft abstimmen
- Bestattungswäsche, Särge, Zinkeinsatzsärge, Sargausstattungen, Urnen und andere Gebrauchsgegenstände herrichten
- Räume und Gräber für die Feierlichkeiten schmücken
- Umbettungen und Exhumierungen organisieren und durchführen
- Grabstellen eigenverantwortlich anlegen
- Verstorbene in die Leichenhalle überführen, reinigen, waschen, desinfizieren, rasieren, frisieren, aufbahren und einsargen
- Kondolenzbücher auslegen, Kondolenzkarten sammeln, Blumenspenden erfassen
- Urnenbeisetzungen durchführen
- kaufmännische Arbeiten unter Aufsicht ausführen
- Rechnungen erstellen: mit Versicherungen und Krankenkassen abrechnen

Ergänzend zu seiner praktischen Ausbildungszeit besuchte Herr Musil die Berufsschule. Diese hat er mit der Note gut abgeschlossen. Er hat sich innerhalb kürzester Zeit in seine jeweiligen Aufgabengebiete eingearbeitet, während der dreijährigen Ausbildung hat er sich nach und nach sehr gute Fachkenntnisse, die er stets sicher und zielgerichtet in der Praxis einsetzte, angeeignet.

In seiner täglichen Arbeit zeigte er Eigeninitiative, Fleiß und Eifer und identifizierte sich voll mit seinen Aufgaben sowie dem Bestattungsunternehmen, wobei er auch durch seine große Einsatzbereitschaft überzeugte. Auch unter starker Belastung bewältigte er alle Aufgaben in bester Weise und war jederzeit bereit, auch zusätzliche Verantwortung zu übernehmen.

Herr Musil erledigte seine Aufgaben stets selbstständig mit großer Sorgfalt und Genauigkeit, dabei legte er äußersten Wert auf einen einfühlsamen Umgang mit den Angehörigen der Verstorbenen. Die Arbeitsqualität von ihm war stets überdurchschnittlich.

Die ihm übertragenen Aufgaben erfüllte er stets zu unserer vollen Zufriedenheit.

Sein persönliches Verhalten war immer vorbildlich. Aufgrund seiner freundlichen, kooperativen und höchst sensiblen Art wurde Herr Musil von Vorgesetzten, Kollegen und Kunden gleichermaßen sehr geschätzt.

Wir begrüßen es sehr, dass Herr Musil nun in unserem Unternehmen eine feste Stellung annimmt, um an seine sehr guten Leistungen anzuknüpfen, wir freuen uns auf eine weiterhin erfolgreiche Zusammenarbeit und bedanken uns für die bisher geleistete Arbeit.

Hachenburg, [Ausstellungsdatum]

Peter Kleist
(Personalchef)

GUTACHTEN

Einleitung: Sie ist perfekt.

Tätigkeitsbeschreibung: Herrn Musils Tätigkeiten werden im Zeugnis ausreichend detailliert beschrieben, sodass sich jeder mögliche Arbeitgeber ein Bild von seinen Kompetenzen und Fähigkeiten machen kann.

Fachwissen: Es („sehr gute Fachkenntnisse") wird mit sehr gut bewertet.

Leistungsbeurteilung: Sie liegt laut dem Kernsatz: „Die ihm übertragenen Aufgaben erfüllte er stets zu unserer vollen Zufriedenheit", und dem Kontext bei sehr gut.

Verhaltensbeurteilung: Sie liegt laut dem Kernsatz: „Sein persönliches Verhalten war immer vorbildlich", und dem Kontext bei sehr gut.

Schlussformel: Sie ist in Ordnung, damit wird die Gesamtnote des Zeugnisses bestätigt.

Fazit: Herr Musil wird mit sehr gut bewertet.

36 Heilerziehungshelferin

Ausbildungszeugnis

Frau Lydia Hammer, geboren am [Geburtsdatum] in Bietigheim-Bissingen, hat vom [Eintrittsdatum] bis zum [Austrittsdatum] in unserer Einrichtung der Behinderten-hilfe für geistig behinderte Kinder eine Ausbildung zur Heilerziehungshelferin nach den Richtlinien des Landes Baden-Württemberg absolviert.

Die Ausbildung umfasste zwei Jahre in Teilzeit, davon ein Jahr Schule mit theoretischer und praktischer Ausbildung und im Anschluss daran ein einjähriges Berufs-praktikum. Die Abschlussprüfung bestand sie mit der Gesamtnote gut, damit hat sie die staatliche Anerkennung erreicht.

Während ihrer Ausbildung haben wir Frau Hammer in Erziehungs- und Heilerzie-hungslehre, medizinischer Lehre und Psychologie der Behinderungen, Gesund-heits- und Krankheitslehre, Berufskunde einschließlich Berufsethik, Musik und Rhythmik, Sport und Spiel, Praxis- und Methodenlehre und Heilerziehungspflege praktisch und theoretisch eingeführt.

Sie hat sich immer mit Engagement und persönlichem Einsatz ihrer theoretischen und praktischen Ausbildung gewidmet. Das dabei erworbene umfassende und breite Fachwissen hat sie sicher und zielgerichtet in ihrer praktischen Arbeit um-gesetzt. Dabei zeigte sie sich auch unter schwierigen Arbeitsbedingungen und starken Belastungen den Anforderungen stets gewachsen.

Sie zeigte ein hohes Maß an Eigeninitiative und identifizierte sich mit den Aufga-ben der Einrichtung. Sie unterstützte unsere Fachkräfte in der Pflege, Begleitung, Förderung und Erziehung der Kinder. Aufgrund ihrer hohen sozialen Kompetenz war sie immer in der Lage, auf die betreuten Kinder in besonderer Weise einzu-gehen und diese sowohl bei der täglichen Pflege als auch in der Entwicklung von kreativen Möglichkeiten zu unterstützen und anzuleiten.

Frau Hammer hat alle Aufgaben stets zu unserer vollen Zufriedenheit erfüllt.

Das Verhalten von Frau Hammer gegenüber Vorgesetzten, Lehrern, Eltern und sonstigen Angehörigen unserer betreuten Kinder war jederzeit einwandfrei.

Frau Hammer wird auch weiter in unserer Einrichtung arbeiten und sich hier zur Heilerziehungspflegerin weiterbilden lassen. Wir begrüßen diese Entwicklung sehr und wünschen uns eine weiterhin so förderliche Zusammenarbeit wie bisher.

Stuttgart, [Ausstellungsdatum]

Rolf Herloff
Geschäftsführer

GUTACHTEN

Einleitung: Der einleitende Absatz ist in Ordnung, alle wesentlichen Elemente werden genannt.

Tätigkeitsbeschreibung: Sie ist angemessen detailliert. Die Beschreibung dokumentiert, dass Frau Hammer ein weites Aufgabenspektrum abdecken kann.

Fachwissen: Es („umfassende und breite Fachwissen") wird mit gut bewertet.

Leistungsbeurteilung: Sie liegt laut dem Kernsatz: „Frau Hammer hat alle Aufgaben stets zu unserer vollen Zufriedenheit erfüllt", und den Sätzen zuvor bei gut.

Verhaltensbeurteilung: Das Verhalten wird laut dem Kernsatz: „Das Verhalten von Frau Hammer gegenüber ... war jederzeit einwandfrei", mit gut bewertet.

Schlussformel: Sie ist in Ordnung, sie bewertet Frau Hammer mit gut.

Fazit: Frau Hammer wird mit gut bewertet.

37 Kinderkrankenschwester

Ausbildungszeugnis

Frau Bettina Grohs, geboren am [Geburtsdatum] in Osnabrück, wurde vom [Eintrittsdatum] bis zum [Austrittsdatum] in unserer Berufsfachschule für pflegerische Berufe als Kinderkrankenschwester ausgebildet.

Die Ausbildung erfolgte in einem Zeitraum von drei Jahren in Theorie und Praxis. Die Ausbildung umfasste 4.920 Schulstunden und 280 Stunden praktisch im Städtischen Krankenhaus.

Während dieser Zeit bildeten wir Frau Grohs erfolgreich in den folgenden Aufgabenbereichen aus:

- umfassende und verantwortliche Pflege entsprechend dem seelischen und körperlichen Zustand des Kindes
- gewissenhafte Vorbereitung, Assistenz und Nachbereitung bei diagnostischen sowie therapeutischen Maßnahmen
- Beobachtung und Überwachung der Lebensfunktionen der Kinder und Jugendlichen
- Bewertung und Anleitung der Kinder und Eltern zu pflegerischen Maßnahmen
- Fördern und Wahren der Eigenständigkeit der Kinder
- Probleme von Kindern und Eltern erkennen und Lösungen finden
- Dokumentation der pflegerischen Maßnahmen und der Ergebnisse der Pflege sowie der Behandlung und der Untersuchungsergebnisse der Kinder

Frau Grohs hat sich mit großem Engagement und hoher Motivation ihrer Ausbildung gewidmet und diese mit der Gesamtnote gut abgeschlossen. Sie hat sich umfangreiche und vielseitige Fachkenntnisse erworben, die sie sicher und ergebnisorientiert in der praktischen Arbeit umgesetzt hat. Hierbei kamen ihr ihre guten Vorkenntnisse in den naturwissenschaftlichen Fächern zugute. Mit viel Eigeninitiative hat sie ihr Wissen durch einen vorbildlichen Lerneifer weiter ausgebaut.

Frau Grohs überblickte auch schwierige Zusammenhänge, erkannte das Wesentliche und zeigte praktikable Lösungen auf. Ihre große Fähigkeit zum selbstständigen Denken ließ sie Situationen klar und rasch erfassen und sicher handeln. Sie verfügt über ein hohes Maß an psychischer und körperlicher Belastbarkeit und zeichnete sich durch eine gute Verlässlichkeit und die Fähigkeit aus, auf kranke Kinder und deren Angehörige mitfühlend einzugehen.

Mit den Leistungen von Frau Grohs waren wir immer voll zufrieden.

Ihr Verhalten gegenüber Vorgesetzten und Ausbildern war immer einwandfrei. Ihr Auftreten war geprägt von ihrer zuvorkommenden, freundlichen und hilfsbereiten Art.

Das Ausbildungsverhältnis endet mit dem heutigen Tag. Wir danken Frau Grohs für ihre stets gute Mitarbeit und freuen uns, dass sie im unmittelbaren Anschluss an ihre Ausbildung als Kinderkrankenschwester vom städtischen Krankenhaus übernommen wird. Für ihre berufliche und private Zukunft wünschen wir ihr alles Gute und weiterhin viel Erfolg.

Osnabrück, [Ausstellungsdatum]

Ruth Welter
Ausbildungsleiterin

GUTACHTEN

Einleitung: Der einleitende Absatz ist in Ordnung.

Tätigkeitsbeschreibung: Sie ist angemessen detailliert, damit empfiehlt sich Frau Grohs als kompetente Fachkraft.

Fachwissen: Es („umfangreiche und vielseitige Fachkenntnisse") wird mit gut bewertet.

Leistungsbeurteilung: Sie liegt laut dem Kernsatz: „Mit den Leistungen von Frau Grohs waren wir immer voll zufrieden", und dem Kontext bei gut.

Verhaltensbeurteilung: Sie liegt laut dem Kernsatz: „Ihr Verhalten gegenüber Vorgesetzten und Ausbildern war immer einwandfrei", und dem folgenden Satz bei gut.

Schlussformel: Sie ist in Ordnung, sie bestätigt die Gesamtnote des Zeugnisses.

Fazit: Frau Grohs wird mit gut bewertet.

38 Krankenpflegehelferin

Ausbildungszeugnis

Frau Franca Hillert, geboren [Geburtsdatum] in Berlin, hat vom [Eintrittsdatum] bis zum [Austrittsdatum] in unserer Berufsfachschule II, Berlin-Mitte, in Zusammenarbeit mit dem Alten- und Pflegeheim *Theresa* in Berlin-Schöneberg ihre Ausbildung zur Krankenpflegehelferin absolviert.

Dabei wurde sie in Theorie und Praxis in den nachfolgenden Aufgaben ausgebildet:

- Unterstützung der Pflegebedürftigen bei Verrichtungen des täglichen Lebens wie Nahrungsaufnahme, Aufstehen, Körperpflege, Toilettengang
- Austeilung von Essen und Getränken sowie Zubereitung von Tee, Kaffee, Kakao etc.
- Begleitung zu Untersuchungen und Behandlungen
- Überwachen der ärztlichen Anweisungen
- Durchführung von einfachen ärztlichen Anordnungen wie Verbinden, Zäpfchen verabreichen, Messung von Puls, Temperatur und Blutdruck
- Austeilen der Medikamente
- Betten richten
- Hilfe bei der Führung von Pflegeakten
- Erledigung von Einkäufen und anderen kleinen Handreichungen

Frau Hillert hat sich während ihrer Ausbildung ein umfassendes und vielseitiges Fachwissen angeeignet, das sie in der praktischen Arbeit gut und sicher eingesetzt hat. Den theoretischen Unterricht hat sie mit viel Interesse und großer Aufmerksamkeit verfolgt und die daraus erworbenen Kenntnisse durch Weiterarbeit zu Hause vertieft, sodass sie ihre Prüfung zur Krankenpflegehelferin mit der Gesamtnote gut abgeschlossen hat.

Frau Hillert bewies jederzeit große Einsatzbereitschaft, viel Engagement und hohen persönlichen Einsatz. Insbesondere im Umgang mit alten und kranken Menschen, die stark pflegebedürftig sind, war sie immer bereit, zusätzliche Aufgaben und Verantwortung zu übernehmen.

Den hohen psychischen und körperlichen Anforderungen zeigte sie sich jederzeit gewachsen, sie ging mit Optimismus ihren Aufgaben nach und erfüllte auch unter starker Belastung unsere Erwartungen in guter Weise. Sie war immer in der Lage, auf die Patienten mitfühlend und fürsorglich einzugehen. Auch in unvorhergesehenen Situationen behielt sie den Überblick und war stets in der Lage, entsprechende Hilfsmaßnahmen einzuleiten.

Mit den Leistungen von Frau Hillert waren wir immer sehr zufrieden.

Das Verhalten von Frau Hillert gegenüber Vorgesetzten und Ausbildern war immer einwandfrei. Von den pflegebedürftigen Menschen und deren Angehörigen wurde sie stets geschätzt wegen ihres frischen, fröhlichen und hilfsbereiten Wesens.

Die Ausbildung von Frau Hillert endet mit dem heutigen Tag. Wir danken ihr für ihre jederzeit offene und freundliche Art und die bisherige gute Arbeit und freuen uns, dass sie aufgrund ihrer stets guten Leistungen vom Alten- und Pflegeheim *Theresa* in ein unbefristetes Arbeitsverhältnis übernommen wird. Für ihren weiteren beruflichen wie privaten Lebensweg wünschen wir ihr weiterhin alles Gute.

Berlin, [Ausstellungsdatum]

Hedi Gruber
Ausbildungsleiterin

GUTACHTEN

Einleitung: Der einleitende Absatz ist perfekt.

Tätigkeitsbeschreibung: Sie ist angemessen detailliert.

Fachwissen: Es („umfassendes und vielseitiges Fachwissen") wird mit gut bewertet.

Leistungsbeurteilung: Sie liegt laut dem Kernsatz: „Mit den Leistungen von Frau Hillert waren wir immer sehr zufrieden", und dem Kontext bei gut.

Verhaltensbeurteilung: Sie liegt laut dem Kernsatz: „Das Verhalten von Frau Hillert gegenüber Vorgesetzten und Ausbildern war immer einwandfrei", und dem Satz danach bei gut.

Schlussformel: Sie ist in Ordnung, sie bestätigt die Gesamtnote des Zeugnisses.

Fazit: Frau Hillert wird mit gut bewertet.

39 Medizinischer Fachangestellter

Ausbildungszeugnis

Herr Daniel Schwarz, geboren am [Geburtsdatum] in Bamberg, ist vom [Eintrittsdatum] bis zum [Austrittsdatum] entsprechend dem Berufsbild und der Ausbildungsordnung zum Medizinischen Fachangestellten ausgebildet worden.

Er war für folgende Aufgaben zuständig:

- Assistenz bei Untersuchung, Behandlung und chirurgischen Eingriffen
- Einsatz und Assistenz bei Notfällen
- Betreuung und Beratung der Patienten vor, während und nach der Behandlung
- Information der Patienten über Ziele und Möglichkeiten der Vor- und Nachsorge
- Durchführung von Hygienemaßnahmen und Laborarbeiten
- Anwendung und Beachtung der Umweltschutzmaßnahmen
- Überwachung der Terminplanungen
- Dokumentation der Behandlungsabläufe
- Erfassung erbrachter Leistungen für die Abrechnung
- Mitwirkung beim Qualitätsmanagement

Ergänzend zu seiner praktischen Ausbildungszeit besuchte Herr Schwarz die Berufsschule. Diese hat er mit der Note gut abgeschlossen. Er hat während seiner Ausbildungszeit sehr gute Fachkenntnisse erworben, die er stets mit ausgezeichnetem Erfolg in den weiteren Ausbildungsprozess und in seine tägliche Arbeit einbringen konnte. Unsere internen Schulungen nutzte er sehr engagiert und erfolgreich, um seine Fertigkeiten zu erweitern.

Besonders hervorzuheben ist seine überdurchschnittliche Fähigkeit, stets richtige und effektive Lösungen zu finden. Herr Schwarz war immer ein überdurchschnittlich motivierter und einsatzbereiter Auszubildender. Trotz der vielen anfallenden Aufgaben und der zusätzlichen Belastung in der Berufsschule war er jederzeit eine hervorragende Unterstützung für unsere Mitarbeiter. Wegen seiner außerordentlich umsichtigen, verantwortungsbewussten und zielstrebigen Arbeitsweise wurde er von allen Abteilungen sehr geschätzt.

Die Ausbildungsleistungen von Herrn Schwarz haben unseren hohen Erwartungen stets und in allerbester Weise entsprochen.

Sein persönliches Verhalten gegenüber Vorgesetzten, Ausbildern und Mitarbeitern war zu jeder Zeit und in jeder Hinsicht vorbildlich. Seinen Mitauszubildenden gegenüber verhielt er sich stets kameradschaftlich und hilfsbereit.

Herr Schwarz wird nach seiner Ausbildung in ein Arbeitsverhältnis übernommen, seinem Wunsch entsprechend wird er in der Notaufnahme eingesetzt. Wir danken ihm für seine jederzeit sehr guten Leistungen. Für seine weitere Laufbahn in unserem Hause wünschen wir ihm beruflich weiterhin sehr viel Erfolg und privat alles Gute.

Würzburg, [Austrittsdatum]

Hanna Hase
(Ausbildungsleiterin)

GUTACHTEN

Einleitung: In der Einleitung sind alle wichtigen Daten, also Name, Geburtsdatum, Geburtsort, Ausbildungszeitraum und Ausbildungsberuf enthalten.

Tätigkeitsbeschreibung: Die Tätigkeiten von Herrn Schwarz sind ausführlich und klar beschrieben.

Fachwissen: Die Bewertung des Fachwissens („sehr gute Fachkenntnisse") fällt sehr gut aus.

Leistungsbeurteilung: Herr Schwarz war nicht nur ein „überdurchschnittlich motivierter und einsatzbereiter Auszubildender", er wurde auch wegen seiner „außerordentlich umsichtigen, verantwortungsbewussten und zielstrebigen Arbeitsweise" sehr geschätzt, dies ist in seinem erlernten Beruf von großer Wichtigkeit. Die Leistungsbeurteilung schließt mit dem Kernsatz: „Die Ausbildungsleistungen von Herrn Schwarz haben unseren hohen Erwartungen stets und in allerbester Weise entsprochen", er bestätigt die sehr gute Note.

Verhaltensbeurteilung: Der Kernsatz: „Sein persönliches Verhalten ... war zu jeder Zeit und in jeder Hinsicht vorbildlich", und der folgende Satz bewerten das Verhalten mit sehr gut.

Schlussformel: Sie rundet das Gesamtbild eines insgesamt sehr guten Zeugnisses noch einmal ab.

Fazit: Herr Schwarz wird mit sehr gut bewertet.

40 OP-Schwester

Ausbildungszeugnis

Frau Alexandra Nuber, geboren am [Geburtsdatum] in Lübeck, wurde vom [Eintrittsdatum] bis zum [Austrittsdatum] in unserem Klinikum zur OP-Schwester ausgebildet.

Während ihrer Ausbildung konnte Frau Nuber folgende Kenntnisse erwerben:

- Mitwirkung bei diagnostischen und therapeutischen Maßnahmen
- Ermittlung der Patientendaten wie Blutdruck, Temperatur etc.
- Verabreichung der Medikamente
- Vorbereitung des Operationssaals
- Bereitstellung der Instrumente und Geräte
- Assistenz bei operativen und endoskopischen Eingriffen
- Durchführung von Desinfektions- und Sterilisationsmaßnahmen im OP
- Dokumentation der Pflege

Sie hat sich während ihrer Ausbildung ein umfangreiches und vielseitiges Fachwissen erworben, das sie gut in der praktischen Arbeit umsetzen konnte. Sie hat sich mit großem Engagement und einer hohen Einsatzfreude und Motivation gewidmet und dementsprechend die Ausbildung mit der Gesamtnote gut abgeschlossen.

Den hohen Belastungen ihrer täglichen Arbeit war sie jederzeit gewachsen, wobei die Qualität ihrer Arbeitsergebnisse immer gut war. Die Arbeit im Operationssaal bringt hohe Anforderungen an Zuverlässigkeit, ständige Konzentration und Genauigkeit mit sich. Diesen Anforderungen zeigte sich Frau Nuber stets gewachsen. Sie behielt auch in Situationen höchster Belastung immer den Überblick und reagierte schnell und effizient.

Frau Nuber hat die ihr übertragenen Aufgaben stets zu unserer vollen Zufriedenheit erfüllt.

Mit allen Ansprechpartnern kam Frau Nuber gut zurecht und begegnete ihnen stets mit ihrer freundlichen, offenen und zuvorkommenden Art. Ihr Verhalten gegenüber Vorgesetzten, Ausbildern, Kollegen und Patienten war jederzeit einwandfrei.

Das Ausbildungsverhältnis endet mit dem heutigen Tage. Wir bedanken uns für ihre engagierte und stets gute Zusammenarbeit und freuen uns, dass wir ihr aufgrund ihrer Leistungen in unserem Klinikum eine unbefristete Stelle anbieten können. Wir freuen uns auf eine weiterhin gute Zusammenarbeit.

Lübeck, [Ausstellungsdatum]

Matthias Wilke
Verwaltungsdirektor

GUTACHTEN

Einleitung: Es werden alle wichtigen Daten genannt.

Tätigkeitsbeschreibung: Frau Nubers Tätigkeiten werden im Zeugnis ausreichend detailliert beschrieben.

Fachwissen: Es „(umfangreiches und vielseitiges Fachwissen") wird mit gut bewertet.

Leistungsbeurteilung: Sie liegt laut dem Kernsatz („Frau Nuber hat die ihr übertragenen Aufgaben stets zu unserer vollen Zufriedenheit erfüllt.") und den zwei Absätzen zuvor bei gut.

Verhaltensbeurteilung: Ihr Verhalten wird laut dem Kernsatz: „Ihr Verhalten gegenüber Vorgesetzten, Ausbildern, Kollegen und Patienten war jederzeit einwandfrei", und dem Satz zuvor mit gut bewertet.

Schlussformel: In dieser Form steht sie unter guten Zeugnissen.

Fazit: Frau Nuber wird mit gut bewertet.

41 Tiermedizinische Fachangestellte

Ausbildungszeugnis

Frau Meike Bruch, geb. am [Geburtsdatum] in Dresden, hat in unserem Unternehmen vom [Eintrittsdatum] bis zum [Austrittsdatum] eine Berufsausbildung zur Tiermedizinischen Fachangestellten absolviert.

Zum Aufgabenbereich der Frau Bruch gehörten folgende Tätigkeiten:

- Sprechstundenablauf organisieren
- Tiere und Tierhalter betreuen
- Notfallpatienten versorgen
- bei Operationen und Behandlungen assistieren
- Tiere auf der Krankenstation versorgen
- Laborarbeiten durchführen
- für Hygiene und Ordnung in der Praxis sorgen
- Verwaltungsarbeiten durchführen

Begleitend besuchte Frau Bruch die Fachklasse der Berufsschule. Wir beglückwünschen sie zu ihrem Ausbildungsabschluss mit der Endnote gut. Bereits nach kürzester Zeit verfügte sie über gute Fachkenntnisse. Wir konnten sie so schnell und effektiv in unsere Arbeitsabläufe einbinden. Durch die Teilnahme an zahlreichen Schulungen und Seminaren hat sie ihr fachliches Wissen stets erfolgreich erweitert.

Ihre gute Auffassungsgabe ermöglichte es Frau Bruch, neue Arbeitssituationen und Probleme schnell zutreffend zu erfassen. Durch eine logische Vorgehensweise und Urteilsfähigkeit fand sie immer ausgezeichnete Lösungen. Sie war eine sehr engagierte Auszubildende, die besonders durch ihre hervorragende Leistungsbereitschaft überzeugen konnte.

Die Ausbildungsleistungen von Frau Bruch haben unseren hohen Erwartungen stets und in bester Weise entsprochen.

Sie wurde von Vorgesetzten, Ausbildern, Kollegen und Kunden immer als freundliche und hilfsbereite Mitarbeiterin geschätzt.

Frau Bruch verlässt uns mit dem Abschluss ihrer Ausbildung. Da wir in diesem Jahr über Bedarf ausgebildet haben, können wir unsere Auszubildenden leider nicht in ein Arbeitsverhältnis übernehmen. Für die stets gute Mitarbeit danken wir Frau Bruch und wünschen ihr weiterhin beruflich und privat alles Gute.

Köln, [Austrittsdatum]

Dr. Klaus Hansen
(Tierarzt)

GUTACHTEN

Einleitung: Die Einleitung des Zeugnisses ist in Ordnung, weil alle wesentlichen Informationen, also Vor- und Zuname, Geburtsdatum und -ort, Ausbildungszeitraum und Ausbildungsberuf, genannt werden.

Tätigkeitsbeschreibung: Frau Bruchs Tätigkeiten werden im Zeugnis angemessen detailliert beschrieben.

Fachwissen: Das Fachwissen wird laut der zentralen Aussage „gute Fachkenntnisse" mit gut bewertet. Positiv ist zudem der Hinweis, dass sich Frau Bruch durch Schulungen und Seminare zusätzlich weitergebildet hat.

Leistungsbeurteilung: Die Benotung liegt laut dem abschließenden Satz zur Leistungsbeurteilung: „Die Ausbildungsleistungen von Frau Bruch haben unseren hohen Erwartungen stets und in bester Weise entsprochen", und den beiden Absätzen davor bei gut.

Verhaltensbeurteilung: Die Note liegt laut dem Kernsatz: „Sie wurde von Vorgesetzten, Ausbildern, Kollegen und Kunden immer als freundliche und hilfsbereite Mitarbeiterin geschätzt", bei gut.

Schlussformel: Sie ist in Ordnung, weil alle wesentlichen Bestandteile für eine gute Bewertung genannt werden: Grund des Ausscheidens — Bedauern darüber — Dank für die geleistete Arbeit — Zukunftswünsche. Die Schlussformel bestätigt die Gesamtnote des Zeugnisses.

Fazit: Frau Bruch wird mit gut bewertet.

42   Zahnarzthelferin

Ausbildungszeugnis

Frau Petra Dostal, geboren am [Geburtsdatum] in Budapest, wurde vom [Eintritts-datum] bis zum [Eintrittsdatum] in unserer Praxis als Zahnarzthelferin ausgebildet.

Frau Dostal war unter anderem für folgende Aufgaben zuständig:

- Assistenz bei Untersuchungen, Behandlungen und Eingriffen an den Patientinnen,
- Patienten empfangen und Anlegen persönlicher Karteikarten
- Betreuung nervöser Patienten
- Patienten nach der Behandlung über Prophylaxemaßnahmen informieren
- Umfassende Assistenz des Zahnarztes
- Parodontaltherapien,
- Röntgenaufnahmen anfertigen
- In Notfallsituationen, wie etwa Ohnmacht oder Schock Patienten Hilfe bieten
- Säubern und desinfizieren des Zahnarztstuhles und seines Umfeldes
- Prothesenreparaturen erledigen
- Polier- und Fräsarbeiten rund und Gipsmodelle sowie Prothesenrändern
- Kommunikation mit Dentallabors
- Rechnungen für Kassen- und Privatpatienten ausstellen, wenn nötig Mahnver-fahren einleiten
- Schriftverkehr mit Patienten, Versicherungen usw. abwickeln

Frau Dostal verfügt über ein umfassendes und vielseitiges Fachwissen, das sie in ihrer täglichen Arbeit konsequent und erfolgreich für die Praxis einsetzte. Bei ihrer Arbeit griff sie zielsicher auf ihre tiefgehenden IT-Kenntnisse zurück. Auch ihrer schulischen Ausbildung widmete sie sich mit großem Ehrgeiz, was sich in ihren durchgehend guten Noten ebenso niederschlägt wie in ihrer Abschlussnote gut.

Ihren Aufgaben zeigte sie sich auch aufgrund ihrer hohen Belastbarkeit und ihrer professionellen Entscheidungsfreude immer gewachsen. Dabei kommt Frau Dostal ihr differenziertes Qualitätsbewusstsein, ihr ausgeprägtes Verantwortungsbe-wusstsein und ihre hohe Zuverlässigkeit unterstützend zugute. Zudem ist sie sehr kommunikationsstark, sie drückt sich jederzeit klar aus und tritt auf vor unserer Patienten souverän auf.

Auch unter starker Belastung behält sie die Übersicht, handelte überlegt, gewis-senhaft und zuverlässig., ohne jedoch ihre Kompetenzen zu überschreiten. In Notsituationen ist sie gut in der Lage, beruhigend auf die Patientinnen einzuwirken und ärztliche Hilfe zu organisieren. Dabei erkennt sie immer sicher, in welchen Fällen dies erforderlich ist.

Frau Dostal erledigte die ihr übertragenen Aufgaben stets zu unserer vollen Zufriedenheit.

Als hilfsbereite und sehr freundliche Ansprechpartnerin wurde Frau Dostal allseits sehr geschätzt. Sie trat immer zuvorkommend und mit ausgezeichneten Umgangsformen auf. Ihr Verhalten gegenüber Vorgesetzten und Kollegen war jederzeit einwandfrei. Unseren Patienten begegnete sie freundlich und hilfsbereit, dabei ging sie sensibel auf deren Wünsche und Nöte ein.

Frau Dostal verlässt uns mit dem Abschluss ihrer Ausbildung. Da wir in diesem Jahr über Bedarf ausgebildet haben, können wir sie leider nicht in ein Arbeitsverhältnis übernehmen. Wir bedanken uns für die erfolgreiche Zusammenarbeit und wünschen ihr für ihre berufliche und private Zukunft alles Gute und weiterhin viel Erfolg.

Bonn, [Ausstellungsdatum]

Dr. Adam Sosch
Zahnarzt

GUTACHTEN

Einleitung: Der einleitende Satz ist in Ordnung, er enthält alle erforderlichen Bestandteile.

Tätigkeitsbeschreibung: Sie ist ausführlich genug, daher entstehen Frau Dostal aus der Tätigkeitsbeschreibung heraus keine Karrierenachteile.

Fachwissen: Es („umfassendes und vielseitiges Fachwissen ") wird mit gut bewertet.

Leistungsbeurteilung: Sie liegt laut Kernsatz („Frau Dostal erledigte die ihr übertragenen Aufgaben stets zu unserer vollen Zufriedenheit ") und den drei Absätzen zuvor bei gut.

Verhaltensbeurteilung: Frau Dostals Verhalten wird laut Kernsatz („Ihr Verhalten gegenüber Vorgesetzten und Kollegen war jederzeit einwandfrei") und den restlichen Sätzen des Absatzes mit gut bewertet.

Schlussformel: Sie bewertet Frau Dostal mit gut, damit wird die Gesamtnote des Ausbildungszeugnisses bestätigt.

Fazit: Frau Dostal wird mit gut bewertet.

5.5 Handwerk

43 Anlagenmechaniker für Sanitär-, Heizungs- und Klimatechnik

Ausbildungszeugnis

Herr Alfred Kessler, geboren am [Geburtsdatum] in Münster, wurde am [Eintrittsdatum] zur Ausbildung als Anlagenmechaniker für Sanitär-, Heizungs- und Klimatechnik in unser Unternehmen eingestellt.

Er wurde in folgende Aufgabenfelder eingewiesen:

- geeignete Rohre, Formstücke, Armaturen, Bleche, Profile auswählen
- Maße aus den technischen Unterlagen übernehmen und auf Bauteile übertragen
- Rohrformstücke wie Bögen, Abzweigungen herstellen, und zwar durch Kalt- und Warmbiegen, Aufweiten, Aushalsen, Gewindeschneiden
- Rohrleitungen und Bauteile von Ver- und Entsorgungsanlagen montieren
- Rohrverlegung vorbereiten (z. B. Mauer- und Deckendurchbrüche)
- Heizkörper installieren
- Bauteile dämmen, isolieren bzw. abdichten
- elektrische Anschlüsse von Komponenten versorgungstechnischer Anlagen und Systeme herstellen und elektrische Baugruppen und Komponenten in versorgungstechnische Anlagen und Systeme installieren und prüfen
- bei Störungen Fehler suchen, analysieren und defekte Teile austauschen
- Kunden beraten und betreuen, z. B. über Produkte und Dienstleistungsangebote des Betriebes informieren

Ergänzend zu seiner praktischen Ausbildungszeit besuchte Herr Schwarz die Berufsschule. Diese hat er mit der Note befriedigend abgeschlossen. Er setzte seine erworbenen Fachkenntnisse sicher und zielgerichtet in der Praxis ein; er arbeitete sich schnell in die unterschiedlichen Arbeitsfelder ein.

Er war gut motiviert, belastbar und verfügte über eine gute Arbeitsbefähigung, die er zuverlässig und zügig umsetzte. Die Qualität seiner Arbeitsergebnisse war jederzeit zufriedenstellend. Wir haben Herrn Kessler als einen engagierten und verantwortungsbewussten Mitarbeiter kennen gelernt, der seine Aufgaben in der Regel selbstständig lösen konnte.

Wir waren mit seinen Leistungen voll zufrieden.

Herrn Kesslers Verhalten gegenüber Vorgesetzten, Mitarbeitern und Kunden war einwandfrei.

Das Arbeitsverhältnis endet heute mit dem letzten Tag des dreijährigen Arbeitsverhältnisses. Wir können Herrn Kessler keine Stelle in unserem Unternehmen anbieten, wir danken ihm für die Mitarbeit und wünschen ihm für seine Zukunft alles Gute und viel Erfolg.

Münster, [Ausstellungsdatum]
_____
Achim Neusser
(Geschäftsführer)

GUTACHTEN

Einleitung: Sie ist perfekt, sie enthält alle nötigen Bestandteile.

Tätigkeitsbeschreibung: Sie ist angemessen detailliert.

Fachwissen: Es wird mit („Fachkenntnisse sicher und zielgerichtet in der Praxis ein") befriedigend bewertet.

Leistungsbeurteilung: Sie liegt laut dem Kernsatz: „Wir waren mit seinen Leistungen voll zufrieden", bei befriedigend. Hier fehlt der Zeitfaktor „stets", mit dem Mittel des beredten Schweigens wird hierdurch zum Ausdruck gebracht, dass die attestierte volle Zufriedenheit nicht immer vorhanden war. Der Rest der Leistungsbeurteilung bewertet ihn auch mit befriedigend.

Verhaltensbeurteilung: Sie liegt laut dem Kernsatz: „Herr Kesslers Verhalten gegenüber Vorgesetzten, Mitarbeitern und Kunden war einwandfrei", bei befriedigend.

Schlussformel: In der Schlussformel fehlt das Bedauern über sein Ausscheiden, das ist negativ, damit wird die Gesamtbewertung des Zeugnisses bestätigt.

Fazit: Herr Kessler wird mit befriedigend bewertet.

44   Dachdecker

(Dieses Zeugnis finden Sie auch in Kapitel 6 in der englischen Adaption.)

Ausbildungszeugnis

Herr Peter Müller, geboren am [Geburtsdatum] in Köln, absolvierte vom [Eintritts-datum] bis zum [Austrittsdatum] in unserem kleinen Unternehmen seine Ausbildung als Dachdecker.

Herr Müller erlernte während seiner Ausbildung folgende Tätigkeiten:

- Unterschiedliche Dächer mit verschiedenen Materialen (Ton, Schiefer oder Ziegeln) decken, z.B. Flach-, Turm- oder Satteldach
- Häuserwände abdichten
- Verkleidung von Außenwänden mit Metalltafeln, Natursteinplatten und Holzelementen.
- Dachfenster und -rinnen abdichten, ebenso Blitzschutzanlagen
- Konstruktion für Fachwerkwände und Dachstühle
- Reparatur und Sanierung von Außenwänden und Dächern
- Einrichtung der Baustellen, u.a. Aufstellung von Warnschildern und Sperrung von Gehwegen und Anbringung von Gerüsten und Netzen sowie Aufstellung von Mobilkranen und Dachaufzügen
- Berücksichtigung der aktuellen Umweltrichtlinien und der Energiesparverordnung

Ergänzend zu seiner praktischen Ausbildungszeit besuchte Herr Müller die Berufsschule. Diese hat er mit der Note gut abgeschlossen. Er hat während seiner Ausbildungszeit gute Fachkenntnisse erworben, die er zielsicher in den weiteren Ausbildungsprozess einbringen konnte. Außerdem nahm er erfolgreich an drei Schulungen der Dachdecker-Innung teil.

Seine gute Auffassungsgabe befähigte Herrn Müller auch schwierige Ausbildungsinhalte schnell zu erfassen. Hervorzuheben ist seine Fähigkeit, gute Lösungen zu finden. Er war ein sehr motivierter und einsatzbereiter Auszubildender. Auch bei hoher Belastung erreichte er die gestellten Ausbildungsziele. Herr Müller genoss als Auszubildender unser volles Vertrauen. Hervorheben möchten wir seine hohe Zuverlässigkeit und das Pflichtbewusstsein des Auszubildenden, zudem zeichnete sich seine Arbeit von einer hohen handwerklichen Qualität aus.

Herr Müller erledigte seine Aufgaben stets zu unserer vollen Zufriedenheit.

Sein kollegiales Wesen sicherte ihm immer ein gutes Verhältnis zu Vorgesetzten, Ausbildern und Kollegen. Im Umgang mit Kunden war er jederzeit freundlich und respektvoll.

Herr Müller verlässt uns mit dem Abschluss seiner Ausbildung. Da wir in diesem Jahr über Bedarf ausgebildet haben, können wir unsere Auszubildenden leider nicht in ein Arbeitsverhältnis übernehmen. Für die gute Mitarbeit danken wir ihm und wünschen ihm weiterhin beruflich und privat alles Gute.

Duisburg, [Austrittsdatum]

Anton Zilkowski
(Geschäftsführer)

GUTACHTEN

Einleitung: Die Einleitung des Zeugnisses ist in Ordnung, weil alle wesentlichen Informationen, also Vor- und Zuname, Geburtsdatum und -ort, Ausbildungszeitraum und Ausbildungsberuf, genannt werden.

Tätigkeitsbeschreibung: Herrn Müllers Tätigkeiten werden im Zeugnis angemessen detailliert beschrieben.

Fachwissen: Das Fachwissen („gute Fachkenntnisse") wird mit gut bewertet. Positiv ist hier der Hinweis, dass Herr Müller sein Fachwissen auch erfolgreich umsetzt. Ebenso gut ist, dass er erfolgreich an externen Fortbildungen teilgenommen hat.

Leistungsbeurteilung: Die Benotung liegt laut dem abschließenden Satz zur Leistungsbeurteilung: „Herr Müller erledigte seine Aufgaben stets zu unserer vollen Zufriedenheit", und den beiden Absätzen davor bei gut.

Verhaltensbeurteilung: Die Note liegt laut dem Kernsatz: „Sein kollegiales Wesen sicherte ihm immer ein gutes Verhältnis zu Vorgesetzten, Ausbildern und Kollegen", und dem folgenden Satz bei gut.

Schlussformel: Sie ist in Ordnung, weil alle wichtigen Bestandteile für die Note gut genannt werden: Grund des Ausscheidens — Bedauern darüber — Dank für die geleistete Arbeit — Zukunftswünsche.

Fazit: Herr Müller wird mit der Gesamtnote gut bewertet.

45   Drechsler

Ausbildungszeugnis

Herr Murat Demir, geb. am [Geburtsdatum] in Marzhausen, hat vom [Eintrittsdatum] bis zum [Austrittsdatum] in unserem Unternehmen den Beruf Drechsler mit Erfolg erlernt.

Zum Aufgabenbereich des Herrn Demir gehörten folgende Tätigkeiten:

- Anfertigung und Lesen von Skizzen und Zeichnungen
- Grundlagen der Gestaltung
- Zuschneiden von unterschiedlichen Hölzern und Kunststoffen
- Drehen und Drechseln von Hölzern und Kunststoffen
- Einrichtung, Bedienung und Wartung von Maschinen
- Holzlagerung kontrollieren
- Hölzer und Kunststoffe bestellen
- Instandhaltung von Handwerkszeug
- Prüfung der Beschaffenheit und Eigenschaften von Holz und Holzwerkstoffen

Begleitend besuchte Herr Demir die Fachklasse der Berufsschule. Wir beglückwünschen ihn zu seinem Ausbildungsabschluss mit der Endnote gut. Bereits nach kürzester Zeit seiner Ausbildung verfügte er über sehr gute Fachkenntnisse. Wir konnten ihn so sehr schnell und effektiv in unsere Arbeitsabläufe einbinden. Unsere internen Schulungen nutzte er stets sehr engagiert und sehr erfolgreich, um seine Fertigkeiten zu erweitern. Durch seine sehr gute Auffassungsgabe konnte sich Herr Demir jederzeit schnell in neue Aufgabengebiete einarbeiten.

Durch seine hervorragende logische Vorgehensweise und Urteilsfähigkeit fand er immer ausgezeichnete Lösungen. Herr Demir war ein äußerst engagierter Auszubildender, der besonders durch seine außergewöhnliche Leistungsbereitschaft überzeugen konnte. Auch bei höchster Belastung erreichte er jederzeit die gestellten Ausbildungsziele. Hervorheben möchten wir die absolute Zuverlässigkeit und das Pflichtbewusstsein des Auszubildenden.

Mit den Ausbildungsleistungen von Herrn Demir waren wir stets außerordentlich zufrieden.

Sein persönliches Verhalten gegenüber Vorgesetzten, Ausbildern und Mitarbeitern war zu jeder Zeit und in jeder Hinsicht vorbildlich. Seinen Mitauszubildenden gegenüber verhielt er sich stets kameradschaftlich und hilfsbereit.

Herr Demir wird nach seiner Ausbildung weiter in unserem Unternehmen arbeiten. Wir freuen uns auf die weitere Zusammenarbeit mit ihm. Wir bedanken uns für sein außerordentliches Engagement und die erfolgreiche Zusammenarbeit und wünschen ihm für seine berufliche und private Zukunft alles Gute und weiterhin viel Erfolg.

Berlin, [Austrittsdatum]

_____

Wolfgang Klöckner
(Drechslermeister)

GUTACHTEN

Einleitung: Die Einleitung des Zeugnisses ist in Ordnung, weil alle wesentlichen Informationen, also Vor- und Zuname, Geburtsdatum und -ort, Ausbildungszeitraum und Ausbildungsberuf genannt werden.

Tätigkeitsbeschreibung: Die Tätigkeiten und der Ausbildungsstand von Herrn Demir werden im Zeugnis angemessen beschrieben.

Fachwissen: Das Fachwissen („sehr gute Fachkenntnisse") wird mit sehr gut bewertet. Dies wird verstärkt durch den Satz „Wir konnten ihn so sehr schnell und effektiv in unsere Arbeitsabläufe einbinden." Im Satz: „Unsere internen Schulungen nutzte er stets sehr engagiert und sehr erfolgreich ...", stehen die Wörter „stets" und „sehr" für einen engagierten Auszubildenden, der neben seiner beruflichen Tätigkeit auch alle Fort- und Weiterbildungsmöglichkeiten genutzt hat.

Leistungsbeurteilung: Die Benotung liegt laut dem abschließenden Satz zur **Leistungsbeurteilung:** „Mit den Ausbildungsleistungen von Herrn Demir waren wir stets außerordentlich zufrieden", bei sehr gut. Diese Note wird auch durch die beiden vorhergehenden Absätze betont.

Verhaltensbeurteilung: Herrn Demir wird ein sehr gutes Verhalten bescheinigt. Das ergibt sich aus dem Kernsatz: „Sein persönliches Verhalten gegenüber Vorgesetzten, Ausbildern und Mitarbeitern war zu jeder Zeit und in jeder Hinsicht vorbildlich", und dem folgenden Satz.

Schlussformel: Hier sind durch die Formulierungen „außerordentliches Engagement", „erfolgreiche Zusammenarbeit" sowie die guten Wünsche für die berufliche und private Zukunft und hier insbesondere durch die Verstärkung „weiterhin viel Erfolg" alle wesentlichen Bestandteile für die insgesamt sehr gute Zeugnisbewertung enthalten.

Fazit: Herr Demir wird mit sehr gut bewertet.

46   Elektroinstallateur

Ausbildungszeugnis

Herr Charly Kolbe, geboren am [Geburtsdatum] in Chemnitz, wurde vom [Eintritts-datum] bis zum [Austrittsdatum] in unserem Betrieb als Elektroinstallateur ausge-bildet.

Er war für folgende Tätigkeiten zuständig:

- Verlegen, Befestigen und Bündeln von Kabeln, Leitungen und Installationssys-temen sowohl der elektrischen Energietechnik wie auch der Kommunikations-technik
- Installation von Schaltern, Steckdosen, Stromkreisverteilern und anderer Schalt- und Verteilereinrichtungen
- Mitarbeit bei der Errichtung von Erdungs- und Blitzschutzanlagen
- Installation von Beleuchtungsanlagen nach Prüfung der Belichtungsverhält-nisse und Montage von Beleuchtungskörpern
- Mitarbeit bei der Installation von Hausleitsystemen zum Schalten, Steuern und Regeln von Hausleitsystemen
- Mitarbeit bei der Errichtung von Antennenanlagen für terrestrischen als auch für Satellitenrundfunk
- Einbau und Installation von ortsfesten elektrischen Geräten wie Spül- oder Waschmaschinen
- Durchführung von Stromdurchgangsprüfungen
- Ermittlung von Störungen bei elektrischen Anlagen
- Auswechseln defekter Teile
- Werkzeuge, Arbeitseinrichtungen sowie Prüf- und Messgeräte instand halten
- Kunden über Produkte und Dienstleistungen des Betriebes informieren und beraten
- Leistungen abrechnen

Begleitend besuchte Herr Kolbe die Fachklasse der Berufsschule. Wir beglückwün-schen ihn zu seinem Ausbildungsabschluss mit der Endnote gut. Er schließt seine Ausbildung mit dem Erwerb von umfassenden Fachkenntnissen, die er immer ziel-sicher einsetzte, ab. Er führte seine Aufgaben jederzeit sehr zügig aus, dabei ist seine hohe Zuverlässigkeit besonders hervorzuheben.

Er war stets motiviert, verantwortungsbewusst und verfügte über eine in jeder Hinsicht gute Arbeitsbefähigung. Herr Kolbe plante seine Arbeit stets sorgfältig und garantierte eine erfolgreiche Umsetzung, starkem Arbeitsanfall war er jederzeit gewachsen. Er integrierte sich vorbildlich in unsere Firma und förderte aktiv die Zusammenarbeit.

Wir waren während des gesamten Ausbildungsverhältnisses mit seinen Leistungen voll und ganz zufrieden.

Sein Verhalten gegenüber Vorgesetzten und Kollegen war vorbildlich. Gegenüber unseren Kunden und Geschäftspartnern trat er jederzeit höflich, sicher und gewandt auf.

Wir begrüßen es sehr, dass Herr Kolbe nun in unserem Unternehmen eine feste Stellung als Elektroinstallateur annimmt, um an seine jederzeit guten Leistungen anzuknüpfen, wir freuen uns auf eine weiterhin erfolgreiche Zusammenarbeit und bedanken uns für seine bisherige Arbeit.

Dresden, [Ausstellungsdatum]

Peter Müller
(Elektroinstallateurmeister)

GUTACHTEN

Einleitung: Sie ist in Ordnung.

Tätigkeitsbeschreibung: Sie ist sehr differenziert, damit empfiehlt sich Herr Kolbe als kompetenter Elektroinstallateur, der eine breit gefächerte Ausbildung erhalten hat.

Fachwissen: Es („umfassenden Fachkenntnissen") wird mit gut bewertet.

Leistungsbeurteilung: Sie liegt laut dem Kernsatz: „Wir waren während des gesamten Ausbildungsverhältnisses mit seinen Leistungen voll und ganz zufrieden", und den beiden Absätzen davor bei gut.

Verhaltensbeurteilung: Sie liegt laut dem Kernsatz: „Sein Verhalten gegenüber Vorgesetzten und Kollegen war vorbildlich", und dem folgenden Satz bei gut.

Schlussformel: Sie ist in Ordnung, in dieser Form steht sie unter guten Ausbildungszeugnissen.

Fazit: Herr Kolbe wir mit gut bewertet.

47 Elektroniker Informations- und Telekommunikationstechnik

Ausbildungszeugnis

Herr Leon Westphal, geboren am [Geburtsdatum] in Mainz, trat am [Eintrittsdatum] in unseren Betrieb als Auszubildender für den Berufszweig Elektroniker Fachrichtung Informations- und Kommunikationstechnik ein.

Er wurde nach einem festen Ausbildungsplan in allen dem Berufsbild entsprechenden Tätigkeiten ausgebildet. Er war besonders für folgende Aufgaben zuständig:

- Konzeption von Systemlösungen für Anlagen der Datenübertragung und Datenverarbeitung sowie für sicherheitstechnische Systeme
- Ausarbeitung von Sicherheitskonzepten
- Installation von Datennetzen und Telekommunikationsanlagen
- Einbau von Videoüberwachungssystemen, Zutrittskontrollsystemen und Einbruchmeldeanlagen
- Installation und Konfiguration von Gebäudeleiteinrichtungen
- Inbetriebnahme von Anlagen und Systemen der Informations- und Telekommunikationstechnik
- Analyse, Bewertung und Optimierung der Datenübertragung
- Schnittstellenprüfung und Anpassung unterschiedlicher Datenkommunikationssysteme
- systematische Fehlersuche in Anlagen und Systemen sowie Beseitigung der Fehler
- Prüfung und Instandhaltung von Informations- und Telekommunikationssystemen
- Installation, Konfiguration und Test systemspezifische Software
- Beratung und Betreuung von Kunden sowie Durchführung von Serviceleistungen

Herr Westphal besuchte während seiner Ausbildung begleitend die Berufsschule und schloss dort mit einem befriedigenden Ergebnis ab. Er verfügt über ein solides Fachwissen. Durch seine Auffassungsgabe war er in der Lage, neue Entwicklungen zu überschauen und deren Folgen abzuschätzen. Er bewies eine beachtliche Weitsicht, die es ihm ermöglichte verantwortungsvoll zu urteilen.

Auch unter schwierigen Arbeitsbedingungen und starker Belastung erfüllte er unsere Erwartungen in zufriedenstellender Weise. Er zeichnete sich durch seine hohe Verlässlichkeit aus.

Die Leistungen von Herrn Westphal waren voll und ganz zufriedenstellend.

Herr Westphals Verhalten gegenüber Vorgesetzten, Mitarbeitern und Kunden war einwandfrei.

Das Arbeitsverhältnis endet heute mit dem letzten Tag des dreieinhalbjährigen Arbeitsverhältnisses. Wir können Herrn Westphal keine Stelle in unserem Unternehmen anbieten, wir danken ihm für die Mitarbeit und wünschen ihm für seine Zukunft alles Gute und weiterhin viel Erfolg.

Rüsselsheim, [Ausstellungsdatum] _____

Klaus-Peter Stötzel
(Personalchef)

GUTACHTEN

Einleitung: Sie ist in Ordnung, sie enthält alle nötigen Bestandteile.

Tätigkeitsbeschreibung: Sie ist angemessen detailliert.

Fachwissen: Es wird mit („solides Fachwissen") befriedigend bewertet.

Leistungsbeurteilung: Sie liegt laut dem Kernsatz: „Die Leistungen von Herrn Westphal waren voll und ganz zufriedenstellend", und den beiden Absätzen zuvor bei befriedigend.

Verhaltensbeurteilung: Sie liegt laut dem Kernsatz: „Herr Westphals Verhalten gegenüber Vorgesetzten, Mitarbeitern und Kunden war einwandfrei", bei befriedigend.

Schlussformel: Hier fehlt das Bedauern über sein Ausscheiden, das ist negativ, daher wird er hier mit befriedigend bewertet.

Fazit: Herr Westphal wird mit befriedigend bewertet.

48 Fleischer

Ausbildungszeugnis

Herr Manfred Schiller, geboren am [Geburtsdatum], trat zum [Eintrittsdatum] in unser Fleischerei als Auszubildender ein.

Herr Schiller war u.a. für folgende Tätigkeiten verantwortlich:

- Rinder, Pferde, Schweine und Lämmer schlachten
- Schlachttiere zerlegen, ausbeinen und entschwarten und -sehnen
- Fleisch beurteilen, und zwar u.a. nach Farbe, Mängeln, Zartheit usw.
- Aus unterschiedlichen Fleischsorten ein Sortiment von Würsten herstellen
- Rezeptur und Gewürze auswählen
- Fleisch marinieren und würzen
- Aspik, Sülzen und Pasteten herstellen
- Unsere regionalen Produkte in Konservendosen abfüllen
- Fleisch durch Trocknen, Pökeln, Räuchern, Salzen, Erhitzen und Gefrieren haltbar machen
- Räucherkammer bedienen und säubern
- Eintöpfe, Suppen, Aufläufe, Imbisse und Mittagsgerichte für unseren Mittagstisch im Geschäft zubereiten inklusive Bedienung unserer Gäste
- Alle Maschinen und Fleischerwerkzeuge reinigen und pflegen
- Waren verkaufen
- Warenbedarf analysieren und Bestellung von Waren bei unseren Lieferanten inklusive Kontrolle der gelieferten Ware
- Schaufenster und Verkaufsraum gestalten

Herr Schiller hat sich innerhalb kürzester Zeit in seine jeweiligen Aufgabengebiete eingearbeitet, während der dreijährigen Ausbildung hat er sich nach und nach gute Fachkenntnisse, die er zielgerichtet in der Praxis einsetzte, angeeignet. Ergänzend zu seiner praktischen Ausbildungszeit besuchte Herr Schiller die Berufsschule. Diese hat er mit der Note gut abgeschlossen.

In seiner täglichen Arbeit zeigte er Eigeninitiative, Fleiß und Eifer und identifizierte sich voll mit seinen Aufgaben sowie mit unserer Fleischerei, wobei er auch durch seine große Einsatzbereitschaft überzeugte. Er beherrschte seinen Arbeitsbereich mit zunehmender Selbstständigkeit umfassend und überdurchschnittlich. Auch unter starker Belastung — etwa während der Grillsaison und im Weihnachtsgeschäft — bewältigte er alle Aufgaben in bester Weise und war bereit, auch zusätzliche Verantwortung zu übernehmen. Hervorzuheben ist, dass er die strengen Hygienevorschriften für unser Handwerk ausgesprochen ordentlich und pflichtbewusst eingehalten hat. Herr Schiller erledigte seine Aufgaben selbständig mit großer Sorgfalt und Genauigkeit, die Arbeitsqualität von ihm war gut.

Die ihm übertragenen Aufgaben erfüllte er stets zu unserer vollen Zufriedenheit.

Sein persönliches Verhalten war immer einwandfrei. Aufgrund seiner freundlichen und kooperativen wurde Herr Schiller von Vorgesetzten, Kollegen und Kunden gleichermaßen sehr geschätzt. Herr Schiller integrierte sich vorbildlich in unsere Teamstrukturen und förderte aktiv die Zusammenarbeit.

Er verlässt uns mit dem Abschluss seiner Ausbildung. Da wir in diesem Jahr über Bedarf ausgebildet haben, können wir unsere Auszubildenden leider nicht in ein Arbeitsverhältnis übernehmen. Wir danken ihm für seine gute Mitarbeit. Auf seinem weiteren Berufs- und Lebensweg wünschen wir ihm weiterhin alles Gute und viel Erfolg.

Duisburg, [Ausstellungsdatum]

Alexander Hammer
(Fleischermeister)

GUTACHTEN

Einleitung: Sie ist in Ordnung.

Tätigkeitsbeschreibung: Herrn Schillers Tätigkeiten werden im Zeugnis ausreichend detailliert beschrieben, so dass sich jeder mögliche Arbeitgeber ein Bild von seinen Kompetenzen und Fähigkeiten machen kann. Nach unserem Ermessen dürften ihm aus der Tätigkeitsbeschreibung heraus keine Karrierenachteile entstehen.

Fachwissen: Es („gute Fachkenntnisse") wird mit gut bewertet. Positiv ist zudem, dass erwähnt wird, das er sein Fachwissen erfolgreich einsetzt.

Leistungsbeurteilung: Sie liegt laut Kernsatz („Die ihm übertragenen Aufgaben erfüllte er stets zu unserer vollen Zufriedenheit.") und den beiden Absätzen zuvor bei gut.

Verhaltensbeurteilung: Sie liegt laut Kernsatz („Sein persönliches Verhalten war immer einwandfrei.") und den beiden folgen Sätzen bei gut.

Schlussformel: Sie ist in Ordnung, damit wird die Gesamtnote des Zeugnisses bestätigt.

Fazit: Herr Schiller wird mit gut bewertet. Es ist zwar schade, dass er nicht mehr in seinem Ausbildungsbetrieb weiter beschäftigt werden kann, aber auch kein Karrierenachteil.

49 Gärtner

Ausbildungszeugnis

Herr Christoph Schneid, geb. am [Geburtsdatum] in Bad Marienberg, hat vom [Eintrittsdatum] bis zum [Austrittsdatum] in unserem Unternehmen den Beruf Gärtner mit Erfolg erlernt.

Er hat während seiner Ausbildung folgende Tätigkeiten übernommen:

- Erfassen und Beurteilen wirtschaftlicher Zusammenhänge und betrieblicher Abläufe
- Instandhalten von Maschinen und Geräten
- Pflegen und Bearbeiten von Boden
- Erde und Substrate beurteilen, verwenden und lagern
- Behandlung von Pflanzen unter Beachtung ihrer Ansprüche und Qualitätsstandards
- Vermehrung und Anziehen von Jungpflanzen
- Einsetzen und Nutzen von Kultureinrichtungen und -räumen
- Roden, Sortieren, Kennzeichnen und Lagern von Gehölzen
- Kundenberatung

In Ergänzung zu seiner betrieblichen Ausbildung hat er erfolgreich die Berufsschule besucht und mit der Endnote ausreichend abgeschlossen. Er hat sich während der Ausbildung alle wesentlichen Fachkenntnisse und Fertigkeiten seines Ausbildungsberufs mit Erfolg angeeignet.

Durch seine gute Auffassungsgabe konnte sich Herr Schneid meist schnell in neue Aufgabengebiete einarbeiten. Hervorzuheben ist seine ausgeprägte Fähigkeit, richtige und zumeist effektive Lösungen zu finden. Er zeigte bei seiner Berufsausbildung Engagement und Eigeninitiative. Auch bei sehr hohem Arbeitsanfall bewältigte er alle wesentlichen Aufgaben termingerecht und einwandfrei. Herr Schneid war ein zuverlässiger Auszubildender und genoss unser Vertrauen.

Mit den Ausbildungsleistungen von Herrn Schneid waren wir stets zufrieden.

Er wurde von Vorgesetzten, Ausbildern, Arbeitskollegen und Kunden als freundlicher Mitarbeiter geschätzt.

Herr Schneid verlässt uns mit dem Abschluss seiner Ausbildung. Da wir in diesem Jahr über Bedarf ausgebildet haben, können wir unsere Auszubildenden nicht in ein Arbeitsverhältnis übernehmen. Wir bedanken uns für sein Engagement und die gute Zusammenarbeit und wünschen ihm für seine berufliche und private Zukunft alles Gute und Erfolg.

Köln, [Austrittsdatum]

Joachim Müller
(Geschäftsführer)

GUTACHTEN

Einleitung: Die Einleitung des Zeugnisses ist in Ordnung, weil alle wesentlichen Informationen, also Vor- und Zuname, Geburtsdatum und -ort, Ausbildungszeitraum und Ausbildungsberuf genannt werden.

Tätigkeitsbeschreibung: Herrn Schneids Tätigkeiten werden im Zeugnis angemessen detailliert beschrieben.

Fachwissen: Das Fachwissen wird laut dem folgenden Satz: „Er hat sich während der Ausbildung alle wesentlichen Fachkenntnisse und Fertigkeiten seines Ausbildungsberufs mit Erfolg angeeignet", mit befriedigend bewertet.

Leistungsbeurteilung: Die Benotung liegt laut dem abschließenden Satz zur **Leistungsbeurteilung:** „Mit den Ausbildungsleistungen von Herrn Schneid waren wir stets zufrieden", und den beiden Absätzen davor bei befriedigend. Im Kernsatz fehlt vor dem Wort „zufrieden" das Wort „voll". Mit dem Mittel des beredten Schweigens wird hierdurch zum Ausdruck gebracht, dass die attestierte Zufriedenheit nicht gut war und deshalb nur befriedigende Leistungen bescheinigt werden sollen.

Verhaltensbeurteilung: Die Note liegt laut dem Kernsatz: „Er wurde von Vorgesetzten, Ausbildern, Arbeitskollegen und Kunden als freundlicher Mitarbeiter geschätzt", bei befriedigend.

Schlussformel: Sie fasst die Gesamtnote des Zeugnisses zusammen, sie liegt bei befriedigend. Negativ ist hier, dass der Geschäftsführer sein Ausscheiden nicht bedauert.

Fazit: Herr Schneid wird mit befriedigend bewertet.

50 Holz- und Bautenschützer

Ausbildungszeugnis

Herr Lukas Behrendt, geb. am [Geburtsdatum] in Norderstedt, hat vom [Eintritts-datum] bis zum [Austrittsdatum] in unserem Unternehmen den Beruf Holz- und Bautenschützer mit Erfolg erlernt.

Er hat während seiner Ausbildung mehrere Abteilungen unseres Unternehmens durchlaufen. In der Zeit vom [Datum] bis zum [Datum] gehörte er der Abteilung Herstellung an. Hier verrichtete er folgende Tätigkeiten:

- Unterscheiden von Schäden an Holz und Holzbauteilen
- Durchführen von vorbeugenden Maßnahmen gegen Holz zerstörende Pilze und Insekten
- Vorbereitung des Untergrundes

Anschließend war er in der Zeit vom [Datum] bis zum [Datum] der Abteilung Pro-duktion zugeordnet. Hier war er vor allem mit folgenden Aufgaben betraut:

- Bekämpfung Holz zerstörender Insekten
- Behandlung und Beseitigung von Pilzbefall
- Austrocknung durchfeuchteter Bauwerke

Abschließend wurde er vom [Datum] bis zum [Datum] in der Abteilung Neubau und Sanierung eingesetzt. Hier konnte er aufgrund seiner erworbenen Kenntnisse folgende Aufgaben selbstständig übernehmen:

- Vorbereitung und Durchführung nachträglicher chemischer Horizontalabdich-tungen
- Durchführung nachträglicher Außen- und Innenabdichtungen an erdberührten Bereichen
- Handhabung von Gefahrstoffen

Ergänzend zu seiner praktischen Ausbildungszeit besuchte Herr Behrendt die Be-rufsschule. Diese hat er mit der Note befriedigend abgeschlossen. Er hat während seiner Ausbildungszeit ausreichende Fachkenntnisse erworben.

Seine Auffassungsgabe ermöglichte es Herrn Behrendt im Wesentlichen, neue Arbeitssituationen und Probleme zutreffend zu erfassen. Er war ein engagierter Auszubildender, der durch seine Leistungsbereitschaft überzeugen konnte. Auch unter schwierigen Bedingungen erledigte er seine Aufgaben zumeist ordnungsgemäß und war dadurch oft eine Unterstützung für unsere Mitarbeiter.

Die ihm übertragenen Arbeiten hat er mit einer dem Ausbildungsstand entsprechenden Selbstständigkeit zumeist zufriedenstellend erledigt. Bei wichtigen Aufgaben arbeitete Herr Behrendt zuverlässig und pflichtbewusst.

Er bewältigte seine Aufgabenbereiche im Wesentlichen zu unserer Zufriedenheit.

Sein persönliches Verhalten gab zu Klagen keinen Anlass.

Herr Behrendt verlässt uns mit dem Abschluss seiner Ausbildung. Wir bedanken uns für sein Engagement und die Zusammenarbeit und wünschen ihm für seine berufliche und private Zukunft alles Gute und Erfolg.

Hamburg, [Austrittsdatum]

Peter Schiff
(Personalleiter)

GUTACHTEN

Einleitung: In der Einleitung des Zeugnisses, die in Ordnung ist, sind alle wichtigen Daten, also Name, Geburtsdatum, Geburtsort, Ausbildungszeitraum und Ausbildungsberuf enthalten.

Tätigkeitsbeschreibung: In der Tätigkeitsbeschreibung sind die unterschiedlichen Abteilungen sowie die dort erlernten Tätigkeiten gut übersichtlich dargestellt. Ein zukünftiger Arbeitgeber kann hieraus sehr gut entnehmen, in welchen Bereichen Herr Behrendt ausgebildet wurde.

Fachwissen: In seiner Ausbildung hat sich Herr Behrendt „ausreichende Fachkenntnisse" erworben.

Leistungsbeurteilung: In seiner Leistung wird er mit „ausreichend" bewertet. Das lässt sich u. a. daran erkennen, dass er „oft" richtige Lösungen fand — aber eben nicht immer —, seine Aufgaben „zumeist ordnungsgemäß" erledigte — aber eben nicht immer — und bei „wichtigen Aufgaben" zuverlässig und pflichtbewusst arbeitete und auf diese Weise laut dem Kernsatz „seine Aufgabenbereiche im Wesentlichen zur Zufriedenheit" bewältigte.

Verhaltensbeurteilung: Auch sein Verhalten wird mit „ausreichend" bewertet, da es laut Kernsatz in seinem „persönlichen Verhalten zu Klagen keinen Anlass" gab. Über das Verhältnis zu Vorgesetzen und Mitarbeitern wird keine Aussage getroffen, was darauf hindeuten kann, dass das Verhältnis nicht ausnahmslos gut war.

Schlussformel: Sie bestätigt die Gesamtnote des Zeugnisses.

Fazit: Herr Behrendt wird mit ausreichend bewertet.

51   Holzmechaniker

Ausbildungszeugnis

Herr Yannick Leonhard, geb. am [Geburtsdatum] in Erfurt, hat in unserem Unternehmen vom [Eintrittsdatum] bis zum [Austrittsdatum] eine Berufsausbildung zum Holzmechaniker absolviert.

Er hat während seiner Ausbildung einen Überblick über alle Arbeiten erhalten, die in unserem Unternehmen anfallen. Zunächst war er in der Zeit vom [Datum] bis zum [Datum] in der Abteilung Vorbereitung mit folgenden Arbeiten betraut:

- Planung und Vorbereitung von Arbeitsabläufen
- Vorbereitung, Einrichtung und Instandhaltung von Schablonen, Lehren und Messzeugen
- Einrichtung, Bedienung und Instandhaltung von Werkzeugen, Geräten, und Maschinen

Im Zeitraum vom [Datum] bis zum [Datum] hat er die Abteilung Produktion unterstützt. Auch hier übernahm er vielfältige Tätigkeiten:

- Be- und Verarbeitung von Holz, Holzwerk und Hilfsstoffen
- Instandhaltung von Maschinen und technischen Einrichtungen
- Überwachung und Steuerung von Produktionsprozessen (CNC)

Bis zum Ende seiner Ausbildung, im Zeitraum vom [Datum] bis zum [Datum], konnte Herr Leonhard in der Abteilung Montage eingesetzt werden. Hier hat er folgende Aufgaben verrichtet:

- Herstellung und Montieren der Erzeugnisse
- Beschichtung von Oberflächen mit unterschiedlichen Materialien (Furniere, Folien etc.)
- Funktionsprüfungen

In Ergänzung zu seiner betrieblichen Ausbildung hat Herr Leonhard erfolgreich die Berufsschule besucht und mit der Endnote sehr gut abgeschlossen. Er hat während seiner Ausbildungszeit umfassende und vielfältige Fachkenntnisse erworben, die er stets mit sehr gutem Erfolg in den weiteren Ausbildungsprozess und in seine tägliche Arbeit einbringen konnte. Durch die Teilnahme an zahlreichen Schulungen und Seminaren hat er sein fachliches Wissen stets sehr erfolgreich erweitert.

Ausbildungszeugnisse

Seine überdurchschnittliche Auffassungsgabe befähigte ihn, auch schwierige Ausbildungsinhalte schnell zu erfassen. Besonders hervorzuheben ist seine Fähigkeit, jederzeit optimale Lösungen zu finden. Herr Leonhard war ein äußerst engagierter Auszubildender, der besonders durch seine außergewöhnliche Leistungsbereitschaft überzeugen konnte. Trotz der vielen anfallenden Aufgaben und der zusätzlichen Belastung in der Berufsschule war er jederzeit eine hervorragende Unterstützung für unsere Mitarbeiter. Hervorheben möchten wir die absolute Zuverlässigkeit und das Pflichtbewusstsein des Auszubildenden.

Die Ausbildungsleistungen von Herrn Leonhard haben unseren hohen Erwartungen stets und in allerbester Weise entsprochen.

Sein persönliches Verhalten gegenüber Vorgesetzten, Ausbildern und Mitarbeitern war zu jeder Zeit und in jeder Hinsicht vorbildlich. Seinen Mitauszubildenden gegenüber verhielt er sich stets kameradschaftlich und hilfsbereit.

Herr Leonhard wird nach seiner Ausbildung weiter in unserem Unternehmen arbeiten. Wir freuen uns auf die weitere Zusammenarbeit mit ihm. Wir bedanken uns für sein außerordentliches Engagement und die erfolgreiche Zusammenarbeit und wünschen ihm für seine berufliche und private Zukunft alles Gute und weiterhin viel Erfolg.

Köln, [Austrittsdatum]

Achim Wild
(Ausbildungsleiter)

GUTACHTEN

Einleitung: Die Einleitung des Zeugnisses enthält alle relevanten Daten, also Name, Geburtsdatum, Geburtsort, Ausbildungszeitraum und Ausbildungsberuf; sie ist so in Ordnung.

Tätigkeitsbeschreibung: Herr Leonhard konnte sich während seiner Ausbildung in allen anfallenden Arbeiten im Unternehmen einen Überblick verschaffen. Er wurde mit den verschiedenen Werkstoffen vertraut und konnte Erfahrungen sowohl in der Entwicklung als auch in der Fertigung und der Endmontage erwerben. Das gibt einem möglichen Arbeitgeber ein gutes Bild über den Kenntnisstand des Herrn Leonhard.

Fachwissen: Herrn Leonhard werden „umfassende und vielfältige Fachkenntnisse" bescheinigt, die er „stets mit sehr gutem Erfolg" in seine Arbeit eingebracht hat. Dazu hat er sein Fachwissen in „zahlreichen Schulungen und

Seminaren [...] stets sehr erfolgreich erweitert". Das Fachwissen wird daher mit sehr gut bewertet.

Leistungsbeurteilung: Im Kernsatz wird Herrn Leonhard bescheinigt, dass er den hohen Erwartungen des Arbeitgebers „stets und in der allerbesten Weise" entsprochen hat. Auch die Leistungsbeschreibungen in den vorhergehenden Absätzen bescheinigen ihm u. a. eine „überdurchschnittliche Auffassungsgabe", „außergewöhnliche Leistungsbereitschaft" etc. Seine Leistungen werden mit sehr gut beurteilt.

Verhaltensbeurteilung: Liegt laut dem Kernsatz: „Sein persönliches Verhalten gegenüber Vorgesetzten, Ausbildern und Mitarbeitern war zu jeder Zeit und in jeder Hinsicht vorbildlich", und dem folgenden Satz bei sehr gut.

Schlussformel: Sie bewertet ihn mit sehr gut.

Fazit: Herr Leonhard wird mit sehr gut bewertet.

52 Maurer

Ausbildungszeugnis

Herr Horst Becker, geb. am [Geburtsdatum] in Kiel, hat vom [Eintrittsdatum] bis zum [Austrittsdatum] in unserem Unternehmen den Beruf Maurer mit Erfolg erlernt.

Herr Becker wurde während seiner Ausbildung mit folgenden Tätigkeiten betraut:

- Baustellen absichern, Geräte und Maschinen vorbereiten und bedienen
- Bauwerke, Bauwerksteile und Mauerwerk herstellen
- Beton oder Mörtel mischen und Anlieferung von Fertigbeton und -mörtel überwachen
- Fundamente betonieren
- Umfassungs- und Zwischenwände von Kellergeschossen mauern oder betonieren
- Deckenträger verlegen und einbauen
- Schornsteine, Rauchrohre, Bögen und Gewölbe errichten
- Innen- und Außenputze herstellen
- Dämm- und Isolierstoffe einbauen
- Leichtbauwände errichten
- Estriche und Bodenbeläge herstellen
- Lehr- und Lehrbogengerüste planen, anfertigen sowie ein- und ausbauen
- Gerüste, Verschalungen und Lehrgerüste bauen
- Baumaschinen pflegen und warten

Ergänzend zu seiner praktischen Ausbildungszeit besuchte Herr Becker die Berufsschule. Diese hat er mit der Note sehr gut abgeschlossen. Er hat während seiner Ausbildungszeit umfassende und vielfältige Fachkenntnisse erworben, die er stets mit gutem Erfolg in den weiteren Ausbildungsprozess und seine tägliche Arbeit einbringen konnte. Unsere internen Schulungen nutzte er engagiert und sehr erfolgreich, um seine Fertigkeiten zu erweitern.

Seine gute Auffassungsgabe befähigte Herrn Becker auch schwierige Ausbildungsinhalte schnell zu erfassen. Hervorzuheben ist seine Fähigkeit, jederzeit optimale Lösungen zu finden. Er war immer ein sehr motivierter und einsatzbereiter Auszubildender. Auch bei hoher Belastung erreichte er jederzeit die gestellten Ausbildungsziele. Herr Becker genoss als Auszubildender volles Vertrauen. Hervorheben möchten wir die hohe Zuverlässigkeit und das Pflichtbewusstsein des Auszubildenden.

Herr Becker bewältigte seine Aufgabenbereiche stets zu unserer vollen Zufriedenheit.

Sein kollegiales Wesen sicherte ihm immer ein gutes Verhältnis zu Vorgesetzten, Ausbildern und Kollegen. Im Umgang mit Kunden war er jederzeit freundlich und respektvoll.

Herr Becker verlässt uns mit dem Abschluss seiner Ausbildung. Da wir in diesem Jahr über Bedarf ausgebildet haben, können wir unsere Auszubildenden leider nicht in ein Arbeitsverhältnis übernehmen. Für die stets gute Mitarbeit danken wir ihm und wünschen ihm weiterhin beruflich und privat alles Gute.

Köln, [Austrittsdatum]

Peter Müller
(Geschäftsführer)

GUTACHTEN

Einleitung: Die Einleitung des Zeugnisses ist in Ordnung, weil alle wesentlichen Informationen, also Vor- und Zuname, Geburtsdatum und -ort, Ausbildungszeitraum und Ausbildungsberuf, genannt werden.

Tätigkeitsbeschreibung: Herrn Beckers Tätigkeiten werden im Zeugnis angemessen detailliert beschrieben.

Fachwissen: Das Fachwissen („umfassende und vielfältige Fachkenntnisse") wird mit gut bewertet. Positiv ist hier der Hinweis, dass Herr Becker sein Fachwissen auch erfolgreich umsetzt. Ebenso gut ist, dass er erfolgreich an internen Schulungen teilgenommen hat.

Leistungsbeurteilung: Die Benotung liegt laut dem abschließenden Satz zur **Leistungsbeurteilung:** „Herr Becker bewältigte seine Aufgabenbereiche stets zu unserer vollen Zufriedenheit", und den beiden Absätzen davor bei gut.

Verhaltensbeurteilung: Die Note liegt laut dem Kernsatz: „Sein kollegiales Wesen sicherte ihm immer ein gutes Verhältnis zu Vorgesetzten, Ausbildern und Kollegen", und dem folgenden Satz bei gut.

Schlussformel: Sie ist in Ordnung, weil alle wesentlichen Bestandteile für eine gute Bewertung genannt werden: Grund des Ausscheidens — Bedauern darüber — Dank für die geleistete Arbeit — Zukunftswünsche.

Fazit: Herr Becker wird mit gut bewertet.

53 Metallbauer

Ausbildungszeugnis

Herr Bastian Hübner, geb. am [Geburtsdatum] in Lüdenscheid, ist vom [Eintrittsdatum] bis zum [Austrittsdatum] in unserem Unternehmen zum Metallbauer ausgebildet worden.

Herr Hübner hat während seiner Ausbildung folgende Tätigkeiten übernommen:

- Beurteilen, Erstellen und Anwenden technischer Unterlagen
- Prüfung und Messung von Werkstücken
- Maschinelle Bearbeitung und Instandhaltung von Werkstücken
- Umformung von Blechen und Profilen durch Anwendung verschiedener Techniken
- Thermisches Trennen und Schweißen
- Oberflächenbehandlung, Oberflächenschutz
- Transport, Montage und Demontage von Werkstoffen
- Herstellung von Bauteilen und Bauelementen für Metallbaukonstruktionen
- Anfertigung von Werkstücken und Einzelteilen durch manuelles und maschinelles Schmieden
- Montage von Gittern, Toren und Geländern
- Überprüfung der Funktion von Maschinen, Systemen und Anlagen

In Ergänzung zu seiner betrieblichen Ausbildung hat er erfolgreich die Berufsschule besucht und mit der Endnote gut abgeschlossen. Bereits nach kürzester Zeit seiner Ausbildung verfügte er über sehr gute Fachkenntnisse. Wir konnten ihn so sehr schnell und effektiv in unsere Arbeitsabläufe einbinden. Stets nutzte er sehr erfolgreich alle Möglichkeiten, sich auch neben der Berufsschule beruflich weiterzubilden. Seine sehr gute Auffassungsgabe ermöglichte es ihm, neue Arbeitssituationen und Probleme schnell zutreffend zu erfassen.

Besonders hervorzuheben ist seine Fähigkeit, jederzeit optimale Lösungen zu finden. Herr Hübner zeigte bei seiner Berufsausbildung jederzeit außergewöhnlich großes Engagement und Eigeninitiative. Auch bei höchster Belastung erreichte er jederzeit die gestellten Ausbildungsziele. Er war ein äußerst zuverlässiger Auszubildender und genoss unser absolutes Vertrauen.

Herr Hübner bewältigte seine Aufgabenbereiche stets zu unserer vollsten Zufriedenheit.

Sein persönliches Verhalten gegenüber Vorgesetzten, Ausbildern und Mitarbeitern war zu jeder Zeit und in jeder Hinsicht vorbildlich. Seinen Mitauszubildenden gegenüber verhielt er sich stets kameradschaftlich und hilfsbereit.

Herr Hübner wird nach seiner Ausbildung weiter in unserem Unternehmen arbeiten. Wir freuen uns auf die weitere Zusammenarbeit mit ihm. Wir danken ihm für seine stets sehr guten Leistungen. Für seine weitere Laufbahn in unserem Hause wünschen wir ihm beruflich weiterhin sehr viel Erfolg und privat alles Gute.

München, [Austrittsdatum]

Petra Baum
(Ausbildungsleiterin)

GUTACHTEN

Einleitung: Die Einleitung des Zeugnisses ist in Ordnung, weil alle relevanten Daten, also Vor- und Zuname, Geburtsdatum und -ort, Ausbildungszeitraum und Ausbildungsberuf enthalten sind.

Tätigkeitsbeschreibung: Herrn Hübners Tätigkeiten sind ausführlich dargestellt, sodass sich jeder potentielle Arbeitgeber ein gutes Bild von seinen Kompetenzen machen kann.

Fachwissen: Herr Hübner verfügte „Bereits nach kürzester Zeit ... über sehr gute Fachkenntnisse." Daher konnte ihn sein Arbeitgeber „sehr schnell und effektiv" in die Unternehmensabläufe einbinden. Sein Fachwissen wird mit sehr gut beurteilt.

Leistungsbeurteilung: Die Leistungen von Herrn Hübner werden durch die Kernaussage „stets zu unserer vollsten Zufriedenheit" in Verbindung mit den vorhergehenden Aussagen, wie beispielsweise „außergewöhnlich großes Engagement und Eigeninitiative", „äußerst zuverlässiger Auszubildender" und „jederzeit optimale Lösungen" mit sehr gut bewertet.

Verhaltensbeurteilung: Der Kernsatz beurteilt ihn: „Sein persönliches Verhalten gegenüber Vorgesetzten, Ausbildern und Mitarbeitern war zu jeder Zeit und in jeder Hinsicht vorbildlich", und hält dabei die richtige Reihenfolge ein (Vorgesetzte, Ausbilder, Mitarbeiter). Die sehr gute Beurteilung wird abgerundet durch „zu jeder Zeit und in jeder Hinsicht vorbildlich". Herrn Hübners Verhalten war sehr gut.

Schlussformel: Sie drückt die Freude über „die weitere Zusammenarbeit mit ihm" aus. Ergänzend wird Herrn Hübner „für seine stets sehr guten Leistungen" gedankt und ihm beruflich „weiterhin sehr viel Erfolg" gewünscht. Diese Formeln stehen unter sehr guten Zeugnissen, damit wird der Gesamteindruck eines Zeugnisses mit der Note sehr gut noch verstärkt.

Fazit: Herr Hübner wird mit sehr gut bewertet.

54   Modenäherin

(Dieses Zeugnis finden Sie auch in Kapitel 6 in der englischen Adaption.)

Ausbildungszeugnis

Frau Julia Nasso, geboren am [Geburtsdatum] in Duisburg, hat in unserem Unternehmen vom [Eintrittsdatum] bis zum [Austrittsdatum] eine Berufsausbildung zur Modenäherin mit dem Schwerpunkt Kleiderherstellung absolviert.

Zum Aufgabenbereich von Frau Nasso gehörten folgende Tätigkeiten:

- Kontrolle der eingehenden Stoffe und sonstigen Waren
- Lagerung aller Waren
- Schnittbilder per Software erstellen, aber auch manuell
- Stoffe fachgerecht legen inklusive Bedienung der Abwicklungsmaschine
- Zuschnitt — in je unterschiedlichen Abstufungen — der Stoffe, Bandmesserma-schinen bedienen
- Unterschiedliche Textilen nähen, und zwar mit unterschiedlichen Nähmaschinen
- Nähte mit Mehrnadelmaschinen und Einnadlern herstellen
- Automatische Kleidungsstückfertigung inklusive Qualitätskontrolle
- Kleider mit Druck und Wärme beim automatisierten Bügeln in Form bringen
- Abschließende Qualitätskontrolle

Ergänzend zu ihrer praktischen Ausbildungszeit besuchte Frau Nasso die Berufsschule. Diese hat sie mit der Note gut abgeschlossen. Sie hat sich im Verlauf der Ausbildung ein breites Spektrum an Fachwissen angeeignet, das sie in der täglichen Arbeit erfolgreich umsetzte. Sie hat zudem ihre Kenntnisse durch hauseigene und externe Schulungen erfolgreich vertieft. Durch ihre gute Auffassungsgabe konnte sie sich jederzeit schnell in neue Aufgabengebiete einarbeiten.

Frau Nasso war eine sehr engagierte Auszubildende, die besonders durch ihre gute Leistungsbereitschaft überzeugen konnte. Auch bei hoher Belastung erreichte sie jederzeit die geforderte Qualität und arbeitete auch in diesem Zusammenhang mit der erforderlichen Ruhe. Sie plante alle Arbeiten systematisch und garantierte eine konsequente Umsetzung.

Frau Nasso bewältigte ihre Aufgabenbereiche immer zu unserer vollen Zufriedenheit.

Ihr persönliches Verhalten war jederzeit einwandfrei. Bei Vorgesetzten, Kollegen und Externen war sie geschätzt und anerkannt. Sie hat sich in unser Team integriert und aktiv die gute Zusammenarbeit gefördert. Sie war hilfsbereit und stellte, wenn erforderlich, persönliche Interessen zurück.

Frau Nasso verlässt uns mit dem Abschluss ihrer Ausbildung. Leider können wir sie aus wirtschaftlichen Gründen nicht übernehmen. Für ihre gute Mitarbeit danken wir ihr und wünschen ihr weiterhin beruflich und privat alles Gute.

Duisburg, [Austrittsdatum]

Julia Ankern
(Geschäftsführer)

Edgar Müller
(Ausbildungsleiter)

GUTACHTEN

Einleitung: Die Einleitung des Zeugnisses ist in Ordnung, weil alle wesentlichen Informationen, also Vor- und Zuname, Geburtsdatum und -ort, Ausbildungszeitraum und Ausbildungsberuf, genannt werden.

Tätigkeitsbeschreibung: Frau Nassos Tätigkeiten werden im Zeugnis angemessen detailliert beschrieben, sodass sich jeder mögliche Arbeitgeber ein Bild von ihren Kompetenzen und Fähigkeiten machen kann.

Fachwissen: Das Fachwissen wird laut der zentralen Formulierung „breites Spektrum an Fachwissen" mit gut bewertet. Positiv ist der Hinweis, dass Frau Nasso ihre Fachkenntnisse in der täglichen Arbeit erfolgreich eingebracht hat, ebenso dass sie interne und externe Weiterbildungen absolviert hat.

Leistungsbeurteilung: Die Benotung liegt laut dem abschließenden Satz zur Leistungsbeurteilung: „Frau Nasso bewältigte ihre Aufgabenbereiche immer zu unserer vollen Zufriedenheit", und den beiden Absätzen davor bei gut.

Verhaltensbeurteilung: Die Note liegt laut dem Kernsatz: „Ihr persönliches Verhalten war jederzeit einwandfrei", und den folgenden drei Sätzen bei gut.

Schlussformel: Sie ist in Ordnung, weil alle wesentlichen Bestandteile für eine gute Bewertung genannt werden: Grund des Ausscheidens — Bedauern darüber — Dank für die geleistete Arbeit — Zukunftswünsche. Die Schlussformel bestätigt die Gesamtnote des Zeugnisses.

Fazit: Frau Nasso wird mit gut bewertet.

55 Oberflächenbeschichter

Ausbildungszeugnis

Herr Peter Schneider, geboren am [Geburtsdatum] in Köln, ist vom [Eintrittsdatum] bis zum [Austrittsdatum] entsprechend dem Berufsbild und der Ausbildungsordnung zum Oberflächenbeschichter ausgebildet worden.

Er hat während seiner Ausbildung folgende Tätigkeiten übernommen:

- Anwendung von Beschichtungsverfahren der elektrochemischen und chemischen Abscheidung von Metallen und Legierungen, der Dünnschicht- und Anodisationstechnik
- Feuerverzinken
- Verfahren der Vor- und Nachbehandlung von beschichteten und unbeschichteten Oberflächen anwenden
- Grundlagen der mechanischen Füge- und Fertigungsmethoden anwenden
- Fertigungsprozesse steuern
- Berücksichtigung von ökologischen Aspekten, z. B. Verfahren der Stoffgewinnung- und Stoffrückführung
- Qualitätsmanagement
- Bedienen und Warten der Maschinen und Geräte

In Ergänzung zu seiner betrieblichen Ausbildung hat er erfolgreich die Berufsschule besucht und mit der Endnote gut abgeschlossen. Herr Schneider hat sich während der Ausbildung alle Fachkenntnisse und Fertigkeiten seines Ausbildungsberufs mit gutem Erfolg angeeignet. Durch seine gute Auffassungsgabe konnte er sich jederzeit schnell in neue Aufgabengebiete einarbeiten. Besonders hervorzuheben ist seine ausgeprägte Fähigkeit, stets richtige und effektive Lösungen zu finden.

Herr Schneider zeigte bei seiner Berufsausbildung jederzeit großes Engagement und Eigeninitiative. Auch bei sehr hohem Arbeitsanfall bewältigte er alle Aufgaben immer termingerecht und einwandfrei. Er war ein äußerst zuverlässiger Auszubildender und genoss unser volles Vertrauen.

Mit den Ausbildungsleistungen von Herrn Schneider waren wir stets voll zufrieden.

Sein persönliches Verhalten gegenüber Vorgesetzten, Ausbildern und Mitarbeitern war zu jeder Zeit einwandfrei. Seinen Mitauszubildenden gegenüber verhielt er sich immer kameradschaftlich und hilfsbereit.

Herr Schneider verlässt uns mit dem Abschluss seiner Ausbildung. Da wir in diesem Jahr über Bedarf ausgebildet haben, können wir unsere Auszubildenden leider nicht in ein Arbeitsverhältnis übernehmen. Wir bedanken uns für sein großes Engagement und die erfolgreiche Zusammenarbeit und wünschen ihm für seine berufliche und private Zukunft alles Gute und weiterhin viel Erfolg.

Bonn, [Ausstellungsdatum]

Norbert Seitz
(Geschäftsführer)

GUTACHTEN

Einleitung: Die Einleitung des Zeugnisses ist in Ordnung, weil alle wesentlichen Informationen, also Vor- und Zuname, Geburtsdatum und -ort, Ausbildungszeitraum und Ausbildungsberuf, genannt werden.

Tätigkeitsbeschreibung: Herrn Schneiders Tätigkeiten werden im Zeugnis angemessen detailliert beschrieben.

Fachwissen: Das Fachwissen wird laut der zentralen Formulierung „Fachkenntnisse und Fertigkeiten seines Ausbildungsberufs mit gutem Erfolg angeeignet", mit gut bewertet.

Leistungsbeurteilung: Die Benotung liegt laut dem abschließenden Satz zur **Leistungsbeurteilung:** „Mit den Ausbildungsleistungen von Herrn Schneider waren wir stets voll zufrieden", und den beiden Absätzen davor bei gut.

Verhaltensbeurteilung: Die Note liegt laut dem Kernsatz: „Sein persönliches Verhalten gegenüber Vorgesetzten, Ausbildern und Mitarbeitern war zu jeder Zeit einwandfrei", und dem folgenden Satz bei gut.

Schlussformel: Sie ist in Ordnung, weil alle wesentlichen Bestandteile für eine gute Bewertung genannt werden.

Fazit: Herr Schneider wird mit gut bewertet.

56   Ofen- und Luftheizungsbauer

Ausbildungszeugnis

Herr Sebastian Schiller, geb. [Geburtsdatum] in Freiburg, hat vom [Eintrittsdatum] bis zum [Austrittsdatum] in unserem Unternehmen den Beruf Ofen- und Luftheizungsbauer mit Erfolg erlernt.

Er wurde während seiner Ausbildung mit folgenden Tätigkeiten betraut:

- Erstellen und Montieren von Warmluftzentralheizungen und Elektrospeicherheizungen
- Errichten von Kachelöfen
- Öl-, Gas-, und Feststoffbrenner einrichten
- Installation von Heiz- und Kamineinsätzen mit Warmwasserwärmetauschern
- Flächenheizungen aufbauen
- Steuer-, Sicherheits- und Überwachungseinrichtungen einstellen und die Sollwerte überprüfen
- Arbeitsabläufe planen und steuern
- Maßnahmen zur Qualitätssicherung durchführen
- Prüfung von elektrischen Komponenten und von Ofenanlagen
- Kundendienst durchführen: Inspektionen und Instandhaltungen

Ergänzend zu seiner praktischen Ausbildungszeit besuchte Herr Schiller die Berufsschule. Diese hat er mit der Note befriedigend abgeschlossen. Er hat während seiner Ausbildungszeit umfassende und vielfältige Fachkenntnisse erworben, die er stets mit gutem Erfolg in den weiteren Ausbildungsprozess und seine tägliche Arbeit einbringen konnte. Unsere internen Schulungen nutzte er stets engagiert und sehr erfolgreich, um seine Fertigkeiten zu erweitern.

Seine gute Auffassungsgabe befähigte Herrn Schiller auch schwierige Ausbildungsinhalte schnell zu erfassen. Hervorzuheben ist seine Fähigkeit, jederzeit optimale Lösungen zu finden. Er war immer ein sehr motivierter und einsatzbereiter Auszubildender. Auch bei hoher Belastung erreichte er jederzeit die gestellten Ausbildungsziele. Wegen seiner sehr umsichtigen, verantwortungsbewussten und zielstrebigen Arbeitsweise wurde er von allen Abteilungen geschätzt.

Herr Schiller bewältigte seine Aufgabenbereiche stets zu unserer vollen Zufriedenheit.

Sein kollegiales Wesen sicherte ihm immer ein gutes Verhältnis zu Vorgesetzten, Ausbildern und Kollegen. Im Umgang mit Kunden war er jederzeit freundlich und respektvoll.

Herr Schiller wird nach seiner Ausbildung weiter in unserem Unternehmen arbeiten. Wir freuen uns auf die weitere Zusammenarbeit mit ihm. Wir danken ihm für seine stets gute Arbeit. Für seine weitere Laufbahn in unserem Hause wünschen wir ihm beruflich weiterhin viel Erfolg und privat alles Gute.

Köln, [Austrittsdatum]

Guido Wertheimer
(Geschäftsführer)

GUTACHTEN

Einleitung: Die Einleitung des Zeugnisses ist in Ordnung, weil alle wesentlichen Informationen, also Vor- und Zuname, Geburtsdatum und -ort, Ausbildungszeitraum und Ausbildungsberuf, genannt werden.

Tätigkeitsbeschreibung: Herrn Schillers Tätigkeiten werden im Zeugnis angemessen detailliert beschrieben.

Fachwissen: Das Fachwissen („umfassende und vielfältige Fachkenntnisse") wird mit gut bewertet. Positiv ist hier der Hinweis, dass Herr Schiller sein Fachwissen auch erfolgreich in die Praxis umsetzt, ebenso, dass er erfolgreich an internen Schulungen teilgenommen hat.

Leistungsbeurteilung: Die Benotung liegt laut dem abschließenden Satz zur **Leistungsbeurteilung:** „Herr Schiller bewältigte seine Aufgabenbereiche stets zu unserer vollen Zufriedenheit", und den beiden Absätzen davor bei gut.

Verhaltensbeurteilung: Die Note liegt laut dem Kernsatz: „Sein kollegiales Wesen sicherte ihm immer ein gutes Verhältnis zu Vorgesetzten, Ausbildern und Kollegen", und dem folgenden Satz bei gut.

Schlussformel: Sie ist in Ordnung, sie bestätigt abschließend die gute Gesamtnote. Positiv ist hier, dass der Zeugnisaussteller seine Freude über die zukünftige Mitarbeit ausdrückt, sich für die bisherigen Dienste bedankt, zudem die Zukunftswünsche artikuliert.

Fazit: Herr Schiller wird mit gut bewertet.

57 Produktveredlerin Textil

Ausbildungszeugnis

Frau Petra Kleist, geb. am [Geburtsdatum] in Kassel, hat in unserem Unternehmen vom [Eintrittsdatum] bis zum [Austrittsdatum] eine Berufsausbildung zur Produktveredlerin Textil absolviert.

Zum Aufgabenbereich der Frau Kleist gehörten folgende Tätigkeiten:

- unterschiedliche Textilveredlungsverfahren anwenden
- physikalische Größen analysieren
- Prüfverfahren und -mittel auswählen
- Qualitätsprüfungen, optische Messungen, Rezeptur- und Ansatzberechnungen durchführen
- Kenndaten ermitteln
- Betriebs-, Hilfs-, und Werkstoffe nach Kundenanforderungen und Verwendungszweck anfordern
- Arbeitsabläufe planen und dokumentieren
- Maschinen einrichten und reinigen
- Skizzen und Zeichnungen erstellen

Ergänzend zu ihrer praktischen Ausbildungszeit besuchte Frau Kleist die Berufsschule. Diese hat sie mit der Note befriedigend abgeschlossen. Während der Ausbildung hat sie sich alle Fachkenntnisse und Fertigkeiten ihres Ausbildungsberufs mit gutem Erfolg angeeignet. Ihre gute Auffassungsgabe ermöglichte es ihr, neue Arbeitssituationen und Probleme schnell zutreffend zu erfassen. Durch eine logische Vorgehensweise und Urteilsfähigkeit fand sie immer gute Lösungen.

Frau Kleist war eine sehr engagierte Auszubildende, die besonders durch ihre hervorragende Leistungsbereitschaft überzeugen konnte. Trotz der vielen anfallenden Aufgaben und der zusätzlichen Belastung in der Berufsschule war sie jederzeit eine gute Unterstützung für unsere Mitarbeiter. Sie war eine sehr ergebnisorientiert arbeitende Mitarbeiterin, die ihre Aufgaben mit größter Sorgfalt und Genauigkeit erfüllte.

Die Ausbildungsleistungen von Frau Kleist haben unseren hohen Erwartungen stets und in bester Weise entsprochen.

Sie wurde von Vorgesetzten, Ausbildern, Kollegen und Kunden immer als freundliche und hilfsbereite Mitarbeiterin geschätzt.

Frau Kleist wird nach ihrer Ausbildung weiter in unserem Unternehmen arbeiten. Wir freuen uns auf die weitere Zusammenarbeit mit ihr. Wir danken ihr für ihre stets gute Arbeit. Für ihre weitere Laufbahn in unserem Haus wünschen wir ihr beruflich weiterhin viel Erfolg und privat alles Gute.

Köln, [Austrittsdatum]

Markus Amberg
(Geschäftsführer)

Sebastian Müller
(Ausbildungsleiter)

GUTACHTEN

Einleitung: Die Einleitung des Zeugnisses ist in Ordnung, weil alle wesentlichen Informationen, also Vor- und Zuname, Geburtsdatum und -ort, Ausbildungszeitraum und Ausbildungsberuf, genannt werden.

Tätigkeitsbeschreibung: Frau Kleists Tätigkeiten werden im Zeugnis angemessen detailliert beschrieben.

Fachwissen: Das Fachwissen wird laut der zentralen Aussage „alle Fachkenntnisse und Fertigkeiten ihres Ausbildungsberufs mit gutem Erfolg angeeignet", mit gut bewertet.

Leistungsbeurteilung: Die Benotung liegt laut dem abschließenden Satz zur **Leistungsbeurteilung:** „Die Ausbildungsleistungen von Frau Kleist haben unseren hohen Erwartungen stets und in bester Weise entsprochen", und den beiden Absätzen davor bei gut.

Verhaltensbeurteilung: Die Note liegt laut dem Kernsatz: „Sie wurde von Vorgesetzten, Ausbildern, Kollegen und Kunden immer als freundliche und hilfsbereite Mitarbeiterin geschätzt", bei gut.

Schlussformel: Sie ist in Ordnung, sie bestätigt abschließend die gute Gesamtnote. Positiv ist hier, dass der Zeugnisaussteller sich für die bisherigen Dienste bedankt, seine Freude über die zukünftige Mitarbeit ausdrückt, zudem die Zukunftswünsche artikuliert.

Fazit: Frau Kleist wird mit gut bewertet.

58   Tischler

Ausbildungszeugnis

Herr Oskar Pfeifer, geb. am [Geburtsdatum] in Hamburg, hat vom [Eintrittsdatum] bis zum [Austrittsdatum] in unserem Unternehmen den Beruf Tischler mit Erfolg erlernt.

Er hat während seiner Ausbildung folgende Tätigkeiten übernommen:

- Möbel, Fenster und Türen zeichnen und herstellen
- Entwürfe und Muster erstellen
- Preiskalkulationen erstellen
- Materialbedarf ermitteln und bestellen
- Hölzer spanend verarbeiten
- Holzoberflächen lackieren und beizen
- Holzwerkstücke furnieren
- Kunststoffe, Metalle und Glas bearbeiten
- Montagearbeiten durchführen
- Maschinen und Werkzeuge pflegen und warten
- Kunden beraten

In Ergänzung zu seiner betrieblichen Ausbildung hat er erfolgreich die Berufsschule besucht und mit der Endnote gut abgeschlossen. Herr Pfeifer hat sich während der Ausbildung alle Fachkenntnisse und Fertigkeiten seines Ausbildungsberufs mit gutem Erfolg angeeignet. Durch seine gute Auffassungsgabe konnte er sich jederzeit schnell in neue Aufgabengebiete einarbeiten. Besonders hervorzuheben ist seine ausgeprägte Fähigkeit, stets richtige und effektive Lösungen zu finden.

Herr Pfeifer zeigte bei seiner Berufsausbildung jederzeit großes Engagement und Eigeninitiative. Auch bei sehr hohem Arbeitsanfall bewältigte er alle Aufgaben immer termingerecht und einwandfrei. Er war ein äußerst zuverlässiger Auszubildender und genoss unser volles Vertrauen.

Mit den Ausbildungsleistungen von Herrn Pfeifer waren wir stets voll zufrieden.

Sein persönliches Verhalten gegenüber Vorgesetzten, Ausbildern, Mitarbeitern und Kunden war zu jeder Zeit einwandfrei. Seinen Mitauszubildenden gegenüber verhielt er sich immer kameradschaftlich und hilfsbereit.

Herr Pfeifer wird nach seiner Ausbildung weiter in unserem Unternehmen arbeiten. Wir freuen uns auf die weitere Zusammenarbeit mit ihm. Wir danken ihm für seine stets gute Arbeit. Für seine weitere Laufbahn in unserem Hause wünschen wir ihm beruflich weiterhin viel Erfolg und privat alles Gute.

Köln, [Austrittsdatum]

Lukas Steiger
(Geschäftsführer)

GUTACHTEN

Einleitung: Die Einleitung des Zeugnisses ist in Ordnung, weil alle wesentlichen Informationen, also Vor- und Zuname, Geburtsdatum und -ort, Ausbildungszeitraum und Ausbildungsberuf, genannt werden.

Tätigkeitsbeschreibung: Herrn Pfeifers Tätigkeiten werden im Zeugnis angemessen detailliert beschrieben, sodass sich jeder mögliche Arbeitgeber ein Bild von seinen Kompetenzen und Fähigkeiten machen kann.

Fachwissen: Das Fachwissen wird laut der zentralen Formulierung „Fachkenntnisse und Fertigkeiten seines Ausbildungsberufs mit gutem Erfolg angeeignet" mit gut bewertet.

Leistungsbeurteilung: Die Benotung liegt laut dem abschließenden Satz zur Leistungsbeurteilung („Mit den Ausbildungsleistungen von Herrn Pfeifer waren wir stets voll zufrieden"), und den beiden Absätzen davor bei gut.

Verhaltensbeurteilung: Die Note liegt laut dem Kernsatz: „Sein persönliches Verhalten gegenüber Vorgesetzten, Ausbildern, Mitarbeitern und Kunden war zu jeder Zeit einwandfrei", und dem folgenden Satz bei gut. Wichtig ist, dass im Kernsatz die Formulierung „zu jeder Zeit" (alternativ „stets" oder „immer") erwähnt wird, daher weiß der kundige Leser, dass Herrn Pfeifers Verhalten kontinuierlich gut war.

Schlussformel: Sie ist in Ordnung, sie bestätigt abschließend die gute Gesamtnote.

Fazit: Herr Pfeifer wird mit gut bewertet.

59 Verfahrensmechaniker für Kunststoff- und Kautschuktechnik

Ausbildungszeugnis

Herr Sven Peters, geb. am [Geburtsdatum] in Bielefeld, hat vom [Eintrittsdatum] bis zum [Austrittsdatum] in unserem Unternehmen den Beruf Verfahrensmechaniker für Kunststoff- und Kautschuktechnik mit Erfolg erlernt.

Er hat während seiner Ausbildung einen Überblick über alle Arbeiten erhalten, die in unserem Unternehmen für diesen Beruf anfallen. Zunächst war er in der Zeit vom [Datum] bis zum [Datum] in der Abteilung Konstruktion mit folgenden Arbeiten betraut:

- Bearbeitung von metallischen Werkstoffen
- Bearbeitung von Kunststoffhalberzeugnissen, Fügen und Umformen
- Unterscheidung von Energieträgern und -formen, Zuordnung zu Einsatzgebieten

Im Zeitraum vom [Datum] bis zum [Datum] hat Herr Peters die Abteilung Produktion unterstützt. Auch hier übernahm er vielfältige Tätigkeiten:

- Aufbau und Prüfung von Pneumatik- und Hydraulikschaltungen
- Messung, Steuerung, Regelung, Instandhaltung von Werkzeugen Maschinen und Geräten
- Inbetriebnahme von Maschinen, Geräten und Anlagen, Qualitätssicherung

Bis zum Ende seiner Ausbildung, im Zeitraum vom [Datum] bis zum [Datum] konnte er in der Abteilung Fertigung/Montage eingesetzt werden. Hier hat er folgende Aufgaben verrichtet:

- Fertigungsplanung, Sicherstellung von Fertigungsvoraussetzungen
- Bearbeitungs- und Verarbeitungsverfahren von polymeren Werkstoffen
- Fertigungssteuerung, Fertigungsüberwachung, Qualitätsmanagement
- Montage von Bauteilen
- Fertigungssteuerung, Fertigungsüberwachung sowie Fertigungsplanung

Ergänzend zu seiner praktischen Ausbildungszeit besuchte Herr Peters die Berufsschule. Diese hat er mit der Note sehr gut abgeschlossen. Er hat während seiner Ausbildungszeit umfassende und vielfältige Fachkenntnisse erworben, die er stets mit sehr gutem Erfolg in den weiteren Ausbildungsprozess und in seine tägliche Arbeit einbringen konnte. Stets nutzte er sehr erfolgreich alle Möglichkeiten, sich auch neben der Berufsschule beruflich weiterzubilden. Durch seine sehr gute Auffassungsgabe konnte sich Herr Peters jederzeit schnell in neue Aufgabengebiete einarbeiten.

Besonders hervorzuheben ist seine Fähigkeit, jederzeit optimale Lösungen zu finden. Herr Peters war immer ein überdurchschnittlich motivierter und einsatzbereiter Auszubildender. Auch bei höchster Belastung erreichte er jederzeit die gestellten Ausbildungsziele. Er war jederzeit ein äußerst zuverlässiger Auszubildender und genoss unser absolutes Vertrauen.

Herr Peters bewältigte seine Aufgabenbereiche stets zu unserer vollsten Zufriedenheit.

Sein persönliches Verhalten gegenüber Vorgesetzten, Ausbildern und Mitarbeitern war zu jeder Zeit und in jeder Hinsicht vorbildlich. Seinen Mitauszubildenden gegenüber verhielt er sich stets kameradschaftlich und hilfsbereit.

Auf Wunsch der Abteilung und auf seinen Wunsch wird Herrn Peters nach Beendigung seines Ausbildungsverhältnisses in der Abteilung Fertigung/Montage übernommen. Wir bedanken uns für sein außerordentliches Engagement und die erfolgreiche Zusammenarbeit und wünschen ihm für seine berufliche und private Zukunft alles Gute und weiterhin sehr viel Erfolg.

Lüdenscheid, [Austrittsdatum]

Susanne Feile
(Geschäftsführerin)

GUTACHTEN

Einleitung: Die Einleitung des Zeugnisses ist in Ordnung.

Tätigkeitsbeschreibung: Die Tätigkeiten, die Herr Peters während seiner Ausbildungszeit erlernt hat, werden ausführlich beschrieben. Besonderer Wert wird darauf gelegt, dass er in seiner Ausbildungszeit die verschiedenen Fachabteilungen des Unternehmens mit allen relevanten Arbeitsgebieten durchwandert hat.

Fachwissen: Die Fachkenntnisse, die Herr Peters sich angeeignet hat, werden als „umfassend" und „vielfältig" beschrieben. Dadurch, dass er die erworbenen Kenntnisse „stets mit sehr gutem Erfolg [...]einbringen konnte", ist die Bewertung seines Fachwissens sehr gut. Zusätzlich wird dieses sehr gute

Fachwissen noch durch den Hinweis untermauert, dass er „sehr erfolgreich alle Möglichkeiten" genutzt hat, sich auch „neben der Berufsschule beruflich weiterzubilden".

Leistungsbeurteilung: Bereits die Beurteilung in den Formulierungen „sehr gute Auffassungsgabe", „jederzeit optimale Lösungen", „überdurchschnittlich motivierter und einsatzbereiter Auszubildender" deuten auf eine „sehr gute" Leistungsbeurteilung hin. Der abschließende Kernsatz rundet dieses Gesamtbild ab durch die Formulierung „stets zu unserer vollsten Zufriedenheit". Die Leistung von Herrn Peters wird mit sehr gut bewertet.

Verhaltensbeurteilung: Bereits in der Leistungsbeurteilung wird darauf hingewiesen, dass Herr Peters als „äußerst zuverlässiger Auszubildender" das „absolute Vertrauen" des Unternehmens genoss. Durch den Kernsatz: „Sein persönliches Verhalten gegenüber Vorgesetzten, Ausbildern und Mitarbeitern war zu jeder Zeit und in jeder Hinsicht vorbildlich", wird dieser „sehr gute" Eindruck bestätigt. Sein Verhalten wird daher mit sehr gut bewertet.

Schlussformel: Sie enthält die Formulierungen „außerordentliches Engagement", „erfolgreiche Zusammenarbeit" sowie die guten Wünsche für die „berufliche und private Zukunft" und den Zusatz „weiterhin sehr viel Erfolg". Damit sind alle wesentlichen Elemente für eine sehr gute Schlussformel genannt.

Fazit: Herr Peters wird mit sehr gut bewertet.

60   Werkzeugmechaniker

Ausbildungszeugnis

Herr Frank Bentz, geboren am [Geburtsdatum] in Köln, begann am [Eintrittsdatum] in unserem Unternehmen eine Ausbildung zum Werkzeugmechaniker.

Er wurde während seiner Ausbildung mit folgenden Tätigkeiten betraut:

- technische Zeichnungen entwerfen
- Bearbeitungsabläufe planen und umsetzen
- Einzelteile und Elementgruppen herstellen
- Rohlinge und Bauteile durch Drehen, Fräsen, Bohren und Erodieren bearbeiten
- numerisch gesteuerte Werkzeugmaschinen einrichten und bedienen
- Werkstücke härten, anlassen oder glühen, schleifen und funkenerodieren
- Bauteile unter Beachtung der Maßtoleranzen ausrichten
- Qualitätsprüfungen durchführen
- Werkzeuge beim Kunden installieren und in Betrieb nehmen
- Inspektions- und Wartungsarbeiten durchführen

Ergänzend zu seiner praktischen Ausbildungszeit besuchte Herr Bentz die Berufsschule. Diese hat er mit der Note sehr gut abgeschlossen. Er hat während seiner Ausbildungszeit umfassende und vielfältige Fachkenntnisse erworben, die er stets mit gutem Erfolg in den weiteren Ausbildungsprozess und seine tägliche Arbeit einbringen konnte. Seine gute Auffassungsgabe befähigte ihn auch schwierige Ausbildungsinhalte schnell zu erfassen. Hervorzuheben ist seine Fähigkeit, jederzeit optimale Lösungen zu finden.

Herr Bentz war immer ein sehr motivierter und einsatzbereiter Auszubildender. Auch bei hoher Belastung erreichte er jederzeit die gestellten Ausbildungsziele. Wegen seiner sehr umsichtigen, verantwortungsbewussten und zielstrebigen Arbeitsweise wurde er von allen Abteilungen geschätzt.

Herr Bentz bewältigte seine Aufgabenbereiche stets zu unserer vollen Zufriedenheit.

Sein kollegiales Wesen sicherte ihm immer ein gutes Verhältnis zu Vorgesetzten, Ausbildern und Kollegen. Im Umgang mit Kunden war er jederzeit freundlich und respektvoll.

Herr Bentz verlässt uns mit dem Abschluss seiner Ausbildung. Leider können wir ihn aus wirtschaftlichen Gründen nicht übernehmen. Für die jederzeit gute Mitarbeit danken wir ihm und wünschen ihm weiterhin beruflich und privat alles Gute.

Köln, [Austrittsdatum]

Werner Hilbert
(Geschäftsführer)

GUTACHTEN

Einleitung: Die Einleitung des Zeugnisses ist in Ordnung, weil alle wesentlichen Informationen, also Vor- und Zuname, Geburtsdatum und -ort, Einstellungsdatum und Ausbildungsberuf, genannt werden.

Tätigkeitsbeschreibung: Die Tätigkeiten von Herrn Bentz werden im Zeugnis angemessen detailliert beschrieben.

Fachwissen: Das Fachwissen („umfassende und vielfältige Fachkenntnisse") wird mit gut bewertet.

Leistungsbeurteilung: Die Benotung liegt laut dem abschließenden Satz zur Leistungsbeurteilung („Herr Bentz bewältigte seine Aufgabenbereiche stets zu unserer vollen Zufriedenheit"), und den beiden Absätzen davor bei gut.

Verhaltensbeurteilung: Die Note liegt laut dem Kernsatz: „Sein kollegiales Wesen sicherte ihm immer ein gutes Verhältnis zu Vorgesetzten, Ausbildern und Kollegen", und dem folgenden Satz bei gut.

Schlussformel: Sie ist in Ordnung, weil alle wesentlichen Bestandteile für eine gute Bewertung genannt werden: Grund des Ausscheidens — Bedauern darüber — Dank für die geleistete Arbeit — Zukunftswünsche. Die Schlussformel bestätigt die Gesamtnote des Zeugnisses.

Fazit: Herr Bentz wird mit gut bewertet.

6 Ausbildungszeugnisse auf Englisch

1 English: Book seller

(Das deutsche Pendant „Buchhändlerin" finden Sie im vorhergehenden Kapitel.)

Training certificate

We are pleased to comment on Stefanie Odo (birth date: in Bad Marienberg, Germany), who completed her practical book seller training in our bookstore in Bonn, Germany.

During her training Stefanie maintained an overview of all work related duties in our bookstore. As book seller trainee Stefanie had the following responsibilities:

- Ordered books and electronic media from publishers or wholesalers; presented and sold this merchandise
- Completed material planning for books and electronic media
- Maintained merchandise and product lines
- Supported sequels and periodicals,
- Presented sales area and display windows based on authors and subjects
- Executed overall business and administrative functions
- Organized and held readings
- Collaborated with educational institutions e.g. VHS (adult education schools) and Bonn University
- Bookkeeping and accounting
- Billing with publishers and wholesalers
- Sorted out and remitted weak selling books
- Cashier duties and occasional cash management

In addition to her operation training Stefanie successful completed vocational school with good as a final grade. During her training she successfully acquired all expert knowledge and skills of her trainee profession, specifically at a good level. She continually expanded her book, electronic media and IT knowledge in an engaged manner, thus always maintaining the current required level of knowledge. This was also a result of her good grasp, which enabled her to always quickly become familiar with new tasks.

Thanks to her good organizational talent, combined with her ability to separate the significant from the insignificant, she always achieved the highest work quality and customer satisfaction. Stefanie referred to her effective and pragmatic approach and her eye for the aesthetic when making decision, which is an especially valuable trait in the book business.

Stefanie was a very motivated and committed trainee. Even when there was a heavy workload, such as during the Christmas season, she completed all her responsibilities unerringly. She also used her communication skills successfully in the customer service area. Particularly her friendly manner and customer oriented thinking and action convinced regular customers and achieved high customer retention and satisfaction for newly acquired customers.

Stefanie's trainee performance always met our high expectations in the best manner.

Her personal behavior towards her superiors, colleagues, business partners and customers was always impeccable. She always behaved in a helpful and comradely manner towards her fellow trainees.

Stephanie is leaving us at the end of her training. Due to our training capacity exceeding our need for new employees, we are unable to offer our trainees permanent employment. We would like to thank Stefanie for her high level of engagement and good work and wish her all the best and continued professional and private success in the future.

Bonn, [leaving date]

Petra Kaminski
(Manager)

REFERENCE Assessment

Introduction: The reference introduction is fine because all significant information was mentioned: Pre and surname, date and place of birth, training period and profession.

Job description: Stefanie's responsibilities are described correctly in the reference so that any potential employer can have a clear image of her competence and skills.

Specialist knowledge: Based on the central declaration „at a good level", this receives a grade of good. It is also positive that Stefanie continuously receives training

Performance appraisal: This is graded good with the closing sentence „Stefanie's trainee performance always met our high expectations in the best manner" and the three paragraphs prior to it.

Behavioral evaluation: This is graded good with the core sentence „Her personal behavior towards her superiors, colleagues, business partners and customers was always impeccable" and the sentence which follows it.

Conclusion: This is fine with a grade of good.

Summary: The reference has an overall grade of good.

2   Marketing Communication Associate

(Das deutsche Pendant „Kauffrau für Marketingkommunikation" finden Sie im vorhergehenden Kapitel.)

Training certificate

We are pleased to comment on Nancy Müller ([birth date] in Hamburg, Germany), who completed her Marketing Communication Associate training from [Eintrittsdatum] until [Austrittsdatum] in our advertising agency.

In her Marketing Communication Associate role Nancy had the following responsibilities:

- Prepared, planned, executed and controlled marketing and communication procedures: e.g. communication mix and tools such as online and direct marketing, events or classic advertising as well as planning media applications, also analyzed markets and target groups; developed brand management and planned budget
- Organized and monitored internal and external production processes especially with respect to quality, costs and time
- Advised clients: e.g. on type, scope, purpose and costs of procedures
- Collaborated on contract drafting
- Procured licenses and rights including using legal rules e.g. copyright, competition, trademark and exploitation laws and rights
- Selected and assigned printers and photo studios
- Controlled, reviewed and optimized media input
- Presented work results
- Completed commercial tasks: Cost and performance accounting; controlling and calculated bids

During her training Nancy attended the appropriate specialized class at the training academy. We congratulate her grade of „good" at the end of her training. Nancy quickly acquired comprehensive, multi-faceted specialist knowledge. Her keen perception enabled Nancy to quickly comprehend new work situations and problems. She always found successful solutions because of her logical approach.

Nancy was a highly engaged trainee, who particularly convinced with her high sense of motivation. Despite many tasks and additional pressure from her training courses, she remained excellent support for our agency. As a trainee her work was very results oriented and she fulfilled her tasks with the highest level of care and precision.

Nancy has good communication skills. She always expressed herself clearly and was confident when appearing before group such as clients. She was also open to innovation, consistently had good, creative ideas and convinced with her innovative approached, which she successfully implemented.

Nancy always fulfilled all her assigned duties to our complete satisfaction.

She was valued by her superiors, colleagues and clients as a friendly and helpful employee. Her conduct was at all times impeccable.

Nancy will continue to work at our agency after completing her training. We are pleased to continue working with her and would like to thank her for her excellent work. We wish Nancy all the best and success in her career here at our company.

Bonn, [leaving date]

Petra Meyer
(Managing Director)

REFERENCE Assessment

Introduction: The introduction is fine because all significant information was mentioned: Pre and surname, date and place of birth, training period and profession.

Job description: Nancy's responsibilities are described correctly in the reference so that any potential employer can have a clear image of her skills.

Specialist knowledge: This comprehensive and multi-faceted specialist knowledge was graded good.

Performance appraisal: This is graded good with the closing sentence „Nancy always fulfilled all her assigned duties to our complete satisfaction" and the context comprising the three previous paragraphs.

Behavioral evaluation: This is graded good with the core sentence: „Her conduct was at all times impeccable".

Conclusion: The reference is fine with a grade of good. The conclusion confirms the reference's overall grade. The employers thank her for her work up to now and closing wishes for the future are positive.

Summary: Nancy receives the total grade good.

3   Sport and Fitness Merchandiser

(Das deutsche Pendant „Sport- und Fitnesskaufmann" finden Sie im vorhergehenden Kapitel.)

Training certificate

We are pleased to comment on Peter Kowalski, (birth date, in Stuttgart, Germany), who completed his sport and fitness merchandiser training in our fitness studio.

We have a modern and health-oriented fitness studio, which is connected to a wellness area with physiotherapy. The strength and endurance machines are inter-connected as part of a network, which enables training to planned with computer support. We have clients of all ages, but the majority jof them are senior and ill members.

During his training Peter became familiar with the following areas of responsibility:

- Managed the Promotion Department
- Executed and organized promotional events
- Supervised personnel recruiting
- Trained new employees
- Prepared shift plans
- Purchased and managed supplies
- Acquired new clients
- Held sales negotiations
- Closed contracts
- Administered IT-supported membership data
- Administered contracts
- Supported and advised clients
- Worked in service area

Peter is completing his training after acquiring comprehensive and multi-faceted specialized knowledge; which is also the case for areas related to our business. He always successfully used his knowledge at the company. He was very motivated, responsible and had excellent working capacity in every respect. He quickly completed his tasks even during peak periods at all times. His ever present reliability is especially noteworthy here. Peter planned his work carefully and guaranteed client-oriented consistent implementation. He developed a lot of self initiative and convinced with his high level of commitment.

Peter motivated his colleagues in an exemplary manner; consistently leading them to excellent results. As Team Leader he was recognized throughout the Promotion Department. Based on his professional communication skills, he understood how to introduce his know-how within the team in order to obtain unerring results. His friendly manner and customer-oriented thinking and manner convinced our regular clients and also achieved high customer retention and satisfaction in our new client business.

Peter fulfilled his assigned tasks to our highest satisfaction at all times.

Peter's manner was characterized by cooperativeness and politeness. He actively supported team collaboration, practiced and accepted objective criticism, was always helpful and when necessary, deferred personal interests. His personal behavior towards his superiors, colleagues and clients was always exemplary.

Based on Peter's excellent performance up to now, we are offering him a permanent employment contract. We would like to thank him for his excellent contribution and forward to a continued successful collaboration.

Duisburg, [leaving date]

Edgar Schmiel
Head of Training and Personnel

REFERENCE Assessment

Introduction: The reference is fine. It contains all significant elements.

Job description: Peter's responsibilities are sufficiently detailed in the reference, so that a prospective employer has an image of his skills and competence.

Specialist knowledge: The grade of excellent is substantiated by „comprehensive and multi-faceted specialized knowledge — also the case for areas related to our business ... always successfully used his knowledge at the company".

Performance appraisal: The grade is excellent based on the core sentence „fulfilled his assigned tasks to our most complete highest satisfaction at all times" and the 2 paragraphs prior to it.

Behavioral evaluation: The grade is excellent based on the core sentence „His personal behavior towards his superiors, colleagues and clients was always exemplary" and the 2 sentences prior to it.

Conclusion: The reference is fine and confirms the overall grade of excellent.

Summary: Peter's final grade is excellent.

4 Track Layer

(Das deutsche Pendant „Gleisbauer" finden Sie im vorhergehenden Kapitel.)

Training certificate

We are pleased to comment on Edgar Zinhain, ([birth date] in Bad Marienberg, Germany), who completed his track layer training from [Eintrittsdatum] until [Austrittsdatum] at our company.

During this time Edgar learned facets of all our company divisions and became familiar with the professional focal points associated with training in his profession. Edgar's major responsibilities included:

- Secured and installed rail construction sites
- Supplied rail construction materials, machinery and equipment for colleagues
- Measured rails precisely in terms of linear bearings (track direction and width, high and low points, track gauge) with appropriate calibrated measuring tools and vehicles as well as eliminated height fields and directional errors
- Completed targeted track renewal and maintenance work
- Cleared rail and track breakage including welding
- Interspersed gravel and compressed properly
- Maintained track boundaries

Edgar acquired excellent specialist knowledge during his training, which enabled him to work reliably, independently and thoroughly. He successfully commanded his area of responsibility after a short training period. His work results were qualitatively excellent even in the case of heavy track building work. His workload and tempo exceeded our expectations.

Edgar was a responsible and resilient trainee with an excellent sense of motivation. His multi-faceted manual skills enabled him to flexibly face new tasks. He also consistently achieved optimal work results because of his ability to separate insignificant from significant matters.

Edgar convinced us with his efficient organizational and planning competence, which he implemented with confidence. His excellent intellectual capacity enabled him to grasp difficult track building concepts.

Edgar always completed his assigned tasks to our complete satisfaction.

His personal behavior to his superiors, colleagues and external contacts was always exemplary. Edgar actively supported team collaboration, gave and accepted objective criticism, was helpful and when necessary, even deferred personal interests.

Edgar is leaving our company at the end of his training. We sincerely regret that we are unable to offer him a position. We would like to thank Edgar for his valuable contribution and wish him all the best for both his professional and private future.

Cologne, [leaving date]

Peter Erbach
(Personnel Manager)

REFERENCE Assessment

Introduction: The introductory sentence is fine.

Job description: Is suitably detailed. Edgar can apply for future jobs with no reservations.

Specialist knowledge: „Excellent specialized knowledge" is given the grade excellent. It is also positive that his implementing this specialist knowledge in a targeted manner is mentioned.

Performance appraisal: Excellent as stated in the core sentence „always completed his assigned tasks to our complete satisfaction" and the three paragraphs prior to that.

Behavior evaluation: Excellent as stated in the core sentence „His personal behavior to his superiors, colleagues and external contacts was always exemplary" and the sentence following that one.

Conclusion: This reference is fine. It is an excellent training reference.

Summary: The reference gives Edgar the grade excellent. He can use this reference to apply for jobs without reservation.

5   Roofer

(Das deutsche Pendant „Dachdecker" finden Sie im vorhergehenden Kapitel.)

Training certificate

We are pleased to comment on Peter Müller (date of birth in Cologne, Germany), who completed his roofer training from [Eintrittsdatum] until [Austrittsdatum] at our small company.

During his training Peter learned the following responsibilities / tasks:

- Tiled various roofs with different materials (clay, slate or bricks) e.g. flat, turret or gable roof
- Insulated house walls
- Paneled outer wall with metallic plates, natural stone slabs and timber components.
- Insulated skylights, gutters and lightning protection systems
- Constructed timber frame walls and roof trusses
- Repaired and renovated outer walls and roofs
- Erected construction sites, e.g. put up warning signs, blocked paths, erected scaffolding and hung nets, set up mobile cranes and roof lifts
- Maintained current environmental standards and adhered to energy saving requirements

In addition to his practical training, Peter attended a training academy, which he completed with the grade of „good". Peter acquired good specialist knowledge during his training, which he used in a targeted manner during the additional training process. He also successfully participated in three training sessions at the Roofer Trade Guild.

Peter's good grasp enabled him to quickly understand even difficult training subjects. His ability to find good solutions is noteworthy. He was a highly motivated and dedicated trainee. Even when faced with heavy workloads, he achieved his assigned training targets. Peter had our complete trust as a trainee. We would like to specially note his excellent reliability and sense of duty. His work also displayed a high artisanal quality level.

Peter always completed his tasks to our full satisfaction.

His collegial manner always ensured him a good relationship to his superiors, instructors and colleagues. His contact to our clients was friendly and respectful at all times.

Peter is leaving us at the end of his training. This year our number of trainees exceeded our employment requirements and we are unable to offer our trainees permanent employment. We would like to thank Peter for his consistently good work and wish him all the best for his future professional and private endeavors.

Duisburg, [leaving date]

Anton Zilkowski
Managing Director

REFERENCE Assessment

Introduction: The reference introduction is fine because all significant information was mentioned: Pre and surname, date and place of birth, training period and profession.

Job description: Peter's responsibilities are described in detail in the reference.

Specialized knowledge: Good specialist knowledge receives the grade good. Positive notes are that Peter also successfully uses this knowledge and participates in external training.

Performance appraisal: The grade good can be found in the closing sentence „Peter always completed his task to our full satisfaction and the two paragraphs prior to it".

Behavioral evaluation: The grade good can be found in the core sentence „His collegial manner always ensured him a good relationship to his superiors, instructors and colleagues" and the sentence which follows it.

Conclusion: The reference is fine because all important components for the grade good have been mentioned: reason for leaving — regret for departure — thank you for the work — wishes for the future.

Summary: Peter has been given an overall grade of good.

6   Fashion seamstress

(Das deutsche Pendant „Modenäherin" finden Sie im vorhergehenden Kapitel.)

Training certificate

We are pleased to comment on Julia Nasso (birth date in Duisburg, Germany), who completed her professional fashion seamstress training with a focus on clothing production at our company from [Eintrittsdatum] until [Austrittsdatum].

In her role as Fashion seamstress trainee Julia had the following responsibilities:

- Controlled incoming fabrics and other materials
- Stored all materials
- Prepared cutting patterns manually and using software
- Placed fabrics professionally including using rewinding machines
- Cut fabrics in a variety of gradations; used bandsaw machines
- Sewed various textiles, with different sewing machines
- Sewed with multi-needle and single needle machines
- Produced clothing items automatically including quality control
- Formed clothing with pressure and heat using automated iron
- Completed final quality control

In addition to her practical training; Julia attended the training academy, which she completed with the grade good. Julia has acquired a broad spectrum of specialist knowledge during her training, which she successfully utilized in her daily work. She also deepened her knowledge successfully with internal and external training. Julia's keen grasp enabled her to quickly familiarize herself with new tasks.

Julia was a highly engaged trainee, who particularly convinced through her motivation. Even when under pressure, she achieved the quality level demanded at all times and worked during these situations with the requisite amount of calmness. She systematically planned all work and guaranteed consistent implementation.

Julia always completed her assigned tasks to our complete satisfaction.

Her personal behavior was always impeccable. Her superiors, colleagues and external contacts hold her in high regard. She integrated herself into our team and actively supported good team work. She was helpful and when necessary, deferred her personal interests.

Julia is leaving us when her training ends. Unfortunately, we cannot hire her because of economic reasons. We would like to thank her for her valuable contribution and wish her all the best personally and professionally.

Duisburg, [leaving date]

Julia Ankern	Edgar Müller
(Manager)	(Head of Training)

REFERENCE Assessment

Introduction: The reference introduction is fine because all significant information was mentioned: Pre and surname, date and place of birth, training period and profession.

Job description: Julia's responsibilities are described correctly in the reference so that any potential employer can have a clear image of her competence and skills.

Specialist knowledge: Based on the central declaration „broad spectrum of specialist knowledge", this receives a grade of good. It is also positive that Julia successfully integrated her specialist knowledge into her daily work and that she has completed additional internal and external training.

Performance appraisal: This is graded good with the closing sentence „Julia's always completed her assigned tasks to our complete satisfaction" and the two paragraphs prior to it.

Behavioral evaluation: This is graded good with the core sentence „Her personal behavior was always impeccable" and the three sentences which follow it.

Conclusion: The reference is fine because all important components for the grade good have been mentioned: reason for leaving — regret for departure — thank you for the work — wishes for the future.

Summary: Julia has received the grade good.

7   Referenzschreiben

Bei der Formulierung von Referenzschreiben sind Sie im Vergleich zu Arbeitszeugnissen wesentlich freier, da diese einen informellen Charakter haben und keine gesetzlichen Regelungen (oder gerichtlichen Anfechtungsmöglichkeiten) existieren. Sie können also nach Ihrem Gusto entscheiden, wie Sie eine Beurteilung oder Empfehlung ausdrücken möchten. Die folgenden Musterformulierungen zu Referenzschreiben sind deshalb in erster Linie als Anregungen zu verstehen.

7.1 Wirtschaft/Recht

1 Assistentin der Geschäftsleitung

Wegen zeitweiliger personeller Engpässe greifen wir seit drei Jahren auf die Erfahrungen von Frau [Vorname, Name] zurück. Sie war vor ihrer Familienzeit bereits sehr erfolgreich als Sekretärin des Geschäftsführers für unser Tochterunternehmen tätig.

Weil ihre Kinder nun die Schule besuchen, möchte Frau [Name] wieder vollberuflich tätig werden und hat daher um eine Referenz gebeten. Die Zusammenarbeit mit Frau [Name] ist in den drei Jahren zur beidseitigen großen Zufriedenheit verlaufen, sodass wir ihrem Wunsch selbstverständlich gerne Rechnung tragen.

Neben der Betreuung der Projekte unserer Geschäftsführer betrauen wir Frau [Name] insbesondere gerne mit folgenden Aufgaben:

- selbstständige Erstellung von Korrespondenz mit unseren Geschäftspartnern
- Erstellung und Überwachung der Termine
- selbstständige Überarbeitung der Protokolle
- Erstellung von Reiseplänen
- Abrechnung der Reisekosten
- Erstellung und Überarbeitung von Präsentationen
- Versand von Korrespondenz per Post und E-Mail
- Internetrecherchen

Frau [Name] tritt sehr sicher und kommunikationsstark auf und vermittelt auf dezente und freundliche Weise ihre Kompetenz. Sie arbeitet sehr zielstrebig, lösungsorientiert und organisiert ihre Aufgaben in hervorragender Weise. Alle Arbeiten verrichtet sie sehr pflichtbewusst und ausgesprochen motiviert.

Unsere Kunden schätzen sie wegen ihrer freundlichen und aufmerksamen Art. Sie wird in ihrer Kundenorientierung unseren sehr hohen Ansprüchen jederzeit gerecht. Sie genießt unser absolutes Vertrauen, besonders auch im Hinblick auf die sensiblen und vertraulichen Ergebnisse unserer Arbeit.

Da Frau [Name] über ausgezeichnete Kenntnisse der deutschen und englischen Sprache verfügt, vertrauen wir ihr eigenständig die Korrespondenz mit unseren Geschäftspartnern an. Sie genießt in jeder Hinsicht unser Vertrauen.

Meine Partner und ich stehen Ihnen jederzeit gerne für weitere Fragen zur Verfügung. Bitte nehmen Sie dazu Rücksprache mit unserem Sekretariat, von dem Sie weitere Informationen über unserer Erreichbarkeit erhalten.

[Ort, Datum] _____

[Vorname, Name des Unterzeichnenden]

[Funktion des Unterzeichnenden]

2   Berater Entwicklung einer Corporate Identity

Wegen der Marktsättigung in den bisherigen Geschäftsfeldern haben wir die strategische Neuausrichtung unseres Unternehmens auch auf neue Märkte ausgerichtet. In den dadurch entstandenen Zielkonflikten in einzelnen Abteilungen unseres Unternehmens und der damit verbundenen Änderung der Arbeitsabläufe wurde ich mit der Leitung des Projektes „Entwicklung einer Corporate Identity" beauftragt. Zur Bewältigung dieser umfassenden Aufgabe habe ich Herrn [Vorname, Name] als Berater engagiert. Er gilt seit Jahren als ausgewiesener Fachmann mit hoher Sachkenntnis auf diesem Gebiet — dies hat er auch in unserem Unternehmen bewiesen.

Wegen der beabsichtigten Ausweitung seiner Beratungsdienstleistungen bat mich Herr [Name] um eine Referenz. Ich komme dieser Bitte gerne nach, da Herr [Name] bei der Entwicklung der CI unseres Unternehmens sehr wertvolle und nachhaltige Arbeit geleistet hat.

Zunächst richtete Herr [Name] den Fokus auf den Ausgangspunkt des Unternehmens mit seiner starken Wettbewerbsposition, die auch auf die hohe Identifikation der Mitarbeitenden mit dem Unternehmen und seinen Zielen zurückzuführen war.

Aus dieser Analyse entwickelte das Projektteam unterschiedliche Ansätze zur Definition einer Unternehmensidentität und erarbeitete Ziele, wie diese Identifikation mit dem Unternehmen wieder erreicht werden konnte. Eines der Hauptziele war, den Mitarbeitenden ein neues „Wir-Gefühl" zu vermitteln, das letztlich zu einer wesentlichen Steigerung der Arbeitszufriedenheit, der Motivation sowie zu einer deutlich höheren Leistungen geführt hat.

Herr [Name] beriet uns vor allem in den Fragen zu:

- Unternehmenskultur als Basis für Unternehmensidentität
- Entwicklung eines für alle Mitarbeitenden verbindlichen Leitbildes
- Formulierung der Leitsätze
- Entwicklung des Corporate Design

Die vorgenannten Punkte wurden in den einzelnen Projektphasen abgearbeitet und mit den Zielvorgaben abgeglichen. Durch seine strukturierte Arbeitsweise gelang es Herrn [Name], das Projektteam immer auf die Grundausrichtung und die formulierte Zielsetzung zurückzuführen. Dank seiner Unterstützung wurde das Projekt im vorgegebenen Projektrahmen (Zeit, Budget etc.) erfolgreich abgeschlossen und umgesetzt.

Aufgrund meiner guten Erfahrungen mit Herrn [Name] kann ich ihn als kooperativen, kompetenten und kommunikationsstarken Berater jederzeit empfehlen. Die Zusammenarbeit mit ihm gestaltet sich sehr konstruktiv und effizient.

Weitere Fragen zur Person und Arbeitsweise von Herrn [Name] beantworte ich gerne. Zur Kontaktaufnahme rufen Sie mich unter einer meiner im Briefkopf genannten Telefonnummern an.

[Ort, Datum] _____

[Vorname, Name des Unterzeichnenden]

[Funktion des Unterzeichnenden]

3   Honorarkraft Buchhaltung

Herr [Vorname, Name] erledigt seit [Datum] mit 15 Stunden im Monat gegen Honorar die Buchhaltung meines Handwerksbetriebes. Er bat mich um eine Referenz, da er seine Dienstleistungen auch anderen Firmen auf Honorarbasis anbieten möchte. Dem Wunsch von Herrn [Name] trage ich gerne Rechnung, da er in den vergangenen Jahren sehr gute Arbeit in meinem Betrieb geleistet hat.

Ich beschäftige in meiner gut eingeführten Möbelschreinerei drei Gesellen und einen Auszubildenden.

Herr [Name] übernimmt alle Aufgaben, die im Rahmen der doppelten Buchführung in meinem Betrieb anfallen, bis hin zur Vorbereitung der Bilanz, die vom Steuerberater erstellt wird. Dies sind vor allem:

- Buchungen im Einkauf und Verkauf im vorgegebenen Kontenrahmen und Kontenplan im Buchungsprogramm Lexware
- Vorbereitung und Überwachung der Zahlungsein- und -ausgänge unter Beachtung der Einhaltung von Skonti
- Buchung und Überwachung des Zahlungsverkehrs (bar und unbar)
- Ermittlung und Abführung der monatlichen Umsatzsteuer
- Lohnabrechnungen
- Überwachung des Materialverbrauchs
- Bewertung des Umlauf- und Anlagevermögens
- Abschreibungen

Herr [Name] plant alle Aufgaben sehr umsichtig und mit großer Zuverlässigkeit und Genauigkeit. Er achtet immer auf die zeitgenaue Abwicklung des Zahlungsverkehrs und hält alle Zahlungstermine pünktlich ein. Bei verspäteten Zahlungseingängen weist er rechtzeitig auf die weitere Abwicklung (Erinnerung, Mahnung etc.) hin.

In den Jahren unserer Zusammenarbeit hat er sich immer als sehr gewissenhaft und sorgfältig erwiesen. Ich kenne ihn als sehr pflichtbewussten Menschen, der dabei stets zielstrebig seiner Arbeit nachgeht. Durch seine Gründlichkeit, die er bei seinen Aufgaben zugrunde legt, gelingt die Zusammenarbeit mit dem Steuerberater zur Erstellung der Jahresrechnung und der Bilanz ganz ausgezeichnet. Mit seiner Arbeit war und bin ich immer außerordentlich zufrieden.

Auch im Umgang mit mir und meinen Mitarbeitern erweist er sich sehr als freundlich und hilfsbereit.

Für seine weiteren beruflichen Pläne wünsche ich ihm weiterhin viel Erfolg und hoffe, dass er meinem Betrieb noch lange erhalten bleibt.

Gerne bin ich bereit, für weitere Auskünfte auch telefonisch zur Verfügung zu stehen.

[Ort, Datum] _____

[Vorname, Name des Unterzeichnenden]

[Funktion des Unterzeichnenden]

4 Honorarkraft Empfang

Um zeitweilige Überkapazitäten in unserer Kanzlei zu überbrücken, setzen wir Frau [Vorname, Name] seit drei Jahren stunden- oder wochenweise an unserem Empfang ein, der gleichzeitig als Telefonzentrale dient. Die Abrechnung erfolgt auf Basis eines Arbeitsverhältnisses der kurzfristigen Beschäftigung.

Frau [Name] möchte nach der Familienphase wieder in einen Vollzeitbeschäftigung einsteigen und hat daher um eine Referenz gebeten. Die Zusammenarbeit mit Frau [Name] ist in den drei Jahren zur beidseitigen großen Zufriedenheit verlaufen, sodass wir ihrem Wunsch selbstverständlich gerne Rechnung tragen.

Neben der Arbeit am Empfang und in der Telefonzentrale übergeben wir Frau [Name] auch gerne weitere Aufgaben wie:

- Schreiben von Briefen und Dokumenten nach Diktat
- Organisation und Erstellung von Reiseplänen für die Consultants
- Öffnen und Verteilen der Eingangspost
- Reisekostenabrechnungen der Consultants nach Unternehmensvorgaben
- Fertigstellung der Ausgangspost
- Organisation und Vorbereitung der Besprechungsräume
- Organisation der Ablage im Archiv

Frau [Name] hat ein gepflegtes Erscheinungsbild und tritt sehr sicher und kommunikationsstark auf. Ihr Engagement für unser Unternehmen ist geprägt von großer Einsatzfreude, sehr hoher Flexibilität und Zuverlässigkeit. Alle Arbeiten verrichtet sie sehr pflichtbewusst und ausgesprochen motiviert.

Ihr Umgang ist höflich und freundlich, sie vermittelt ihren Gesprächspartnern Kompetenz und Kundenorientierung. Sie arbeitet schnell und gründlich. Ihren Aufgaben widmet sie sich mit hoher Konzentration und großer Sorgfalt und Gewissenhaftigkeit. Unsere Arbeit setzt ein Höchstmaß an Vertraulichkeit voraus, auch in dieser Hinsicht genießt sie unser absolutes Vertrauen.

In unserer Korrespondenz legen wir äußersten Wert auf Beherrschung der Rechtschreibung, Stilsicherheit und Einhaltung des Corporate Designs. Auch hier überzeugt sie uns mit ihrer Arbeitsweise, sodass wir mit den Ergebnissen ihrer Arbeit immer sehr zufrieden sind.

Zu weiteren Auskünften zu Frau [Name] stehe ich ohne weiteres auch telefonisch zur Verfügung. Erreichbar bin ich montags bis freitags in der Zeit von 10 bis 18 Uhr unter der Durchwahl -211.

[Ort, Datum] _____

[Vorname, Name des Unterzeichnenden]

[Funktion des Unterzeichnenden]

5 Personalreferent

Im [Monat und Jahr] haben wir die XY Beratungsgesellschaft für Coaching und Unternehmenskommunikation im Rahmen eines Personalentwicklungsseminars beauftragt, für unsere Kundenberater im Großkunden- und Firmenkundensegment eine Verbesserung der Vertriebsleistung herbeizuführen.

Herr [Vorname, Name], der das Projekt leitete, hat uns um eine Referenz gebeten, die wir ihm gerne erstellen.

Herr [Name] erstellte zunächst eine Analyse des Istzustandes, um dann zusammen mit der Firmenleitung und den Kundenberatern eine Definition der spezifischen Ziele zu erarbeiten. Grundlage dazu bildete die Ermittlung der Bedarfsprofile der verschiedenen Kundensegmente. Ergebnis der Analyse war unter anderem, dass der Verkauf unserer Berater oftmals produktorientiert und am Bedarf der Kunden vorbei erfolgte. Weiteres Ergebnis war infolgedessen, dass die Kommunikation zwischen Kunden und Berater nicht immer problemlos ablief.

Herr [Name] riet zunächst dazu, auf eine kundenorientierte Beratung umzusatteln, um die Kundenzufriedenheit auf ein maximales Level zu stellen, damit auch zukünftig eine hohe Kundenbindung gewährleistet ist.

Herrn [Name] gelang es in ausgezeichneter Weise, in den Coachings eine Professionalisierung unserer Berater in der Kommunikation mit den Kunden durch konsequentes Handeln zu erreichen. Anhand der Potentialermittlung verbesserte er die Kommunikationsfähigkeit der einzelnen Kundenberater und erreichte es damit, die Marktausrichtung unseres Unternehmens deutlich voranzutreiben.

Bereits nach Abschluss der ersten Maßnahmen war innerhalb der von Herrn [Name] gecoachten Kundenberater eine deutliche Leistungssteigerung, verbunden mit erheblichen Umsatz- und Gewinnsteigerungen, zu verzeichnen. Diese Entwicklung hat sich bis heute fortgesetzt, sodass die Erwartungen des Unternehmens bei weitem übertroffen wurden.

Mit den Ergebnissen aus der Zusammenarbeit mit ihm sind wir daher außerordentlich zufrieden und werden Herrn [Name] auch zukünftig mit weiteren Projekten betrauen.

Im Bedarfsfall erteile ich natürlich jederzeit auch auf telefonische Rückfragen weitere Auskünfte. Bitte rufen Sie mich unter der oben genannten Telefonnummer an. Wenn Sie mich nicht persönlich erreichen, hinterlassen Sie eine Nachricht, damit ich Sie zurückrufen kann.

[Ort, Datum] _____

[Vorname, Name des Unterzeichnenden]

[Funktion des Unterzeichnenden]

6   Rechtsanwaltsgehilfin

Die Kanzlei MEL GbR ist eine der führenden Anwaltskanzleien im Familien- und Arbeitsrecht und zugelassen am Amtsgericht [Stadt], am Landesgericht [Stadt] und am Oberlandesgericht [Stadt].

Im Rahmen einer kurzfristigen Beschäftigung ist Frau [Vorname, Name] seit [Jahr] einmal wöchentlich für acht Stunden für uns tätig. Weil sie wieder voll ins Berufsleben einsteigen möchte, hat sie um eine Empfehlung gebeten, die ich sehr gerne ausspreche. Frau [Name] ist ausgebildete Rechtsanwaltsgehilfin und nimmt in unserer Kanzlei vornehmlich folgende Aufgaben wahr:

- Erstellung von Kostenrechnungen nach der anwaltlichen Gebührenordnung
- selbstständige Führung des Schriftverkehrs nach Aktenlage
- Termin- und Fristenkontrolle
- Mitarbeit in gerichtlichen Mahnverfahren
- Überwachung der Zahlungseingänge
- Erstellung der Klageschriften nach Diktat
- Aktenführung und -überwachung

Frau [Name] ist eine sehr gut ausgebildete Mitarbeiterin mit hohem Know-how, insbesondere im Familienrecht. Neben ihrem sehr guten Wissensstand im Ehe- und Familienrecht verfügt sie auch über sehr gute Grundlagen im bürgerlichen Recht, im Verfahrens- und Vollstreckungsrecht sowie im Kosten- und Gebührenrecht.

Sie pflegt eine ausgesprochen selbstständige Arbeitsweise und kann sich immer schnell in die zugewiesenen Fälle einarbeiten. Ihre Akten führt sie so, dass sich jederzeit auch ein nicht mit dem Fall betrauter Mitarbeiter einen schnellen Überblick über den Stand der Lage verschaffen kann.

Sie zeichnet sich auch durch Pflichtbewusstsein, Zuverlässigkeit und eine gründliche und genaue Arbeitsmethode aus. Wegen ihrer vorgenannten Fähigkeiten ist sie jederzeit imstande, schnelle Entscheidungen zu treffen, ohne dabei ihre Kompetenzen zu überschreiten.

Ich kann sagen, dass unsere Sozietät jederzeit mit den Leistungen von Frau [Name] außerordentlich zufrieden ist.

Frau [Name] ist eine sehr geschätzte Mitarbeiterin, die ich guten Gewissens als wertvolle Arbeitskraft empfehlen kann. Zu weiteren Auskünften stehe ich jederzeit zur Verfügung. Meine — auch telefonische — Erreichbarkeit entnehmen Sie bitte der beigefügten Karte.

[Ort, Datum] _____

[Vorname, Name des Unterzeichnenden]

[Funktion des Unterzeichnenden]

7 Rechtsberatung Arbeitsrecht

Für Zweifelsfälle im Arbeitsrecht unseres Unternehmens bedienen wir uns mit sehr positiven Erfahrungen der Beratungsleistungen von Herrn [Vorname, Name], da in arbeitsrechtlichen Verfahren in der 1. Instanz jede Partei ihre Anwaltskosten selbst tragen muss.

Herr [Name] prüft die Vorgänge und erstellt ein Gutachten darüber, ob es ratsam ist, unter Abwägung des Prozesskostenrisikos (Anwaltskosten, Gerichtskosten) den gerichtlichen Weg einzuschlagen. Seine juristischen Kenntnisse im Arbeitsrecht sind so fundiert und ausgefeilt, dass sich diese Vorgehensweise für uns bislang als sehr vorteilhaft erwiesen hat. Unnötige Kosten können somit von vornherein vermieden werden.

Um sich auch in anderen Unternehmen als Gutachter zu profilieren, hat er mich in der Funktion des Leiters Human Resources um eine Referenz gebeten. Bislang hat sich die Zusammenarbeit mit ihm als überaus zufriedenstellend erwiesen, daher komme ich seinem Wunsch mit Überzeugung nach.

Herr [Name] hat sich bereits in seinem Jurastudium auf Arbeitsrecht spezialisiert und hat dieses Wissen kontinuierlich auf dem neuesten Stand gehalten; er ist mit allen Facetten des Arbeitsrechtes bestens vertraut. Für unser Unternehmen hat er bislang vorwiegend in nachstehenden Feldern beraten:

- Ermahnung, Abmahnung, Kündigung
- befristete Arbeitsverhältnisse
- Teilzeitarbeit inklusive kurz- und geringfügige Beschäftigung
- Arbeitnehmerhaftung
- Allgemeines Gleichbehandlungsgesetz
- Arbeitsschutzbestimmungen (EDV, Datenschutz, Bildschirmarbeit etc.)

Herr [Name] arbeitet ausgesprochen präzise, zudem lassen die von ihm erstellten Gutachten seinen ausgezeichneten Sachverstand erkennen und sind leicht nachvollziehbar. Er beweist mit seinen Arbeitsergebnissen absolute Treffsicherheit und ein Höchstmaß an unternehmerischem Weitblick. Die Fälle, in denen wir aufgrund seiner Empfehlung gerichtliche Klärung herbeigeführt haben, wurden alle erfolgreich abgeschlossen.

Ich kann Herrn [Name] daher als erstklassigen Fachmann auf seinem Gebiet emp-fehlen, zumal er immer eine qualitativ hochwertige Arbeit leistet. Im persönlichen Umgang zeichnet er sich durch seine Kompetenz und seine sehr gut ausgeprägten kommunikativen Fähigkeiten aus. Unser Unternehmen ist mit seinen Ergebnissen stets äußerst zufrieden.

Zu Rückfragen stehe ich selbstverständlich auch gerne telefonisch zur Verfügung. Bitte vereinbaren Sie vorher einen Gesprächstermin mit meinem Sekretariat.

[Ort, Datum] _____

[Vorname, Name des Unterzeichnenden]

[Funktion des Unterzeichnenden]

8   Steuerberater

Seit mehr als zehn Jahren habe ich für meinen Handwerksbetrieb zur Erstellung meiner geschäftlichen wie auch privaten Steuererklärungen, zur Aufstellung der Jahresrechnung, der Gewinn- und Verlustrechnung und der Bilanz meines Betriebes das Steuerbüro FiSt beauftragt und werde seit sechs Jahren dort von Herrn [Vorname, Name] betreut.

Herr [Name] wird zum [Datum] im Raum Bonn seine eigene Steuerberatungskanzlei eröffnen. Zum Aufbau von Neukundenbeziehungen hat er mich um eine Referenz gebeten. Da mich Herr [Name] während der langjährigen Betreuung immer vorbildlich beraten hat, greife ich seine Bitte sehr gerne auf.

Mein Bruder, ein stiller Gesellschafter, und ich betreiben in Form einer OHG gemeinsam eine Bauträgergesellschaft. Unser Betätigungsfeld erstreckt sich von der Konzeption von Ein- und Mehrfamilienhäusern bis zur schlüsselfertigen Übergabe. Wir sind im ländlichen Gebiet angesiedelt, was den Vorteil mit sich bringt, dass ein Hauptteil des Geschäftes über Weiterempfehlungen zustande kommt. Der persönlichen Reputation kommt daher eine große Bedeutung zu.

Die Beratungskompetenzen von Herrn [Name] erstrecken sich auf:

- Erstellung von Zwischen- und Jahresabschlüssen unter Berücksichtigung steuerlicher Wahlrechte
- Analyse der Jahresrechnung
- Erstellung steuerlicher Ergänzungs- und Sonderbilanzen
- betriebliche Steuererklärungen (Umsatzsteuer etc.)
- persönliche Steuererklärungen (Einkommensteuer nebst Anlagen)
- Prüfung von Steuerbescheiden und Verhandlungen mit dem Finanzamt
- Betreuung bei Steuerprüfung

Herr [Name] kennt sich sowohl in der Steuergesetzgebung als auch im Handelsrecht ausgezeichnet aus, daher nutzen wir sowohl für den Betrieb als auch im privaten Bereich seine Kenntnisse zu allen steuerlichen Begünstigungen im Rahmen der gesetzlichen Möglichkeiten.

Bei Änderungen in der Gesetzeslage, wie beispielsweise Korrekturen in der Unternehmenssteuerreform oder der Entscheidung des BGH, dass Gewährleistungsansprüche des Auftraggebers auch bei Schwarzarbeit bestehen, wird er von sich aus aktiv und gibt sofort diese Informationen weiter.

Seine Kompetenz vermittelt Herr [Name] sehr verständlich und immer im Hinblick auf den Nutzen des Klienten. Ich unterstütze gerne seine Bestrebungen im Hinblick auf eine eigene Steuerberatungspraxis und empfehle ihn als sehr qualifizierten und integren Fachmann. Zur Erteilung weiterer Auskünfte bin ich jederzeit — selbstverständlich auch telefonisch — bereit.

[Ort, Datum] _____

[Vorname, Name des Unterzeichnenden]

[Funktion des Unterzeichnenden]

9   Unternehmensberater

Aufgrund sinkender Umsätze bei gleichzeitig steigenden Personal- und Sachkosten haben wir uns zu Beginn des vergangenen Jahres an Herrn Dipl.-Ing. [Vorname, Name] gewandt, um mit seiner Hilfe eine Neuausrichtung unseres Vertriebes und die Stärkung unserer Marktkompetenz zu erreichen.

Nachdem der von Herrn [Name] durchgeführte Beratungsprozess inzwischen deutliche Erfolge in der Unternehmensentwicklung eingeleitet hat, bat er mich um eine Referenz für seine eigene Marktaufstellung. Diesem Wunsch entspreche ich gerne, weil sich die Kennzahlen unseres Vertriebs dank seiner Beratungstätigkeit erheblich verbessert haben und wir auf gutem Wege sind, unser Marktumfeld zu beherrschen.

In Absprache mit der Unternehmensführung beschrieb Herr [Name] zunächst die Verfahrensweise und Methoden zur Zielerreichung.

Anhand von Interviews mit unterschiedlichen Mitarbeitern gelang Herrn [Name] in einer internen Analyse die sehr genaue Beschreibung des Istzustandes unseres Unternehmens.

Aus den Ergebnissen der Analyse definierten wir gemeinsam mit Herrn [Name] die neuen Zielsetzungen. In Zusammenarbeit mit den Vertriebsmitarbeitern entwickelte er innovative und effiziente Maßnamen zur Umsetzung der Teilziele. Darüber hinaus schuf er ein Konzept zur optimierten Führungskräfte- und Mitarbeiterentwicklung, das wir zu großen Teilen bereits erfolgreich anwenden.

Herr [Name] übernahm die Planung und Entwicklung der Prozessmethoden, mittels derer die Team- und Bereichsentwicklung vorangetrieben wurde. Dabei wandte er Methoden wie Brainstorming, Mindmaps etc. erfolgreich an. Die von ihm erstellten Berichte und Präsentationen dokumentieren vorbildlich den Prozessverlauf, sodass die einzelnen Entwicklungsschritte jederzeit für alle Beteiligten sehr gut nachvollziehbar sind.

Er tritt sehr eloquent, kommunikations- und durchsetzungsstark auf. Seine Überzeugungskraft wirkt auf alle Beteiligten in höchstem Maße motivierend. Er erkennt schnell die Stärken der Mitarbeiter und fördert diese zum Nutzen der Unternehmensziele.

Ich nehme die effiziente, zielgerichtete und vor allem erfolgreiche Beratung von Herrn [Name] zum Anlass, ihn für weitere Projektaufträge auch in unserem eigenen Unternehmen zu empfehlen. Zu weiteren, auch telefonischen Informationen zu Herrn [Name] und seiner Beratertätigkeit bin ich mit Freude bereit. Bitte vereinbaren Sie dazu mit meinem Sekretariat einen Termin.

[Ort, Datum] _____

[Vorname, Name des Unterzeichnenden]

[Funktion des Unterzeichnenden]

7.2   Dienstleistung

10   Arbeitsvermittlerin

Um bei der Besetzung neuer oder befristeter Stellen eine Bewerberflut und den daraus resultierenden Verwaltungsaufwand zu vermeiden, bedienen wir uns seit einiger Zeit der Dienstleistungen von Frau [Vorname, Name]. Sie wickelt für uns alle Vorarbeiten ab und präsentiert uns schon nach kurzer Zeit eine Auswahl geeigneter Kandidatinnen und Kandidaten, sodass wir uns schnell für die optimale Besetzung entscheiden können.

Frau [Name] beabsichtigt, sich in Kürze mit einer weiteren Dienstleistung in Form von Outplacement am Markt zu etablieren. Aus diesem Grund hat sie von mir in meiner Eigenschaft als Personalleiter ein Referenzschreiben erbeten, das ich ihr sehr gerne ausstelle.

Frau [Name] übernimmt bei der Personalsuche für uns vor allem folgende Dienstleistungen:

- Erstellung eines persönlichen Anforderungsprofils
- Ausschreibung des Stellenangebotes im Internet oder in der Presse
- Vorauswahl nach den Bewerbungsunterlagen
- Aufnahme des Erstkontaktes mit den als geeignet erscheinenden Bewerberinnen und Bewerbern
- Durchführung von psychologischen Eignungstests
- im Bedarfsfall Durchführung eines Assessment Centers
- Beratung und Entscheidungshilfe bei der endgültigen Auswahl

Neben ihren fachlichen Qualitäten und ihren detaillierten Kenntnissen zur Arbeitsmarktlage zeichnet sich Frau [Name] durch eine hohe soziale Kompetenz, großes Einfühlungsvermögen und Kommunikationsstärke aus. Es gelingt ihr innerhalb kürzester Zeit ein Klima zu schaffen, das es den Bewerberinnen und Bewerbern ermöglicht, sich offen über ihre fachlichen Kenntnisse sowie über ihre Stärken und Schwächen zu äußern.

Zur Untermauerung ihrer Ergebnisse setzt sie unterstützend psychologische Eignungstests ein. Es gelingt ihr immer, ein abgerundetes Bild der Bewerberinnen und Bewerber zu gewinnen und dieses mit unseren Vorgaben abzugleichen.

Gerne unterstütze ich Frau [Name] in ihrer weiteren beruflichen Karriere, indem ich sie als äußerst kompetente, selbstbewusste und effizient arbeitende Dienstleisterin empfehle.

Sollte der Wunsch bestehen, dass ich weitere Fragen zu Frau [Name] und ihrer Arbeitsweise beantworte, bin ich dazu gerne auch telefonisch bereit. Vertraulichkeit sichere ich Ihnen selbstverständlich zu.

[Ort, Datum] _____

[Vorname, Name des Unterzeichnenden]

[Funktion des Unterzeichnenden]

11   Aushilfsfahrer Dentallabor

Die XY-Dental GbR ist das führende Dentallabor in Berlin. Für Servicefahrten zu Lieferanten und Zahnärzten ist seit Mai des letzten Jahres Herr [Vorname, Name] für uns tätig. Er hat um ein Referenzschreiben über seine Tätigkeit bei uns nachgesucht. Dies erstelle ich gerne für ihn, da sich die Zusammenarbeit mit Herrn [Name] immer sehr positiv gestaltet hat.

Herr [Name] hat für das Labor folgende Dienstleistungen erbracht:

- Koordination der Servicefahrten im Hinblick auf Zeit- und Kostenersparnis
- Lieferung der fertigen Produkte beim Endkunden
- Kontrolle der Verpackungen, insbesondere bei empfindlichen und zerbrechlichen Produkten
- Einholen der Unterschriften auf dem beigefügten Lieferschein
- Abholen der benötigten Materialien bei sorgfältiger Handhabung
- Kontrolle auf Vollständigkeit und Richtigkeit bei Übergabe durch die Lieferanten
- Abholen der Eingangspost beim Postfach des Briefzentrums

Herr [Name] ist sehr freundlich und dienstleistungsorientiert. Er zeigt sich immer flexibel und ist auch gerne bereit, zu den unterschiedlichsten Tageszeiten Servicefahrten zu übernehmen. Seine Pünktlichkeit und Zuverlässigkeit stellt er jederzeit unter Beweis.

Da unsere Kunden und Lieferanten nicht nur im Stadtbereich, sondern auch im weiteren Umland ihren Sitz haben, ist eine genaue Koordination der Fahrten sowohl unter dem Gesichtspunkt steigender Transportkosten als auch dem Zeitfaktor unerlässlich. Herr [Name] besitzt eine sehr gute Ortskenntnis und großes Organisationsgeschick, sodass die Fahrten nach einem von ihm perfekt erstellten Zeitplan ablaufen.

Er ist stets zuvorkommend und einsatzbereit. Sein Auftreten ist sicher und überzeugend. Er ist bei unseren Kunden und Lieferanten sehr geschätzt.

Wenn weitere Fragen im Hinblick auf Herrn [Name]s Arbeitsweise offen sind, bin ich gerne bereit, auch telefonisch weitere Auskünfte zu erteilen. Sie erreichen mich in der Regel zu den genannten Öffnungszeiten unter der Telefonnummer 030/47 11.

[Ort, Datum] _____

[Vorname, Name des Unterzeichnenden]

[Funktion des Unterzeichnenden]

12   Betreuung Messestand

Wir sind ein seit Jahren gut eingeführtes Unternehmen, das für renommierte Firmen erfolgreich Dienstleistungen in der Messestandbetreuung erbringt. Dabei greifen wir wegen unserer bisherigen Erfahrungen gerne auf Frau [Vorname, Name] zurück. Sie steht kurz vor ihrem Diplom in Skandinavistik. Sie hat uns für ihr weiteres berufliches Leben um eine Referenz gebeten.

Zu ihren vornehmlichen Aufgaben im Rahmen einer Messestandbetreuung gehören:

- Betreuung von Messeständen unserer Kunden
- Einrichtung des Messestands durch werbewirksame Präsentation der Werbemittel
- Einweisung von weiteren Hostessen
- Präsentation des Unternehmens und seiner Angebotspalette
- Erstansprache der Interessierten zu den Angeboten unserer Kunden
- Platzierung und Weitergabe von Werbemitteln und Giveaways
- Weiterleitung der Anfragen unserer Kunden an den Vertrieb
- Dokumentation der Anfragen zur weiteren Bearbeitung

Frau [Name] tritt souverän und kommunikationsstark auf. Sie beherrscht neben der englischen auch fließend die schwedische und die finnische Sprache und ist daher gut in der Lage, auch aufgrund ihrer sehr guten flexiblen Handlungsweise, reaktionsschnell und souverän den unterschiedlichen Wünsche und Anfragen zu begegnen.

Sie ist äußerst zuverlässig und pflichtbewusst. Sie trägt durch ihre Freundlichkeit und ihren Charme entscheidend zur erfolgreichen Kundenbindung bei. Zudem vermittelt auch ihr äußeres Erscheinungsbild Seriosität und Kompetenz. Sie geht freundlich — dabei auch selbstbewusst und offen — auf die Interessenten zu und überzeugt durch ihr besonderes rhetorisches Geschick.

Ihre Gewandtheit und ihre Eigenschaft, sich sicher auf neuem und unbekanntem Terrain zu bewegen und sich äußerst zügig auf neue Situationen und Aufgabenbereiche einstellen zu können, machen sie zu einer wertvollen Mitarbeiterin.

Wir nehmen dieses Schreiben zum Anlass, ihr für die bisherige ausgezeichnete Zusammenarbeit mit unserem Hause zu danken.

In ihrer weiteren beruflichen Laufbahn ist sie für jedes Team — insbesondere auch im Hinblick auf ihre hohe Teamorientierung — eine wertvolle Verstärkung.

[Ort, Datum] _____

[Vorname, Name des Unterzeichnenden]

[Funktion des Unterzeichnenden]

13   Catering

Die Besser-Essen-GmbH ist im Bereich des Catering als renommiertes Unternehmen gut am Markt eingeführt. Seit mehr als drei Jahren übertragen wir Frau [Vorname, Name] Projekte, die wir im Kundenauftrag erhalten und mit den Kunden abrechnen.

Bedingt durch die Versetzung ihres Mannes nach Berlin und den damit verbundenen Umzug dorthin hat Frau [Name] mich um eine Referenz gebeten, da sie sich im Großraum Berlin im Catering-Bereich etablieren möchte.

Selbstverständlich erfülle ich diesen Wunsch gerne, da unser Unternehmen in der Zusammenarbeit mit Frau [Name] ganz außerordentlich positive Erfahrungen gesammelt hat.

Frau [Name] hat für uns in selbstständiger Arbeit folgende Aufgaben übernommen:

- Planung und Umsetzung von Konzepten für Events, Bewirtung von Firmen, Familienfeiern wie Hochzeiten, Taufen, Geburtstage und Jubiläen
- Aufbau von Cateringeinrichtungen bei Kunden (Kantinen, Kaufhaus- und Hotelrestauration etc.)
- Mitarbeit im Ausschuss für neue Verpflegungskonzepte
- Planung und Erstellung von projektbezogenen Budgets, Kostenkontrolle, Abrechnungen
- Koordination und Durchführung von übergreifenden Projekten

Frau [Name] zeichnet sich durch ihr besonderes Organisations- und Kommunikationsgeschick aus. Ihre sehr gut ausgeprägten Fähigkeiten im Projektmanagement verbindet sie ausgezeichnet mit ihrem hohen Maß an Eigeninitiative, Ideenreichtum und Kreativität. Diese Eigenschaften setzt sie erfolgsorientiert in den verschiedenen Projekten ein.

Ihre sehr guten Englischkenntnisse sowie ihr souveräner Umgang mit den MS-Office-Produkten, die sie unterstützend in der Konzeptionserstellung und Budgetplanung einsetzt, runden ihr Profil ab.

Als Projektleiterin motiviert sie ihr jeweiliges Team zu außergewöhnlichen Leistungen und sie bewahrt in Krisensituationen immer den Überblick. Von daher genießt sie auch bei unseren Kunden nicht nur wegen ihrer Service- und Kundenorientierung einen ausgezeichneten Ruf.

Für die Übernahme von verantwortungsvollen Aufgaben und Projekten kann ich Frau [Name] bestens empfehlen. Rückfragen zu ihr beantworte ich gerne telefonisch oder per E-Mail. Die weiteren Einzelheiten dazu entnehmen Sie bitte den im Absender genannten Daten.

[Ort, Datum] _____

[Vorname, Name des Unterzeichnenden]

[Funktion des Unterzeichnenden]

14   Eventorganisation

Zur Feier des 25-jährigen Bestehens meines Unternehmens habe ich Frau [Vorname, Name] mit der Organisation und Durchführung der Jubiläumsfeier auf dem Firmengelände betraut.

Frau [Name] ist noch dabei, sich in der Eventorganisation einen Namen zu machen und hat mich um eine Referenz gebeten. Da die Jubiläumsfeier bei allen Mitarbeitern, Kunden, Geschäftspartnern und Vertretern der Behörden, der kommunalen Politik und der örtlichen Presse große Resonanz gefunden hat, will ich dieser Bitte gerne entsprechen.

Ich habe etwa zehn Monate vor der Jubiläumsveranstaltung mit Frau [Name] Kontakt aufgenommen. Sie erarbeitete zunächst ein mit mir abgestimmtes Konzept:

- Erstellung eines Budgets mit Planung der Kosten (Bewirtung, Deko, Incentives, Unterhaltungsprogramm, Einladungen, Festschrift, Porto, Telefon etc.)
- Zusammenstellung eines Projektteams aus den Reihen der Mitarbeiter mit präziser Aufgabenverteilung
- Entwicklung einer Leitidee für den Tag der Jubiläumsfeier
- Entwicklung und Zusammenstellung der Festzeitschrift mit Gestaltung der Text- und Bildbeiträge
- Organisation einer Hausmesse
- Entwicklung einer Präsentation des Ausblicks auf die zukünftige Unternehmensentwicklung
- Einladung, Planung und Organisation der Festredner
- Planung und Organisation des Party-Services, der Licht- und Tontechnik und der musikalischen Gestaltung zum Ausklang des Festes einschließlich DJ

Frau [Name] plante alle Aktivitäten rechtzeitig, sodass der Ablauf der Feier reibungslos verlief. Die Informationen an die örtliche Presse und die Einladung an die Ehrengäste erfolgten im Vorfeld nach einer von ihr geschickt ausgearbeiteten Kommunikations-Strategie.

Frau [Name] gelang es mit ihrer sozialen Kompetenz und ihrer Fähigkeit zur Aufgabendelegation, die Mitarbeiter für zusätzliche Aufgaben zu motivieren. Nach deren jeweiligen Stärken und Fähigkeiten setzte sie diese bei der Organisation und dem Ablauf des Festes ein.

Die Festreden waren vorab mit Frau [Name] nach einem genauen Zeitplan abgesprochen, sodass zu keinem Zeitpunkt Langeweile aufkam.

Das Jubiläum fand ein ungeteilt positives Echo und verhalf dem Unternehmen und seinen Mitarbeitern zu einem enormen Schub nach vorn. Ich kann Frau [Name] und ihre professionelle Arbeit nur wärmstens jedem weiteren Auftraggeber empfehlen. Für weitere Rückfragen zur Kompetenz von Frau [Name] sichere ich ihr gerne meine Unterstützung zu und werde sie auch jederzeit selbst wieder für Unternehmensveranstaltungen engagieren.

[Ort, Datum] _____

[Vorname, Name des Unterzeichnenden]

[Funktion des Unterzeichnenden]

15   Gebäudereinigung

In meiner Eigenschaft als Geschäftsführer der IWV GmbH, eines Dienstleistungsunternehmens, das sich auf den Support von PC-Dienstleistungen spezialisiert hat, wurde ich von Herrn [Vorname, Name] um ein Empfehlungsschreiben für seine Dienstleistungen in der Übernahme von Büroreinigung gebeten. Herr [Name] reinigt seit über acht Jahren zur allergrößten Zufriedenheit unsere zehn angemieteten Büro- und Besprechungsräume. Die Räume werden täglich vor Arbeitsbeginn gereinigt.

Herr [Name] übernimmt dabei folgende Aufgaben:

- Reinigung der Tische, Regale und Fensterbretter
- Reinigung der Waschräume und Toiletten
- Reinigung der Teeküche
- Geschirrdienst (Abräumen, Spülen und Einräumen des Geschirrs)
- Säuberung der Türen und Schränke im Griffbereich
- Reinigung der Glastüren
- Entleerung der Abfallbehälter und Beseitigung des Abfalls in die jeweiligen Abfallbehälter im Hof
- Bodenreinigung des Teppichbodens
- Entleerung des Aktenvernichters und Beseitigung des angefallenen Papiers
- Grundreinigung des Teppichbodens einmal jährlich

Herr [Name] erledigt seine Aufgaben mit sehr großer Gründlichkeit, absoluter Zuverlässigkeit und Gewissenhaftigkeit.

Dank Herrn [Name] sind unsere Geschäftsräume immer in einem Top-Zustand. Für die in unseren Räumen regelmäßig stattfindenden Kundenbesprechungen oder Schulungen sind somit optimale Voraussetzungen geschaffen.

Aufgrund seiner persönlichen Integrität haben wir Herrn [Name] den Schlüssel zu unseren Büroräumen anvertraut, sodass er seine Aufgaben bereits vor den üblichen Geschäftszeiten erledigen kann. Hier kommen ihm durchaus des Öfteren sehr vertrauliche Unterlagen zu Gesicht; Herr [Name] hat sich dabei als überaus vertrauenswürdig und diskret erwiesen.

In den langen Jahren unserer Geschäftsbeziehung hat Herr [Name] seine Dienstleistung immer zur vollsten Zufriedenheit erbracht, sodass ich ihn bedenkenlos weiterempfehlen kann.

Für weitere Auskünfte und Anfragen, die ich selbstverständlich vertraulich behandele, stehe ich gerne auch telefonisch zur Verfügung. Meine Erreichbarkeit entnehmen Sie bitte der beigefügten Visitenkarte.

[Ort, Datum] _____

[Vorname, Name des Unterzeichnenden]

[Funktion des Unterzeichnenden]

16 Hausmeisterservice

Die Haus- und Boden Holding betreibt das Facility-Manangement für Wohn- und Bürogebäude ab einer Größe von 1111 Quadratmetern. Für unsere beiden Projekte im Gewerbepark Markdorf sowie im Wohnpark Wohnstadt haben wir den Hausmeisterservice von Herrn [Vorname, Name] mit folgenden Aufgaben betraut:

- Wartung der haustechnischen Einrichtungen und Heizungsanlagen
- Übernahme kleinerer Reparaturen
- Überwachung und Kontrolle der Objekte
- Übernahme von Schließdiensten
- Pflege und Überwachung der Tiefgaragen und Stellplätze
- Notdienste (Wasser, Heizung, Aufzüge)

Als Geschäftsführer der Haus- und Boden Holding wurde ich von Herrn [Name] um ein Empfehlungsschreiben gebeten. Die Zusammenarbeit mit ihm ist bislang sehr erfreulich verlaufen, daher erstelle ich ihm gerne diese Referenz.

Herr [Name] arbeitet sehr zuverlässig, gewissenhaft und sorgfältig. Er ist immer entgegenkommend und reagiert auch in Krisensituationen gelassen und mit der gebotenen Umsicht. Seine Arbeiten verrichtet er gründlich, sauber und innerhalb kurzer Zeit.

Herr [Name] hat den Beruf des Starkstrom-Elektrikers erlernt und dort jahrelange Erfahrungen gesammelt. So können wir ihn auch bei Arbeiten an der Stromversorgung unserer Objekte einsetzen, was sich auf die Kostenbelastung in diesem Bereich als sehr günstig erweist.

Herr [Name] möchte seine Dienstleistungen durch die Hinzunahme eines weiteren gelernten Handwerkers im Innenausbau ausweiten. Dieses Vorhaben unterstütze ich sehr gerne, weil ich Herrn [Name] als kompetenten und dienstleistungsorientierten Geschäftspartner kenne. Er hat sich in den langen Jahren unserer Zusammenarbeit immer als vertrauenswürdig und zuverlässig erwiesen.

Weitere Nachfragen zur Person und Arbeitsweise von Herrn [Name] beantworte ich jederzeit gerne und bin zu Auskünften, die auch telefonisch unter der oben genannten Telefonnummer erfragt werden können, jederzeit bereit.

[Ort, Datum] _____

[Vorname, Name des Unterzeichnenden]

[Funktion des Unterzeichnenden]

17   Promoter Agentur

Unsere Agentur für Promotion, Messen und Events setzt Herrn [Vorname, Name] vielfach zu unterschiedlichen verkaufsfördernden Aktionen unserer namhaften Kunden aus dem IT- und Telekommunikationsbereich ein.

Herr [Name] hat uns wegen seiner weiteren beruflichen Ambitionen um ein Referenzschreiben gebeten, eine Bitte, der wir aufgrund unserer sehr guten Erfahrungen mit ihm gerne entsprechen.

Herr [Name] beherrscht fließend die englische Sprache und hat einen sehr sympathischen, eloquenten und vertrauenserweckenden Auftritt, der durch sein gepflegtes und seriöses Aussehen untermauert wird.

Im Umgang mit Menschen überzeugt er durch seine aktive und offene Ansprache und seine Spontaneität, mit der er auf Fragen und Wünsche schnell und kompetent reagieren kann.

Sein ausgesprochenes Verkaufstalent kombiniert er treffsicher mit seinem sehr guten Fachwissen und seiner beeindruckenden Kommunikationsfähigkeit, daher ist er in der Lage, die angebotenen Waren und Dienstleistungen sicher und überzeugend „an den Mann" zu bringen.

Auch in kritischen Situationen zeigt sich Herr [Name] sehr belastbar, er verliert nie seine Gelassenheit und gute Laune und ist stets Herr der Lage.

Die vorgenannten Eigenschaften werden unterstützt durch seine absolute Zuverlässigkeit, daher setzen wir ihn besonders gern bei Aktivitäten im gehobeneren Kundensegment ein.

Wir können ihn für weiterführende Aufgaben aus unserer Sicht mit voller Überzeugung empfehlen.

Für weitere Rückfragen stehen wir jederzeit gerne zur Verfügung.

[Ort, Datum] _____

[Vorname, Name des Unterzeichnenden]

[Funktion des Unterzeichnenden]

7.3   Sport/Soziales

18   Krankenhausseelsorger

Schon seit vielen Jahren arbeitet Herr [Vorname, Name] ehrenamtlich in der Krankenhausseelsorge unserer Gemeinde aktiv mit. Er hat den Wunsch, eine Tätigkeit als Altenpfleger anzunehmen, da er gerne eine Aufgabe im sozialen Bereich wahrnehmen möchte. Herr [Name] bewies seine Kompetenzen zudem im Besuchsdienst unseres Krankenhauses und durch mehrere fachspezifische Fortbildungen. Er leitet den Diakonieausschuss unserer Gemeinde und ist Mitglied im Krankenhausseelsorgeausschuss.

In die nachstehend aufgeführten Tätigkeiten war und ist Herr [Name] verantwortlich einbezogen:

- Erstellen eines Besuchsdienstplans bei Geburtstagen in den Alten- und Pflegeheimen
- Einberufung und Leitung des Diakonieausschusses unserer Gemeinde
- Zusammenarbeit mit dem Presbyterium bei Anträgen zur finanziellen oder personellen Hilfe
- Monatliche Dienstbesprechung und Abstimmung der Besuchsdienstaktivitäten im Krankenhaus und in den Alten- und Pflegeheimen mit dem kreiskirchlichen Krankenhausseelsorger
- Mitarbeit in der Frauenhilfe
- Mithilfe bei Gemeindeveranstaltungen und Gemeindefesten

Entscheidend für eine gute diakonische Arbeit in einer christlichen Gemeinde ist die Einbindung der unterschiedlichsten Persönlichkeiten in eine Gemeinschaft, in der die Stärken der Einzelnen verbessert werden und die Schwachen, Kranken und Alten sich angenommen fühlen. Dieser Aufgabe wird Herr [Name] jederzeit gerecht, da er über eine hohe soziale Kompetenz verfügt.

Herr [Name] ist eine stark gefestigte Persönlichkeit und daher psychologisch hoch belastbar. Er nimmt sich der Sorgen und Nöte der Menschen an und leistet Hilfe, wo immer es ihm möglich ist.

Dieses Schreiben möchte ich zum Anlass nehmen, ihm auch im Namen unseres Presbyteriums meinen großen Dank für seine bisherige sehr gute Mitarbeit auszusprechen. Ich kann Herrn [Name] als Mitarbeiter mit vollster Überzeugung empfehlen. Er ist für jeden Arbeitgeber eine gute und wertvolle Unterstützung.

Referenzschreiben

Weitere Fragen zu Herrn [Name] beantworte ich jederzeit sehr gerne. Bitte rufen Sie mich unter der angegebenen Nummer an oder hinterlassen Sie eine Nachricht in unserem Gemeindebüro.

[Ort, Datum] _____

[Vorname, Name des Unterzeichnenden]

[Funktion des Unterzeichnenden]

19 ## Studentische Praktikantin Altenpflege

In meiner Funktion als Leiterin des Altenheims in [Ort] hat mich Frau [Vorname, Name] gebeten, ihr ein Referenzschreiben für ihre Tätigkeit als Praktikantin auszustellen, weil sie sich damit als studentische Hilfskraft im Fachbereich Sozialpädagogik an der Universität [Ort] bewerben möchte. Dieser Bitte komme ich sehr gerne nach.

Frau [Name] absolviert im Rahmen ihres Sozialpädagogik-Studiums ihr dreimonatiges Pflicht-Praktikum in unserer Einrichtung, inzwischen war sie schon zehn Wochen davon ausgesprochen erfolgreich bei uns tätig.

Sie ist vor allem für folgende Aufgaben zuständig:

- Ausführung von Grundpflegemaßnahmen und Hilfe bei der Verrichtung des täglichen Lebens. Dazu zählen die regelmäßige und fachgerechte Umbettung pflegebedürftiger Menschen, Durchführung von Vorbeugemaßnahmen z. B. gegen Thrombose oder Dekubitus.
- Hilfe bei der Körperpflege, beim An- und Auskleiden, bei der Versorgung mit Nahrungsmitteln und gegebenenfalls beim Essen
- Durchführung spezieller Pflegemaßnahmen wie Einläufe, Spülungen, Verbände wechseln und Salben einreiben
- Mitwirkung bei Maßnahmen der therapeutischen Rehabilitation wie etwa krankengymnastische Übungen

Frau [Name] erledigt ihre Arbeitsvorbereitungsmaßnahmen — nach einer kurzen Einarbeitungszeit — selbstständig und plant ihre Arbeitsschritte sehr gut, dabei lässt sie die Belange der Heimbewohner nie aus ihrem Blickfeld.

Sie ist aufgrund ihrer hohen sozialen Kompetenz, Verantwortungsfähigkeit und außerordentlichen Einsatzbereitschaft eine anerkannte und häufig frequentierte Ansprechpartnerin, die sich regelrecht leidenschaftlich um unsere Heimbewohner kümmert.

Als Bezugsperson für die Heimbewohner leistet sie eine sensible und problemzentrierte Beratungsarbeit, bei der sie auch die persönlichen Probleme unserer Heimbewohner einbezieht, dabei wahrt sie die nötige berufsspezifische Distanz zu ihnen. Bei ihrer Tätigkeit kommen Frau [Name] auch ihre methodischen Fähigkeiten, die sie an der Universität erlernt hat zugute, z. B. das Arbeiten nach dem systemischen Modell nach Paul Watzlawick und Salvador Minuchin, das sie im Einklang mit den Zielen unserer Heimbewohner sehr gut anwendet.

Referenzschreiben

Falls Sie noch Fragen zu Frau [Name]s Tätigkeit haben sollten, stehe ich Ihnen jederzeit gerne telefonisch sowie schriftlich zur Verfügung.

[Ort, Datum] _____

[Vorname, Name des Unterzeichnenden]

[Funktion des Unterzeichnenden]

20   ## Volleyballtrainerin

Frau [Vorname, Name] ist seit fünf Jahren auf Honorarbasis in unserer Jugendabteilung als Trainerin für unsere U13-Mädchenmannschaft und als Jugendkoordinatorin tätig.

Frau [Name] hat uns um eine Referenz gebeten, da sie sich auf Verbandsebene als Jugendtrainerin mit Festanstellung bewerben möchte. Diese Bitte erfüllen wir gern, da sie sich in den vergangenen Jahren als hervorragende Trainerin und Jugendkoordinatorin erwiesen hat.

Die Jugendarbeit unseres Vereins erfolgt leistungsorientiert, an den Bezirksmeisterschaften im Regionalbereich Süd rangieren wir regelmäßig auf den vorderen Plätzen und nehmen erfolgreich an den Württembergischen Jugendmeisterschaften teil. Dauerhaftes Ziel ist es, volleyballbegeisterte Jungen und Mädchen an den Verein zu binden.

Frau [Name] trainiert unsere U13-Mädchen, weil gerade in diesem Alter die sportlichen Anlagen und Talente am meisten gefördert und am besten entwickelt werden. Sie hat ein Konzept zur Jugendarbeit entwickelt, das sie in ihrer früheren Trainertätigkeit erfolgreich mit genau dieser Alterklasse umgesetzt hat.

Durch neueste Trainingsmethoden steht die Arbeit mit dem Ball im Training im Vordergrund, um so die Spielfreude der Mädchen zu entwickeln und zu erhalten. Sie motiviert die Spielerinnen zu sehr guten Leistungen. Sie erkennt nach kurzer Zeit die Schwächen und Stärken der Mädchen und kann diese daher gezielt an den für sie geeigneten Positionen einsetzen.

Zu allen Spielerinnen hat sie ein gutes Vertrauensverhältnis aufgebaut, wahrt aber dabei auch immer die professionelle Distanz. Sie versteht es sehr gut, die Mädchen zu motivieren, damit diese in Training und Spiel immer die beste Leistung zeigen.

Um erfolgreich zu sein, erfordert Volleyball als Mannschaftssportart vor allem Teamgeist. Dazu gilt es, den Zusammenhalt zu fördern und voranzutreiben. Als Teambildungsmaßnahme fährt sie regelmäßig einmal im Jahr in den Ferien für fünf Tage in ein Trainingslager. Ein absoluter Höhepunkt ist die Saisonabschlussfahrt mit Übernachtung und einer Turnierteilnahme bei einem Partnerverein im europäischen Ausland. Die Organisation dieser Aktivitäten wird von ihr in bester Weise wahrgenommen.

Referenzschreiben

Obwohl wir sie nur ungern verlieren, wünschen wir uns doch, dass sie die ange-
strebte Stelle erhält, weil wir sie aufgrund unserer Erfahrungen dafür für absolut
geeignet halten. Für telefonische Rückfragen steht unser gesamter Vorstand daher gerne jederzeit zur Verfügung. Eine Telefonliste legen wir diesem Schreiben
bei.

[Ort, Datum] _____

[Vorname, Name des Unterzeichnenden]

[Funktion des Unterzeichnenden]

7.4 Industrie/Technik

21 IT-Service

Nachdem es vor einigen Monaten mit dem Support unserer bisherigen IT-Dienstleister immer öfter zu Problemen in der Zusammenarbeit gekommen ist, habe ich mich entschlossen, zunächst befristet für sechs Monate mit Herrn [Vorname, Name] einen Dienstleistungsvertrag abzuschließen.

Die Zusammenarbeit mit Herrn [Name] hat mich bislang sehr überzeugt und läuft aus beiderseitiger Sicht ganz hervorragend, sodass der Vertrag mit ihm bereits nach vier Monaten um ein Jahr verlängert wurde und ich ihm gerne ein vom ihm gewünschtes Empfehlungsschreiben ausstelle.

Herr [Name] übernimmt für mein Unternehmen mit zwölf Mitarbeitern folgende Dienstleistungen:

- Wartung und Überwachung unserer Servertechnik
- Betreuung von Server und Netzwerk
- Pflege und Weiterentwicklung des Exchange-Servers
- Online-Backups und Netzwerkservice
- Fehleranalyse und Support über Hotline
- Support bei Problemen der Mitarbeiter in der Anwendersoftware (MS Office)
- Support im Hardware-Bereich

Wir arbeiten derzeit noch mit Windows Vista und MS Office 2003, beabsichtigen aber wegen der immer besseren Kommunikationsmöglichkeiten im WLAN in absehbarer Zeit auf schnellere und leistungsstärkere PCs umzusteigen, damit verbunden ist der Umstieg auf Windows 8 und MS Office 2010.

Herr [Name] verfügt über hervorragende Kenntnisse sowohl in der Netzwerkadministration als auch in der Anwendersoftware. Wenn Probleme entstehen, reagiert er umgehend auf Anfragen dazu. Er berät meine Mitarbeiter und mich kompetent, erkennt bei Rückfragen schnell die Problemlage und bietet flexible Lösungsmöglichkeiten an.

Die von ihm angebotenen Lösungen erklärt er immer gut nachvollziehbar. Schwierigkeiten können somit immer schnell, vollständig und für alle Beteiligten mit hoher Zufriedenheit beseitigt werden.

Referenzschreiben

Auch mit Windows 8 und MS Office 2010 ist Herr [Name] bestens vertraut. Im Rahmen der Umstellung schult er die Mitarbeiter intensiv. Der reibungslose Wechsel auf das neue System ist somit gewährleistet und wird ohne erwähnenswerte Probleme über die Bühne gehen.

Herr [Name] möchte zusammen mit einem Partner seinen IT-Support erweitern und neue Kunden gewinnen. Dazu wünsche ich ihm den verdienten Erfolg und bin jederzeit bereit, Rückfragen zu Herrn [Name] zu beantworten. Sie finden auf dem Kopfbogen meine Kontaktdaten, unter denen ich erreichbar bin.

[Ort, Datum] _____

[Vorname, Name des Unterzeichnenden]

[Funktion des Unterzeichnenden]

22 Projektleitung Intranet

Als Leiter der IT wurde ich von Frau [Vorname, Name] um eine Referenz zu ihrem Projekteinsatz anlässlich des Aufbaus unseres firmeneigenen Intranets gebeten. Dieser Bitte komme ich gerne nach, da Frau [Name] während ihres Projektauftrags in unserem Unternehmen hervorragende Arbeit geleistet hat.

Frau [Name] wurde zu Beginn des Jahres [Jahr] im Rahmen eines externen Projektes von uns beauftragt, ein Intranet für die interne Kommunikation unserer deutschlandweit operierenden Mitarbeiter an unseren zwölf Standorten aufzubauen. Hauptziel des Intranets war die Optimierung der Arbeitsqualität und der Produktivität sowie der Aufbau einer Wissensdatenbank zur Verbesserung der internen Kommunikation und Sicherstellung der Qualitätsstandards durch Gleichsetzung des Informationsstandes an allen Standorten.

Frau [Name] entwickelte in Zusammenarbeit mit unseren Mitarbeitern eine ausgezeichnete und leicht zu handhabende Struktur im Aufbau dieser Wissensdatenbank, sodass die Transparenz der Informationen für alle Mitarbeitenden leicht und schnell zu erreichen war. Dabei gelang es ihr in ausgezeichneter Weise Broken Links und Informationsredundanzen zu vermeiden.

Durch die optimale Informationsverteilung und Nutzung dieser Informationen wurden die Arbeitsprozesse in unserem Unternehmen erheblich erleichtert und die Qualität der internen Zusammenarbeit stark verbessert.

Der Zugriff auf unsere Wissensressourcen wurde von Frau [Name] so optimiert, dass wesentliche Kosteneinsparungen erreicht werden konnten bei gleichzeitiger deutlicher Verbesserung der Arbeitsergebnisse.

Unsere Mitarbeiter wurden von Beginn an von Frau [Name] in den Aufbau des Intranets einbezogen, aufgrund ihrer hohen sozialen Kompetenz erreichte sie bei allen Mitarbeitern eine maximale Akzeptanz.

Mit dem Ergebnis des Projektauftrags ist unser Unternehmen außerordentlich zufrieden, daher bestätige ich ihr gerne ihre überzeugende Innovationskraft, ihre sehr hohe Leistungsbereitschaft, ihr ausgezeichnetes Teamverhalten und ihre höchste Fachkompetenz.

Referenzschreiben

Ich möchte die Gelegenheit wahrnehmen, Frau [Name] auf diesem Wege noch einmal für ihre herausragenden Leistungen zu danken. Aufgrund ihrer sehr guten fachlichen sowie sozialen Kompetenzen ist sie für jedes Unternehmen ein Gewinn.

Für weitere (auch telefonische) Auskünfte bin ich gerne unter der genannten Telefonnummer bereit.

[Ort, Datum] _____

[Vorname, Name des Unterzeichnenden]

[Funktion des Unterzeichnenden]

23 Werkstudent Anlagenbau

In meiner Funktion als Geschäftsführer unseres Familien-Unternehmens, das Grundwasserreinigungsanlagen herstellt, hat mich Herr [Vorname, Name] gebeten, ihm ein Referenzschreiben für seine Tätigkeit als Werkstudent auszustellen, dieser Bitte komme ich ausgesprochen gerne nach.

Herr [Name] ist seit zehn Monaten bei uns tätig, in der Vorlesungszeit arbeitet er zwölf Stunden wöchentlich in unserem Unternehmen und in der vorlesungsfreien Zeit zwanzig Stunden.

Er unterstützt unsere Mitarbeiter bei der Planung und dem Bau von Gundwasserreinigungsanlagen. Herr [Name] ist in diesen beiden Bereichen mit komplexen Aufgaben betraut. Er entwirft zum Beispiel gemeinsam mit dem zuständigen Mitarbeiter die technischen Zeichnungen für unsere Anlagen, die auf individuelle Kundenwünsche hin zugeschnitten werden, am Computer. Des Weiteren ist Herr [Name] dafür zuständig, die verschiedenen Reinigungsmethoden, mit denen unsere Anlagen ausgestattet sind, wie etwa Flockungen, Fällungen, Neutralisationen, Sedimentationen, Umkehrosmosen, Dosierungen und Ultrafiltrationen mathematisch zu optimieren.

Herr [Name] verfügt über sehr gute theoretische und praktische Kenntnisse, die er immer zielsicher einsetzt. Dabei greift er auf seine weitreichenden und tiefgehenden Kenntnisse in den gängigen Microsoft-Produkten, Visual Basic, AutoCad, Prosteel und diversen Statikprogrammen zurück.

Besonders hervorheben möchte ich sein ausgezeichnetes analytisches Denkvermögen und seine Fähigkeit, die theoretischen Erkenntnisse, die er im Rahmen seines Studiums bisher erworben hat, perfekt mit seiner praktischen Arbeit in unserem Unternehmen in Einklang zu bringen. Zudem zeichnet sich Herr [Name] durch seine hohe soziale Kompetenz und Teamorientierung aus, das schätze ich sehr.

Herrn [Name]s ausgezeichnete Arbeit hat uns bewogen, ihm anzubieten, seine Diplomarbeit in Kooperation mit unserem Betrieb zu verfassen. Dieses Angebot hat er angenommen; er wird neben seiner Arbeit als Werkstudent somit eine Arbeit zu dem Thema „Effizienzsteigerung von Umkehrosmosen in Grundwasserreinigungsanlagen" erstellen. Diese Diplomarbeit wird mit Sicherheit eine hervorragende Bereicherung für unser Unternehmen darstellen.

Referenzschreiben

Falls Sie noch Fragen zu Herrn [Name]s Tätigkeit haben sollten, stehe ich Ihnen jederzeit gerne telefonisch sowie schriftlich zur Verfügung.

[Ort, Datum] _____

[Vorname, Name des Unterzeichnenden]

[Funktion des Unterzeichnenden]

7.5 Sonstige

24 Literaturwissenschaftler an der Volkshochschule

In meiner Funktion als Leiter der Volkshochschule Kleinkirchen hat mich Herr [Vorname, Name] gebeten, ihm ein Referenzschreiben für seine Tätigkeit als Dozent an unserer VHS auszustellen, dieser Bitte komme ich sehr gerne nach.

Herr [Name] hat im Jahr [Jahresangabe] an unserer VHS dreitägige Seminare über Goethes „Wahlverwandtschaften" und „Die Leiden des jungen Werther" sowie Nietzsches Auseinandersetzung mit Frauen und deren biographischen und zeitgeschichtlichen Kontext gehalten. Zudem hat Herr [Name] im Jahr [Jahresangabe] im Rahmen einer interdisziplinären Tagung über „Boxen als Kulturphänomen" einen sehr guten Vortag über „Boxen in der schöngeistigen Literatur" gehalten.

Herr [Name] war aufgrund seiner interdisziplinären Vorgehensweise in der Lage, sowohl in den Seminaren als auch in der straffen Form des Tagungsvortrags komplexe literatur- und kulturhistorische Themen überzeugend zu behandeln. Anwesende Fachjournalisten und interessierte Teilnehmer waren vom fundierten Sachwissen des Referenten außerordentlich angetan.

Mit seiner hohen didaktischen Kompetenz stellt Herr [Name] schwierige Zusammenhänge vor einem sehr heterogenen VHS-Publikum allgemeinverständlich dar und geht auch auf schwierige Rückfragen verständnisvoll ein.

Die Teilnehmerresonanz, die auch per Evaluation dokumentiert wurde, zeigen den Dozenten als einen Literaturwissenschaftler, der mit seinem differenzierten Wissen vielfältige Themenbereiche fesselnd und eminent informativ darzustellen versteht. Herr [Name] wird auch deshalb besonders geschätzt, weil er in den Seminaren nicht nur den Vortrag als Methode wählt, sondern auch in dem Gespräch und der Fragemöglichkeit, der gemeinsamen Lektüre von Texten, und wenn möglich, deren Verfilmung Raum gibt.

Herrn [Name]s ausgezeichnete Arbeit hat uns bewogen, auch in Zukunft Veranstaltungen von ihm in unser VHS-Programm aufzunehmen, weil die von ihm angebotene Themenpalette und die Art ihrer Durchführung eine hervorragende Bereicherung für unsere VHS darstellen.

Referenzschreiben

Falls Sie noch Fragen zu Herrn [Name]s Tätigkeit an unserer Volkshochschule haben
sollten, stehe ich Ihnen jederzeit gerne telefonisch sowie schriftlich zur Verfügung.

[Ort, Datum] _____

[Vorname, Name des Unterzeichnenden]

[Funktion des Unterzeichnenden]

25   Student, Referenz der Universität

In meiner Funktion als wissenschaftlicher Mitarbeiter am Germanistischen Institut der Universität Bonn hat mich Herr [Vorname, Name] gebeten, ihm eine Referenz für seine erfolgreiche Teilnahme an drei Übungen auszustellen. Dieser Bitte komme ich hiermit gerne nach.

Herr [Name] belegte vom Wintersemester [Jahr/Jahr] bis einschließlich Sommersemester [Jahr] drei literarische Übungen unter meiner Leitung:

- Kreatives Schreiben (Wintersemester [Jahr/Jahr])
- Grundlagen des journalistischen Schreibens (Sommersemester [Jahr])
- Journalistisches Schreiben für Fortgeschrittene (Wintersemester [Jahr/Jahr])

Herrn [Name]s fachliche Eignung lässt sich wie folgt beschreiben: Seine fachmethodischen und -theoretischen Kenntnisse bewerte ich mit gut. Seine schriftlichen Beiträge sind von einem sprachlichen Ideenreichtum geprägt, das mir in dieser Form in meinen Seminaren und Übungen selten begegnet. Sein ausgeprägter analytischer Verstand und seine literarische Kompetenz waren eine Bereicherung in unseren Diskussionen, in denen wir literarische Texte interpretiert haben. Er verfügt ferner über die Fähigkeit, Gesprächsrunden gekonnt zu moderieren, das hat er unter anderem mit zwei souverän vorgetragenen Referaten mit anschließender Diskussionsrunde bewiesen. Zudem hat sich Herr [Name] als sozial kompetenter und hoch motivierter Student erwiesen.

Seit zwei Jahren schreibt Herr [Name] Beiträge für die Lokal- und die Wissenschaftsredaktion des General-Anzeigers; seine Artikel lese ich regelmäßig mit Vergnügen. Auch hier sind seine sprachliche Begabung und sein Talent, komplizierte Sachzusammenhänge verständlich und interessant darzustellen, offensichtlich. Ich bin überzeugt, dass Herr [Name] für den Beruf des Journalisten äußerst geeignet ist. Ich halte ihn für einen jungen Wissenschaftler, der sich problemlos in das Umfeld Ihrer Journalistenschule integrieren wird und unterstütze daher seinen Antrag auf ein Stipendium in vollem Umfang.

Referenzschreiben

Sollten Sie zu den Kompetenzen und erbrachten Leistungen von Herrn [Name]
weitere Informationen und Einschätzungen benötigen, dürfen Sie mich gerne telefonisch unter der oben angegebenen Nummer kontaktieren. Es wird mir Freude
bereiten, Ihnen Auskunft zu geben.

[Ort, Datum] _____

[Vorname, Name des Unterzeichnenden]

[Funktion des Unterzeichnenden]

Stichwortverzeichnis

Stichwortverzeichnis

Stichwortverzeichnis

Autoren

Dr. Thorsten Knobbe

ist Coach und Karriereberater und Spezialist für Arbeitszeugnisse.

Dr. Mario Leis

ist als Experte für die Themen Arbeitszeugnisse und Referenzschreiben tätig und zudem Fachautor mehrerer Bücher zum Thema „Arbeitszeugnisse".

Dr. Karsten Umnuß

ist Rechtsanwalt, Fachanwalt für Arbeitsrecht und beratend tätig im Bereich Human Resources.

Notizen

Notizen

Notizen